LA EVALUACIÓN DE IMPACTO REGULATORIO

COLECCIÓN
CUADERNOS UNIVERSITARIOS
DE DERECHO ADMINISTRATIVO
[6]

LA EVALUACIÓN DE IMPACTO REGULATORIO

JEAN-BERNARD AUBY
THOMAS PERROUD
(Editores)

GLOBAL LAW PRESS
EDITORIAL DERECHO GLOBAL

INAP
INSTITUTO NACIONAL DE
ADMINISTRACIÓN PÚBLICA

Coedición de Global Law Press-Editorial Derecho Global,
e INAP (Instituto Nacional de Administración Pública)

Con la colaboración de *The Center on Changes in Governance
and Public Law Sciences Po, École de Droit*, París, Francia

© Jean-Bernard Auby, Thomas Perroud, Anthony Ogus,
Frédéric Marty, Susan Rose-Ackerman, Edward Donelan,
Martina Conticelli, Jean Maïa, George Dellis y Alberto Alemanno

© Jean-Bernard Auby y Thomas Perroud (Editores)

© De la traducción: Teresa Parejo Navas,
Alicia I. Saavedra Bazaga y Clara Velasco Rico

© 2013: Global Law Press-Editorial Derecho Global
info@globallawpress.org
Sevilla (España)

© 2013: Instituto Nacional de Administración Pública

ISBN (Global Law Press): 978-84-941426-1-1
ISBN (INAP): 978-84-7088-894-6
ISBN ELECTRÓNICO (INAP): 978-84-7088-896-0
NIPO: 635-13-024-8
NIPO ELECTRÓNICO: 635-13-025-3
DL: SE-2.318-2013

Diseño y maquetación:
Los Papeles del Sitio

(Hecho en España)

ÍNDICE GENERAL

CAPÍTULO PRIMERO

INTRODUCCIÓN

JEAN-BERNARD AUBY
THOMAS PERROUD

ÍNDICE

Traducción de Teresa Parejo Navas, Alicia I. Saavedra Bazaga y Clara Velasco
Rico.

E N muchos Estados occidentales, el Derecho Administrativo atraviesa por un proceso de profundo cambio y transformación merced a la presión que experimenta desde las ciencias sociales, especialmente la economía, y las disciplinas técnicas, como las ingenierías y la biología. En Europa, el conocimiento experto y especializado se ha aliado con la Comisión Europea y la OCDE en su iniciativa conocida como regular mejor, o regular inteligentemente (*better/smarter regulation*)[1]. Estas instituciones promueven que los Estados miembros evalúen sus políticas públicas utilizando la evaluación de impacto regulatorio (*Regulatory Impact Assessment*, o RIA en el acrónimo inglés). Ésta es una buena herramienta, tanto para producir mejores leyes, como para reducir los costes que las iniciativas legislativas imponen a los ciudadanos, a las empresas y a los Gobiernos locales[2]. Las iniciativas de la OCDE y de la Unión Europea quieren propiciar una forma coherente de evaluación de las políticas públicas. La realidad resulta más compleja, sin embargo. Los defensores de la evaluación de impacto regulatorio proponen un análisis sistemático que evalúe el riesgo y el coste-beneficio, y asimismo defienden toda una serie de instrumentos heterogéneos al servicios de fines variados, no

---

[1] http://ec.europa.eu/smart-regulation/index_es.htm [Nota del traductor].

[2] Colin KIRKPATRICK y David PARKER (Eds.), *Regulatory Impact Assessment: Towards Better Regulation?* Edward Elgar, 2007.

siempre coherentes o compatibles con la ponderación entre costes y beneficios.

Los movimientos en favor de la incorporación de la evaluación de impacto regulatorio, tanto en la fase de diseño de la legislación primaria (leyes formales), como en la de la normativa reglamentaria, se justifican en que las autoridades gubernamentales y los legisladores, dejados a su libre albedrío, podrían aprobar normas que no se ajusten a lo que requiere el interés general o interés público. En ese sentido, la evaluación de impacto regulatorio representa una nueva forma de establecer y determinar lo que debe ser considerado de interés general. La evaluación de impacto obliga a quienes aprueban las normas a ponderar los costes y beneficios, y a buscar el mejor resultado posible. Por su parte, la incorporación del público en su generación puede contribuir a preparar mejor la evaluación de impacto, al tiempo que propiciar normas que se ocupen de una forma más directa de las preocupaciones de los ciudadanos, sin que su voluntad quedara mediatizada por sus representantes políticos o por la élite integrada en las asociaciones representativas de intereses. También cabe reconocer una posible tensión respecto de la concepción de interés público que han articulado hasta el momento los Parlamentos y los Tribunales de Justicia.

La evaluación de impacto supone en esencia una apuesta por la eficacia funcional del Derecho. A su través, el Estado evalúa las normas legales y reglamentarias para determinar qué efectos tendrán en el comportamiento humano y en la consecución de los objetivos públicos. Esto es algo que parece claro. La evaluación de impacto invita a centrarse no en las propiedades formales del Derecho, sino en la manera en que éste funciona en el mundo real. Certidumbre, orden, redacción clara y coherencia sirven en tanto medios para un fin, no como fines en sí mismos[3].

En primer lugar, trataremos de definir la evaluación de impacto regulatorio (I), para exponer seguidamente los fundamentos en los que se basa (II). Intentaremos ofrecer una panorámica histórica de la gestación y desarrollo de esta herramienta (III), antes de pasar a analizar las condiciones y los métodos bajo los que la evaluación de impacto regulatorio se lleva a cabo (IV). Finalmente, reflexionaremos sobre los efectos y los límites de la evaluación de impacto regulatorio (V).

I. DEFINICIÓN

Definir lo que debe entenderse por evaluación de impacto regulatorio no es tarea sencilla. El propósito y el contenido de este instrumento pueden variar enormemente en función del país. Como señalan los estudios comparados, «como con muchas otras cosas que se perciben como nuevas, el término 'evaluación de impacto regulatorio' se utilizan con diversos significados»[4]. Además, buena parte de la literatura especializada que se ocupa del tema se preocupa por determinar lo

---

[3] Cfr. Susan ROSE-ACKERMAN y Thomas PERROUD, «Policymaking and Public Law in France: Public Participation, Agency Independence, and Impact Assessment», *Columbia Journal of European Law*, 2013, cuya publicación está prevista en *Yale Law & Economics Research Paper* n° 463.

[4] «Italian, Irish and Dutch Presidencies of the Council of the European Union, A Comparative Analysis of Regulatory Impact Assessment in Ten EU Countries», *A Report Prepared for the EU Directors of Better Regulation Group Dublin*, Mayo 2004, p. 9.

que la evaluación debería o no con contener. Ambas perspectivas son necesarias para comprender el fenómeno.

La confusión más común reside en considerar como conceptos equivalentes la evaluación de impacto regulatorio y el análisis coste-beneficio (*Cost/Benefit Analysis*, o CBA, en inglés) de matriz estadounidense. Como Susan Rose-Ackerman destaca, «(l)a evaluación de impacto no es exactamente lo mismo que el análisis coste-beneficio, aunque una y otro tienen el mismo propósito de establecer políticas que tengan un efecto positivo neto y de mejorar el control y la rendición de cuentas de las políticas y las normas que se aprueban, al tiempo que incorporan otros valores»[5]. La confusión se justifica, sin embargo, en la medida en que la Orden Ejecutiva de la Casa Blanca número 12291 utiliza la expresión «análisis de impacto normativo»[6]. La diferencia entre el análisis

---

[5] Susan Rose-Ackerman, «Putting Cost-Benefit Analysis in its Place: Rethinking Regulatory Review», *65 U. Miami L. Rev.* 335.

[6] La Orden Ejecutiva 12291 establece la evaluación de impacto regulatorio por primera vez en los Estados Unidos. Véase: http://www.archives.gov/federal-register/codification/executive-order/12291.html. La citada Orden presidencial establece en sus artículos segudo y tercero lo siguiente (extracto): «SEC. 2. *GENERAL REQUIREMENTS*. In promulgating new regulations, reviewing existing regulations, and developing legislative proposals concerning regulation, all agencies, to the extent permitted by law, shall adhere to the following requirements: (a) Administrative decisions shall be based on adequate information concerning the need for and consequences of proposed government action; (b) Regulatory action shall not be undertaken unless the potential benefits to society for the regulation outweigh the potential costs to society; (c) Regulatory objectives shall be chosen to maximize the net benefits to society; (d) Among alternative approaches to any given regulatory objective, the alternative involving the least net cost to society shall be chosen; and (e) Agencies shall set regulatory priorities with the aim of maximizing the aggregate net benefits to society, taking into account the condition of the particular industries affected by regulations, the condition of the national economy, and other regulatory actions contemplated for the future. SEC. 3. *REGULATORY IMPACT ANALYSIS AND REVIEW*. (a) In order to implement Section 2 of this Order, each

coste-beneficio y la evaluación de impacto regulatorio podría explicar por qué esta última no se ha enfrentado a las

---

agency shall, in connection with every major rule, prepare, and to the extent
permitted by law consider, a Regulatory Impact Analysis [...] (c) Except as
provided in Section 8 of this Order, agencies shall prepare Regulatory Impact
Analyses of major rules and transmit them, along with all notices of proposed
rulemaking and all final rules, to the Director as follows: (1) If no notice of
proposed rulemaking is to be published for a proposed major rule that is not
an emergency rule, the agency shall prepare only a final Regulatory Impact
Analysis, which shall be transmitted, along with the proposed rule, to the
Director at least 60 days prior to the publication of the major rule as a final
rule; (2) With respect to all other major rules, the agency shall prepare a preliminary Regulatory Impact Analysis, which shall be transmitted, along with
a notice of proposed rulemaking, to the Director at least 60 days prior to the
publication of a notice of proposed rulemaking, and a final Regulatory Impact
Analysis, which shall be transmitted along with the final rule at least 30 days
prior to the publication of the major rule as a final rule; (3) For all rules other
than major rules, agencies shall submit to the Director, at least 10 days prior
to publication, every notice of proposed rulemaking and final rule. (d) To
permit each proposed major rule to be analyzed in light of the requirements
stated in Section 2 of this Order, each preliminary and final Regulatory Impact Analysis shall contain the following information: (1) A description of the
potential benefits of the rule, including any beneficial effects that cannot be
quantified in monetary terms, and the identification of those likely to receive
the benefits; (2) A description of the potential costs of the rule, including any
adverse effects that cannot be quantified in monetary terms, and the identification of those likely to bear the costs; (3) A determination of the potential net
benefits of the rule, including an evaluation of effects that cannot be quantified in monetary terms; (4) A description of alternative approaches that could
substantially achieve the same regulatory goal at lower cost, together with an
analysis of this potential benefit and costs and a brief explanation of the legal
reasons why such alternatives, if proposed, could not be adopted; and [...] (2)
The Director shall be deemed to have concluded review unless the Director
advises an agency to the contrary under subsection (f) of this Section: (A)
Within 60 days of a submission under subsection (c)(1) or a submission of
a preliminary Regulatory Impact Analysis or notice of proposed rulemaking under subsection (c)(2); (B) Within 30 days of the submission of a final
Regulatory Impact Analysis and a final rule under subsection (c)(2); and (C)
Within 10 days of the submission of a notice of proposed rulemaking or final
rule under subsection (c)(3). [...] (h) Agencies shall make their preliminary and
final Regulatory Impact Analyses available to the public».

mismas críticas con las que se ha topado el primero en los Estados Unidos. El análisis coste-beneficio implica cuantificar, en términos monetarios, todos los beneficios y costes de un proyecto, ya sean lesiones o muertes humanas. Hay quien considera que cuantificar muertes humanas es moralmente peligroso[7]. La evaluación de impacto regulatorio no ha sufrido las mismas críticas.

Ambos mecanismos serán objeto de estudio aquí. La evaluación de impacto regulatorio ha de distinguirse también de aquellas otras evaluaciones específicas o sectoriales (como la ambiental) que, aunque participando de la misma filosofía, persiguen fines distintos aun cuando sean similares. El objetivo de esas específicas evaluaciones de impacto se localiza en evaluar las consecuencias de un proyecto, tanto las positivas como las negativas.

Entre otros interrogantes que se plantean, cabe destacar dos: ¿es posible hablar de una concepción común de la evaluación de impacto regulatorio que pudiera resultar aceptable en la mayoría de los sistemas jurídicos? Y si los criterios son distintos, ¿puede identificarse un concepto básico de lo que deba considerarse evaluación de impacto regulatorio que pudiera aplicarse en todos los países?

Pierre Issalys define la evaluación de impacto regulatorio utilizando diversos criterios: se trata de un trabajo de carácter científico, desarrollado por la Administración, y

---

[7] Robert KUTTNER, *Everything for Sale*, University of Chicago Press, 1999, p. 301. Véase también: Amartya SEN, «The Discipline of Cost-Benefit Analysis», *29 J. Legal Stud.* 931 (2000); Henry S. RICHARDSON, «The Stupidity of the Cost-Benefit Standard», *29 J. Legal Stud.*, 971 (2000); Martha C. NUSSBAUM, «The Costs of Tragedy: Some Moral Limits of Cost-Benefit Analysis», *29 J. Legal Stud.*, 1005 (2000).

que tiene por objeto obtener la información necesaria para los políticos que han de decidir, y cuyos resultados pueden hacerse públicos. La finalidad de esta tarea es múltiple: establecer el impacto previsible de una política pública gracias a datos cualitativos y cuantitativos; identificar claramente cuál es el problema a resolver y los objetivos que dicha política persigue; determinar y comparar los costes respectivos, las ventajas y las desventajas de las diferentes propuestas con el fin de resolver un problema que se ha identificado de forma previa (incluso tomando en consideración la opción de no hacer nada, es decir, de no aprobar ningún política pública al respecto); y, finalmente, sobre la base de estos elementos, explicar, justificar y motivar la política pública propuesta[8].

Para Radaelli, la evaluación de impacto regulatorio consiste en «una estimación sistemática y obligatoria de cómo la legislación primaria o secundaria puede afectar a ciertas categorías de interesados, a los sectores económicos, y al medio ambiente. 'Sistemática' significa coherente y no episódica o aleatoria. 'Obligatoria' se refiere a que no es una actividad voluntaria. En esencia, la evaluación de impacto regulatorio se traduce en un procedimiento administrativo especial, generalmente utilizado en la fase preliminar de diseño, esto es, en la fase de examen y control de una determinada iniciativa legislativa. Su mayor o menor refinamiento y grado de ela-

---

[8] Véase Pierre ISSALYS, «L'analyse d'impact des lois et règlements: impératif d'efficacité ou condition de légitimité?», en *Interpretatio non cessat : Mélanges en l'honneur de Pierre-André Côté / Essays in Honour of Pierre-André Côté*, Stéphane Beaulac y Mathieu Devinat (Dirs.), Éditions Yvon Blais; Pierre ISSALYS, «Impact Assessment as a Means Towards Higher Quality of Legal Norms: Beware of Blind Spots!», en Marta Tavares de Almeida (Dir.), *The Quality of Legislation*, Baden-Baden, Nomos, 2011.

boración, así como su alcance e intensidad analíticos, varían en función de los temas que deban abordarse y dependiendo también de los recursos disponibles –el grado de sofisticación debería ser proporcional a la importancia de los efectos esperados de la regulación–. De hecho, los efectos previsibles objeto del análisis pueden cubrir toda una variedad de índices y elementos, tales como las cargas administrativas que se impongan, los costes básicos derivados del cumplimiento de la nueva normativa, así como otros tipos más complejos de costes y beneficios, incluyendo los beneficios medioambientales, los efectos redistributivos y el impacto en el comercio. El ámbito de la evaluación de impacto regulatorio es amplio y el ámbito de las actividades económicas cubiertas alcanza desde ciertos tipos de empresas hasta sectores económicos enteros, desde la competitividad, hasta el impacto económico global de la nueva regulación. La evaluación de impacto regulatorio también puede utilizarse para evaluar los efectos que los proyectos normativos pueden tener sobre la Administración pública (por ejemplo, sobre otros departamentos ministeriales, escuelas, hospitales, prisiones, universidades) y a todos los niveles de gobierno, también regionales o locales. Pese a que la evaluación de impacto regulatorio se utiliza con frecuencia para valorar el impacto de un borrador o anteproyecto de futuro, también puede utilizarse para examinar los efectos de las normas que se hallan actualmente en vigor, por ejemplo, con el fin de eliminar algunas cargas establecidas por dicha norma, o bien, para escoger la manera más efectiva de simplificarla»[9].

---

[9] Claudio M. RADAELLI y Fabrizio de FRANCESCO, *Regulatory Impact Assessment*, *The Oxford Handbook of Regulation*, 2010, pp. 279-301.

Para Kirkpatrick y Parker, la evaluación de impacto regulatorio consiste en un «método para analizar las políticas públicas, que tiene por objeto asesorar a los que han de realizar las políticas públicas, tanto en el diseño, como en la implementación y en la monitorización o supervisión de las mejoras de los sistemas regulatorios. A tal fin, la evaluación proporciona una metodología que sea capaz de determinar las probables consecuencias o efectos de una propuesta normativa»[10].

Estas definiciones no son siempre coherentes, ni siquiera siempre satisfactorias, aunque contienen algunas características comunes:

En primer lugar, resulta en principio indiferente a esta técnica la naturaleza o carácter de las normas que hayan de ser objeto de evaluación. La evaluación de impacto regulatorio puede servir para medir los impactos de cualquier norma, ya sea un proyecto de ley, una directiva europea, un reglamento o resoluciones individuales. Ahora bien, aun cuando los borradores o anteproyectos objeto de examen se refieran a normas de naturaleza muy diferente, en realidad se trata de ordinario de normas de carácter *general*, en contraste o por contraposición a las resoluciones *singulares* (sean o no de carácter resolutorio de conflictos o de recursos).

En segundo lugar, la evaluación de impacto regulatorio se constituye de ordinario en un proceso *ex ante*. El objetivo de la evaluación de impacto regulatorio es la estimación *ex ante* del efecto probable sobre una política pública determinada. Puede utilizarse, no obstante, con posterioridad para revisar las políticas públicas ya existentes. Pero la labor de la evaluación de impacto regulatorio *ex ante* difiere de su utilización como mecanismo de evaluación *ex*

---

[10] C. Kirkpatrick y D. Parker, *Regulatory Impact Assessments: An Overview, in Regulatory Impact Assessment: Towards Better Regulation?*, C. Kirkpatrick y D. Parker (Eds.), Edward Elgar Publishing, 2007.

post, puesto que ésta se centraría en la medición de los impactos ya producidos y no en las futuras consecuencias.

En tercer lugar, la evaluación de impacto regulatorio hace referencia tanto al procedimiento, como al documento en el que consta la valoración, sea en forma de recomendación, o como mera información sobre los impactos positivos y negativos de un proyecto normativo. En este sentido, representa un acto preparatorio, cuyo contenido puede variar de un país a otro. Está claro, sin embargo, que las evaluaciones de impacto regulatorio no tienen efectos jurídicos; son meras recomendaciones para las autoridades competentes en cada caso por resolver.

El propósito de la evaluación de impacto regulatorio reside en ilustrar a quienes ostentan la competencia y la potestad para resolver. Constituye un documento que tiene el propósito de informar acerca de los posibles impactos de un determinado proyecto.

En cuarto lugar, es un trabajo de carácter científico, pese a que el grado de «cientificidad» puede variar enormemente de un país a otro. En este sentido, las aptitudes y capacidades necesarias para llevar a cabo una evaluación de impacto regulatorio son diversas. El equivalente estadounidense a la evaluación de impacto regulatorio es el análisis coste-beneficio y, por tanto, requiere unas grandes habilidades técnicas, tanto en materia económica, cuanto de carácter científico. Como explica Cass Sunstein, «un Gobierno comprometido con el análisis coste-beneficio intentará analizar las consecuencias o efectos de una norma, tanto en lo que hace a los costes, como en lo que se refiere los beneficios que irroga. Un análisis tal habrá de manejar elementos cuantitativos y cualitativos de los efectos esperados, incluyendo, por ejemplo, una declaración de las vidas que previsiblemente se salvarán, de los cánceres curables que se prevendrán, de los ataques de asma evitados, y mucho más (...). Allí donde la ciencia no permite predicciones, los Gobiernos deben establecer intervalos, por ejemplo, en el supuesto de las vidas que puede salvar una norma, debe decirse que salvará entre 100 y 240 vidas por año (...). Siempre que sea posible, los beneficios esperados deberían traducirse en términos monetarios, no porque una vida sea realmente evaluable, por ejemplo en 6 millones de dólares, sino para permitir comparaciones pertinentes y establecer prioridades»[11].

En otras palabras, el análisis coste-beneficio requiere de unas grandes habilidades para estimar el impacto esperado de una propuesta de política pública y para convertir esta estimación en términos monetarios.

También puede requerir especiales competencias jurídicas en algunos ordenamientos en los que la evaluación de impacto regulatorio no se limita a un análisis coste-beneficio, para examinar los problemas legales involucrados en la implementación de una futura norma. Por ejemplo, en Francia, se requiere, por Ley, que las evaluaciones de impacto expliquen los distintos sistemas de implementación que requieren las normas propuestas.

Así pues, los efectos que deben ser tenidos en cuenta en las evaluaciones de impacto regulatorio son muy variados; pueden ser económicos, legales, medioambientales, o sociales. Pueden afectar a la economía en general, o sólo a las pequeñas empresas, o bien concernir a los Gobiernos locales o a los Estados centrales. Los costes que han de valorarse son también de muy distinto signo: de carácter redistributivo, de naturaleza administrativa (cargas administrativas), costes de cumplimiento o de adaptación a la nueva normativa.

Todo ello explica por qué la evaluación de impacto regulatorio debe ser descentralizada. Una agencia o Administración no puede dominar todas las habilidades y aptitudes necesarias para llevar a cabo una evaluación de impacto regulatorio. Las agencias o departamentos que promueven una determinada medida y que ostentan en última instancia la capacidad decisoria sobre ella son quienes acometen la evaluación de impacto regulatorio.

En quinto lugar, la evaluación de impacto regulatorio puede definirse por su método. Como afirma Pierre Issalys, el método consiste en evaluar, cuantitativa y/o cualitativamente, las previsi-

---

[11] Cass SUNSTEIN, «The Cost-Benefit State: the Future of Regulatory Protection», Chicago, IL: *Section of Administrative Law and Regulatory Practice*, American Bar Association, 2002, p. 20.

bles consecuencias de las diferentes soluciones que se identifiquen para resolver la cuestión objeto de análisis[12]. La comparación de los costes, ventajas y desventajas de las medidas, debería ayudar a escoger la mejor política pública, aquélla que minimice los costes mientras que, a la vez, maximice los resultados. El método de evaluación de impacto regulatorio comprende diferentes fases:

- «La definición del problema (en términos de riesgo, de necesidades, o de oportunidades para mejorar el *status quo*).

- Una forma de gobernanza que se base en un proceso de gestación de las normas que sea transparente y controlable, que ponga especial énfasis en las consultas, en el uso de las pruebas empíricas y contrastadas para la preparación de la legislación y que siga los estándares de validación propios de las ciencias sociales y naturales durante el proceso regulatorio.

- La expresa consideración de múltiples opciones, incluyendo la opción cero o la de no tomar ningún medida, teniendo en cuenta alternativas que supongan una menor intervención pública en los mercados, medidas de Derecho blando o *soft-law*, acuerdos voluntarios, y, desde luego, los métodos tradicionales de «ordeno y mando» (*command and control regulations*)[13].

- Metodologías específicas para el análisis de diferentes opciones regulatorias, como el análisis coste-beneficio, análisis de criterios múltiples, y la evaluación comparativa de riesgos.

- Un compromiso de supervisión *ex post* y de revisión de las regulaciones»[14].

---

[12] Véase Pierre Issalys, *L'analyse d'impact des lois et règlements : impératif d'efficacité ou condition de légitimité.*

[13] Se hace con ello referencia al método tradicional de gobierno y administración, basado, como ocurre con la actividad administrativa de policía, en normas imperativas y vinculantes, y medidas o técnicas coercitivas en su aplicación, como el acto administrativo [Nota del editor].

[14] Véase Claudio M. Radaelli (2005): «Diffusion without Convergence: How Political Context Shapes the Adoption of Regulatory Impact Assessment», *Journal of European Public Policy*, 12:5, 924-943.

Por tanto, el propósito de la evaluación de impacto regulatorio consiste en ofrecer, mediante esas fases, la información necesaria para la toma decisiones. En palabras de Adler y Posner, se trata, en efecto, de «un proceso decisorio»[15]. Pero de un proceso decisorio cuyo objetivo consiste en producir o favorecer la adopción de ciertos tipos de decisiones. En el contexto de los EE. UU., la evaluación de impacto regulatorio y el análisis coste-beneficio pretenden propiciar decisiones «cuyos beneficios excedan de sus costes»[16]. En otros contextos, el propósito de la evaluación de impacto regulatorio puede ser diferente, de acuerdo con las preferencias nacionales, pese a que cabe afirmar que la evaluación de impacto regulatorio pretende fundar las políticas públicas en valoraciones «neutrales», en pruebas objetivas[17].

II. EL FUNDAMENTO O RAZÓN DE SER DE LA EVALUACIÓN DE IMPACTO REGULATORIO

Indagar en las razones del nacimiento y florecimiento de esta técnica en los Estados occidentales requiere ir más allá

---

[15] Matthew D. ADLER y Eric A. POSNER, «Rethinking Cost Benefit Analysis», *109 Yale L.J.* 165.

[16] Robert H. FRANK, «Why is Cost-Benefit Analysis so Controversial?», en *Cost-Benefit Analysis: Legal, Economic, and Philosophical Perspectives*, Matthew D. Alder y Eric A. Posner (Eds.), Chicago, University of Chicago Press, 2001, p. 77; Matthew D. ADLER y Eric A. POSNER, «Rethinking Cost Benefit Analysis», *109 Yale L.J.* 165.

[17] Véase Claudio M. RADAELLI (2005), «Diffusion without Convergence: How Political Context Shapes the Adoption of Regulatory Impact Assessment», *Journal of European Public Policy*, 12:5, 924-943.

del debate convencional que sobre la evaluación de impacto regulatorio y el análisis coste-beneficio se ha producido. De acuerdo con el enfoque tradicional, la raíz se encontraría en el neoliberalismo. Ello no obstante, la exactitud de esta explicación tiene sus límites[18]. Es cierto que la evaluación de impacto regulatorio ha sido promovida, desarrollada y defendida en Estados Unidos y Reino Unido en la época de Reagan y de Thatcher, bajo el influjo de una doctrina neoliberal que pone la economía en primer lugar.

Ha de ponerse de manifiesto, sin embargo, que ésta no es la única razón para su desarrollo. En primer lugar, la evaluación de impacto regulatorio no habría podido aparecer, si no fuera porque una serie de revoluciones intelectuales transformaron tanto la forma de actuar del Estado, como el modo en que es concebido el interés general o interés público (1). En segundo término, el desarrollo de la evaluación de impacto regulatorio en Estados Unidos ha de contextualizarse y entenderse necesariamente en el marco de la Ley de Procedimiento Administrativo (*Administrative Procedure Act*, APA, por sus siglas en inglés] que sigue el modelo conocido como *adversarial legalism*[19] para la elaboración de políticas públicas, o sistema basado en un modelo contradictorio (2).

---

[18] Estudiaremos este tema en el apartado III.

[19] No existe consenso en la traducción al castellano de este modelo. Es por ello que ha sido preferible conservar la expresión original. Ignacio de la Rasilla del Moral, en su traducción de la obra de Robert A. Kagan *Adversarial Legalism: The American Way of Law*, habla de «legalismo contencioso». Se trata, en realidad, de un modelo jurídico basado en el sistema contradictorio. La edición del referido libro en la Harvard University Press (http://www.hup.harvard.edu/catalog.php?isbn=9780674012417) recoge el siguiente extracto del modelo: «American methods of policy implementation and dispute resolution are more adversarial and legalistic when compared with the systems of other economically advanced countries. Americans more often rely on legal

1. LA NUEVA CONCEPCIÓN DEL INTERÉS PÚBLICO A PARTIR DE LOS AÑOS SETENTA DEL PASADO SIGLO EN ESTADOS UNIDOS Y FRANCIA

El impulso o movimiento para incorporar la evaluación de impacto en el procedimiento de elaboración de disposiciones generales –legales y reglamentarias– se alimenta de la idea de que tanto el legislador como los administradores, abandonados a su suerte, podrán aprobar leyes y reglamentos que no respondan a las exigencias del interés general. En este sentido, la evaluación de impacto nos muestra un camino nuevo, una nueva forma de evaluar el interés público. La evaluación de impacto exige a los legisladores que equilibren beneficios y costes y que busquen el mejor resultado global. Pero además las aportaciones del público durante la preparación de una evaluación de impacto podrán imprimirle un sesgo a las leyes más cercano a las preocupaciones de los ciudadanos, sin que haya mediación de organismos representativos o de élite. Late, pues, una tensión potencial con la con-

---

threats and lawsuits. American laws are generally more complicated and prescriptive, adjudication more costly, and penalties more severe. In a thoughtful and cogently argued book, Robert Kagan examines the origins and consequences of this system of 'adversarial legalism'. Kagan describes the roots of adversarial legalism and the deep connections it has with American political institutions and values. He investigates its social costs as well as the extent to which lawyers perpetuate it. Ranging widely across many legal fields, including criminal law, environmental regulations, tort law, and social insurance programs, he provides comparisons with the legal and regulatory systems of western Europe, Canada, and Japan that point to possible alternatives to the American methods. Kagan notes that while adversarial legalism has many virtues, its costs and unpredictability often alienate citizens from the law and frustrate the quest for justice. This insightful study deepens our understanding of law and its relationship to politics in America and raises valuable questions about the future of the American legal system» [Nota del traductor].

cepción tradicional del interés público, en cuanto articulada a través de los parlamentos y los jueces[20].

Como ya se ha observado, la evaluación de impacto supone y entraña la existencia de una preocupación por la eficacia funcional del Derecho. El sistema de la evaluación de impacto regulatorio permite que los Estados valoren el efecto que las leyes y reglamentos y en general cualquier forma de regulación podrá tener sobre la conducta humana y la consecución de los beneficios perseguidos. La evaluación de impacto regulatorio ejemplifica y encarna la nueva forma de concebir el interés público. En primer lugar, la evaluación de impacto regulatorio demuestra que los intereses públicos ya no son producto de la exclusiva voluntad de la Administración, sino de la ponderación y equilibrio entre costes y beneficios. El interés público ya no es algo que la voluntad de la Administración pueda declarar unilateralmente, por puro decisionismo, sino que tiene que justificarse, que construirse.

Un ejemplo de esta evolución y cambio de perspectiva se halla en la misma jurisprudencia del *Conseil d'Etat* francés. Evolución ésta que resulta aún más interesante por cuanto representa un entrelazamiento de la nueva concepción del interés público con la idea de costes y beneficios, abogando por un necesario equilibrio entre ambos extremos. Asimismo, esta concepción es contemporánea a la creación de las evaluaciones de impacto en el Derecho ambiental de Estados

---

[20] Esta parte está basada en el artículo escrito por Susan ROSE-ACKERMAN y Thomas PERROUD, «Policymaking and Public Law in France: Public Participation, Agency Independence, and Impact Assessment», *Columbia Journal of European Law*, 2013, próximamente, *Yale Law & Economics Research Paper*, n.º 463.

Unidos y Europa[21], así como de otros muchos países, no sólo de la Unión Europea.

Abogados del Estado y letrados de las Administraciones francesas se han involucrado en la búsqueda de ese equilibrio y ponderación, desde el emblemático caso del *Conseil d'État* de la *Ville Nouvelle-Est*[22]. Ese caso, que se resolvió mucho antes del impulso que actualmente se le ha dado a la evaluación de impacto, tenía por objeto la aprobación oficial de un proyecto de desarrollo urbanístico, en el marco de la ley de expropiación forzosa (la privación de la propiedad privada para uso público)[23]. El dictamen mencionaba la necesidad de que el tribunal buscara el equilibrio o que ponderara (*bilan*) valores enfrentados. El *Conseil d'État* sostuvo que un proyecto no puede ser declarado legalmente de interés público a no ser que la privación de la propiedad privada, los costes financieros,

---

[21] La evaluación de impacto surgió en los debates estadounidenses sobre política ambiental y posteriormente se extendió a la formulación de políticas públicas en Europa. En EE. UU. estos debates dieron lugar a la aprobación de la Ley Nacional de Política Ambiental (NEPA por sus siglas en inglés) en 1970, que requiere una evaluación de impacto ambiental para todos los proyectos públicos que puedan afectar al medio ambiente (Ley Nacional de Política Ambiental, P.L. 91-190, 1970. Para una historia de la NEPA y la introducción de la evaluación de impacto ambiental, Rabel J. Burdge (1991): *A Brief History and Major Trends in the Field of Impact Assessment, Impact Assessment*, 9:4, 93-104). En Francia también la evaluación de impacto se desarrolló por primera vez en el ámbito del medio ambiente con una ley de 1976. Michel Prieur argumenta que este instrumento constituye un «procedimiento administrativo revolucionario» (Loi du 10 juillet 1976 relative à la protection de la nature; véase M. Prieur, *Droit de l'environnement*, Dalloz, 2011, p. 91).

[22] *Guy Braibant* 27 AJDA 404 (1971) (reproducción de sus conclusiones sobre el caso).

[23] En Francia, con su sistema de doble corte, presentar casos resulta bastante complejo. Los tribunales administrativos, como en *Ville Nouvelle-Est*, deciden sobre la legalidad del proyecto. Si el proyecto es legalmente aceptable, las disputas sobre el nivel de compensación pasan a los tribunales civiles.

y los posibles costes sociales, no resulten excesivos en comparación con los beneficios públicos que genere el proyecto[24].

Guy Braibant, el *Commissaire du gouvernement* en este caso, justificó esta evolución de la jurisprudencia con la explicación de que el *Conseil d'État* a partir de entonces debe de reconocer que el interés público es plural. En ese sentido, escribió lo siguiente: que ya no existe la separación entre el poder público y el interés general, de un lado, y, de otro, la propiedad privada. Con una frecuencia cada vez mayor, cabe apreciar la existencia de múltiples intereses públicos tras las autoridades expropiantes y los expropiados, llegando a darse el caso de que los intereses privados que se benefician de las operaciones pesan más en el proceso de toma de decisiones que los intereses públicos a los que la operación podría perjudicar. Por lo tanto, no es posible mantener el viejo razonamiento que llevaba a preguntarse si las privaciones, en sí mismas, eran de interés público. Las diversas ventajas y desventajas, el coste y el rendimiento de la inversión o, como dirían los economistas, la utilidad frente a la no utilidad, tienen que equilibrarse[25].

Las palabras de Guy Braibant ponen de manifiesto hasta qué punto la concepción del interés público ha cambiado en la década de 1970.

Por lo tanto, el *Conseil* consideró en aquel caso que era apropiado que los jueces ponderaran el interés público frente a la privación de la propiedad privada, el coste financiero, los disturbios sociales, los daños al medio ambiente, etc. Así, debido a que el *Conseil d'État* hará concesiones, el decisor principal deberá hacer lo mismo si no quiere arriesgarse a que sus decisiones sean anuladas.

El caso de 1971 representa un importante reconocimiento por parte del *Conseil* de que el Derecho Público incluye tales equilibrios y compensaciones. Esta jurisprudencia resulta interesante en

---

[24] *Conseil d'Etat*, 28 mai 1971, *Ville Nouvelle-Est*, Recueil Lebon en 409. Traducido al inglés por los propios autores.

[25] Dictamen previo del *commissaire de gouvernement* en el caso *Braibant, supra* en nota 22.

la medida en que constituye, como se ha dicho, una expresión jurídica de la nueva concepción del interés público.

Ahora bien, éste no es el único fundamento para la evaluación de impacto regulatorio. En la Europa continental, la noción de calidad del Derecho también se utilizó para promover el uso de la evaluación de impacto regulatorio.

2. LA EVALUACIÓN DE IMPACTO REGULATORIO Y LA CALIDAD

Como es sabido, la OCDE[26] ha asociado estrechamente la evaluación de impacto regulatorio con la noción de calidad, a través de los programas de «legislar mejor» (*better regulation*)[27].

En el caso francés[28], el impulso a la evaluación de impacto regulatorio, como explica Jean Maïa en el trabajo, se debe a dos razones. De una parte, el *Conseil d'État* elaboró las directrices iniciales de 2003 sobre Evaluación de Impacto y respaldó la evaluación de impacto de los proyectos de ley. La razón no estribaba sólo en el deseo de elaborar mejores

---

[26] *Vid.*, por ejemplo, http://www.oecd.org/gov/regulatory-policy y http://www.oecd.org/fr/reformereg/34976533.pdf. [Nota del traductor].

[27] Véase Claudio M. Radaelli (2004): «Getting to Grips with Quality in the Diffusion of Regulatory Impact Assessment in Europe», *Public Money & Management*, 24:5, 271-276; Maria de Benedetto, Mario Martelli y Nicoletta Rangone, *La qualità delle regole*, Il Mulino, 2011, p. 23.

[28] Para Italia véase Formez, *La qualità della regolamentazione: casi italiani e confronti internazionali*, Napoli, *2003* (documento disponible en: http://www.osservatorioair.it/wp-content/uploads/2009/08/atti_convegno_napoli_ottobre_2003.pdf, última consulta, 31 de marzo de 2013).

proyectos de ley, sino también en limitar el número de normas nuevas. Puede parecer extraño que la cantidad de leyes pueda constituir, por sí sola, una fuente de preocupaciones, por contraste y comparación con las cargas regulatorias y las leyes fiscales[29]. Sin embargo, en Francia esa preocupación se encuentra estrechamente ligada al problema y al debate acerca de cuál deba ser el papel del órgano legislativo en relación a la élite del funcionariado en la promoción del interés público[30]. En la concepción del *Conseil d'État*, las leyes han de expresar el interés general y esta idea cala en los debates en Francia sobre el número y la calidad de las leyes que se promulgan[31]. Durante mucho tiempo, el *Conseil d'État* ha lamentado la «proliferación legislativa», la «sobreproducción» de normas, y la inflación de reglas provenientes del Parlamento y del ejecutivo[32]. El *Conseil d'État* sostiene que el aumento del número de textos jurídicos conlleva una pérdida

---

[29] El debate en EE. UU. se ha centrado no en las leyes y normas del poder ejecutivo, sino más bien en la carga para el sector privado. Para una crítica a la formulación de normas en los Estados Unidos, véase Thomas O. MCGARITY, *Reinventing Rationality: The Role of Regulatory Analysis in the Federal Bureaucracy* (1991) en 273.

[30] Sobre las raíces históricas véase LINDSETH, *Paradox, supra* en 1404-1407.

[31] La preocupación por la calidad del Derecho no es, obviamente, sólo francesa. La investigación sobre la elaboración de proyectos de ley y la calidad del Derecho comenzó en Alemania y Suiza en el siglo XIX y XX y en el mundo del *common law* en los años setenta. Véase L. ECK, «Les études d'impact et la légistique», en *Les études d'impact accompagnant les projets de loi*, M. Philip-Gay (Ed.) (2012); K. GILBERT, *La légistique au concret: Les processus de rationalisation du droit*, Thèse, Paris 2, 2007.

[32] Veáse *Rapport Public du Conseil d'État* 1991 en 15. El autor principal del informe fue Françoise CHANDERNAGOR, historiador y miembro del *Conseil d'État*. En 2005, el *Conseil d'État* informó de que había 10.500 leyes y 120.000 decretos vigentes. En 1991, el *Conseil d'État* contaba con 7.500 leyes. Además, cada año los Ministerios emiten más de 10.000 órdenes ejecutivas.

de valor legal. El derecho se trivializa; *quand le droit bavarde, le citoyen ne lui prête qu'une oreille distraite* («cuando el Derecho habla en exceso, los ciudadanos no le prestan atención»). Esta multiplicación de textos jurídicos puede dar lugar a una violación de la igualdad ante la ley, a un déficit democrático, y a la inseguridad jurídica[33]. El interés por detener esta «marea» la podemos ver detrás del apoyo del *Conseil d'État* a las evaluaciones de impacto en relación con los anteproyectos de ley. El *Conseil* entiende que el requisito de la evaluación de impacto concuerda con su propio compromiso de defensa del interés general.

3. LA EVALUACIÓN DE IMPACTO REGULATORIO COMO PRODUCTO DE LOS PRINCIPIOS CARACTERÍSTICOS DEL DERECHO ADMINISTRATIVO NORTEAMERICANO

En Estados Unidos, algunos casos ponen de manifiesto que el control judicial de la Administración que la Ley de Procedimiento Administrativo norteamericana ha establecido supone un cierto mandato en favor de la evaluación de impacto regulatorio. En el Derecho Administrativo de EE. UU. las agencias independientes gozan de una amplia discrecionalidad para invocar su conocimiento experto en la ponderación de los intereses en conflicto. Sin embargo, esa discrecionalidad está vinculada o limitada por la necesidad de motivar las decisiones, lo cual significa que, en aquellos

---

[33] Para un análisis de la definición francesa de calidad jurídica, véase C.-H. Montin, *Legistics and the Quality of Legislation in France*, en http://www.montin.com/documents/legistics.pdf.

casos en que las partes planteen alternativas razonables a la posición que mantiene la agencia, resulta obligado, antes de resolver definitivamente, tener en cuenta y valorar esas diversas opciones. La obligación de motivar las decisiones que adopte la agencia implica la obligación de poner el conocimiento experto y el mejor análisis al servicio de «aportar luz sobre esa cuestión»[34].

A través de estos principios de amplio espectro del Derecho Administrativo norteamericano, los tribunales han «inyecta[do] consideraciones de coste-beneficio»[35] dentro del proceso de elaboración de reglamentos y reglas, aplicando el test o análisis de la «arbitrariedad o el capricho», que deriva de la Ley de Procedimiento Administrativo, y del que se infiere que la decisión que subyace a la norma o regla se ha de motivar suficientemente. El deber de motivar las decisiones constituye un estándar que resulta exigible de acuerdo con la jurisprudencia del Tribunal Supremo, a partir del caso *State Farm*[36]. De acuerdo con esta doctrina, en la elaboración de una disposición de carácter general, la agencia debe ser capaz de «articular una explicación satisfactoria de sus actuación, lo que incluye la relación racional entre los hechos probados y la elección realizada». El Tribunal también debe discernir si la decisión de la agencia «se ha basado en la consideración de los factores relevantes».

[34] 412 F.3d 133, § 37.

[35] Richard G. Stoll, «Cost-Benefit Analysis Through the Back Door of 'Reasoned Decisionmaking'?», *31 ELR* 10228.

[36] *Motor Veh. Mfrs. Ass'n v. State Farm Ins.*, 463 U.S. 29 (1983).

En el caso *Chamber of Commerce v. SEC*[37], «la norma en cuestión disponía que la junta del fondo de inversión no tuviera menos de un 75% de consejeros independientes y que estuviera presidida por un consejero independiente»[38]. Lo interesante de este caso es que uno de los motivos o causas de la revisión judicial, de acuerdo con la Ley de Procedimiento Administrativo, consiste en que el órgano jurisdiccional que conoce del asunto puede anular cualquier decisión de una agencia que sea «arbitraria, caprichosa, incursa en abuso de discrecionalidad, o que en cualquier modo resulte contraria a Derecho»[39].

El Tribunal de Apelación de EE. UU. (*US Court of Appeal*) en este caso sostuvo que el hecho de que la SEC[40] no tuviera en cuenta alternativa alguna supuso de suyo una infracción de la Ley de Procedimiento Administrativo. Valorar y comparar alternativas u opciones diversas es esencial al proceso de razonamiento propio de la evaluación de impacto regulatorio y del análisis coste-beneficio. El Tribunal, por supuesto, era consciente de los riesgos de una doctrina tan general y añadió, por ello, que «a la Comisión no se le exige que tenga en cuenta *toda alternativa... que la mente humana sea capaz de concebir... independientemente de lo rara o desconocida que esa alternativa* pueda ser»[41]. El Tribunal concretó aún más el alcance de su doctrina señalando seguidamente que a la SEC se le perdonaría el

---

[37] *Chamber of Commerce v. SEC*, 412 F.3d 133 (D.C. Cir. 2005).

[38] Paul Rose y Christopher J. Walker, «The Importance of Cost-Benefit Analysis in Financial Regulation», *Report for U.S. Chamber of Commerce; Law and Capital Markets* @ Ohio State, marzo 2013, p. 29.

[39] Administrative Procedure Act 5 U.S.C. § 706(2)(A) (2000).

[40] *U.S. Securities and Exchange Commission*. La SEC es una agencia independiente que tiene por objeto la regulación de la industria y el mercado de valores [Nota del traductor].

[41] 412 F.3d 133, § 35. Aquí, sin embargo, dos comisarios disidentes habían la idea de una alternativa a la norma en cuestión, que debería haber sido considerada entonces

error de no haber tenido en cuenta esta alternativa si, por cualquier razón, su consideración no mereciera la pena[42].

Ahora bien, en la medida en que la alternativa no era frívola, ni estaba fuera de lo razonable, la Comisión debía de haberla considerado[43].

El Tribunal cita como autoridad en esta controversia el caso *Laclede Gas Co. v FERC*[44]. En este supuesto, el Tribunal de Apelación sostuvo que cuando una parte plantea alternativas visiblemente razonables frente a la decisión de la agencia, en este caso la FERC (*Federal Energy Regulatory Commission*), la agencia debe o bien considerar las alternativas, o bien dar alguna razón, dentro de su amplio margen de discrecionalidad, sobre las opiniones contrarias.

Estos casos ponen de manifiesto, pues, que un mínimo análisis coste-beneficio, que consista en el examen de alternativas, resulta obligado en el Derecho Administrativo estadounidense, en el marco de la obligación de motivar o razonar. Significan también que la Ley de Procedimiento Administrativo, como ha quedado dicho, propicia un modelo contradictorio (o *adversarial*). Y es que, en efecto, el procedimiento de elaboración de disposiciones generales en los Estados Unidos exige que las agencias publiquen con antelación la regla o reglamento propuesto y que escuchen a todos los interesados. El énfasis que la evaluación de impacto regulatorio pone en el análisis de las alternativas posibles a una medida determinada se explica en el contexto de un proceso marcadamente contencioso de elaboración de políticas,

---

[42] 412 F.3d 133, § 36.

[43] 412 F.3d 133, § 37.

[44] 873 F.2d 1494, 1498 (D.C.Cir.1989).

ciertamente característico de los Estados Unidos. Tal es la razón por la que, como ya notábamos, algunos autores definan este modelo como «sistema contradictorio» (*adversarial legalism*)[45]. En definitiva, el análisis coste-beneficio proporciona a las agencias una manera objetiva de justificar su proyecto y de responder a las alternativas.

Se entiende así el contexto en el que nacieron el análisis coste-beneficio y la evaluación de impacto regulatorio en Estados Unidos. Habida cuenta de que se trata de un proceso contradictorio y contencioso de elaboración de políticas, las agencias (que carecerían de otra forma de legitimidad democrática también) necesitan un estándar o un parámetro a partir del cual poder evaluar los puntos de vista divergentes u opuestos, especialmente porque los tribunales les obligan siempre a justificar la alternativa por la que han optado.

---

[45] Véase Robert Kagan, *Adversarial Legalism: The American Way of Law*, Harvard University Press, 2009. El autor define el *adversarial legalism* («sistema contradictorio») como un método de formulación de políticas públicas y de resolución de conflictos que se caracteriza por altos grados, en términos relativos, de: a) impugnación jurídica formal: los intereses enfrentados invocan derechos subjetivos, obligaciones, y requisitos procesales, impulsados por la amenaza de que se recurra a la revisión judicial o a la ejecución; b) activismo litigante: la recopilación y presentación de pruebas y la articulación de demandas están dominadas o profundamente influenciadas por las partes o intereses en disputa, que actúan principalmente a través de los abogados; c) incertidumbre sustantiva: las decisiones oficiales, en términos relativos o comparativos, son variables, impredecibles y reversibles; por lo tanto, la defensa de lo «adversarial»o de lo contradictorio, puede tener un impacto sustancial (Robert A. KAGAN, «Do Lawyers Cause Adversarial Legalism – A Preliminary Inquiry», 19 *Law & Soc. Inquiry*, 1994).

4. LA EVALUACIÓN DE IMPACTO REGULATORIO Y EL PROGRAMA «LEGISLAR MEJOR»

La evaluación de impacto regulatorio se asocia en Europa con el programa «legislar mejor» o «regulación inteligente». De acuerdo con la definición de Julia Black, la «regulación inteligente» (*smart regulation*) debe entenderse como un enfoque pragmático, flexible y pluralista de la regulación, y a cuyo servicio se utilizan múltiples técnicas regulatorias y en la que intervienen toda una variada gama de actores reguladores para implementar un régimen regulatorio. Se tiende, pues, a hablar de regulación «descentralizada», de «gobernanza colaborativa», de «regulación externalizada», de «atribución de facultades a los participantes»; de la búsqueda de instrumentos complementarios o híbridos; de nuevas «secuencias de instrumentos», y de maximizar las oportunidades de llegar a soluciones que beneficien a todos (*win-win solutions*)[46].

El movimiento en pro del «legislar mejor» es, por tanto, poliédrico. Para Baldwin, los orígenes del movimiento se remontan a las políticas de desregulación establecidas por el Gobierno conservador y explicadas en el Libro Blanco

---

[46] «A win-win situation, also called a win-win game or non-zero-sum game in game *theory*, is a situation by which cooperation, compromise, or group participation leads to all participants benefiting. The term can be applied to many aspects of daily living, and it is contrasted to the zero-sum game or win-lose situation, where the dominant factor is that at least one person wins while another loses. These are also called zero-sum games and examples include most two-person board games. For instance a chess game is zero-sum. One winner, +1, is added to one loser, -1, resulting in a total of zero» (cfr. wise-GEEK: http://www.wisegeek.org/what-is-a-win-win-situation.htm). Julia BLACK, «Tensions in the Regulatory State», *Public Law* 2007, Spr., 58-73.

de 1985 titulado *Lifting the Burden*[47]. En este documento, el Gobierno se ocupaba del efecto negativo de los costes de cumplimiento de la normativa en las empresas y la necesidad de desregular mediante la liberación de los mercados y la reducción de las cargas administrativas y legislativas[48].

El lema «legislar mejor» aparece cuando el Gobierno laborista de Tony Blair sube al poder. *Legislar mejor* es entonces una manera de cambiar el debate sobre la desregulación hacia formas inteligentes y eficaces de regulación. Estamos ante la «tercera vía», en la búsqueda del equilibrio entre el programa conservador de desmantelar el Gobierno y el viejo Estado de bienestar.

La evaluación de impacto regulatorio representa el elemento clave de la caja de herramientas del movimiento «legislar mejor», en la que asimismo se encuentran la «simplificación de los procedimientos administrativos, la legislación consolidada, planes para la reducción de las cargas administrativas, alternativas favorecedoras del mercado, inspecciones basadas en el riesgo, presupuestos dirigidos a la regulación, estándares de consulta obligada, evaluaciones de sostenibilidad de la regulación propuesta y existente, y la revisión *ex-post*»[49].

---

[47] DTI, *Lifting the Burden*, Cmnd 9571 (1985) («Levantando las cargas»).

[48] Robert BALDWIN, *Is better regulation smarter regulation?*, 2005, Aut., 485-511.

[49] C. M. RADAELLI (2010), *Regulating Rule-Making via Impact Assessment. Governance*, 23: 89-108.

III. LA EVOLUCIÓN HISTÓRICA DE LA EVALUACIÓN DE IMPACTO REGULATORIO (EVALUACIÓN DE IMPACTO REGULATORIO)

La historia de la evaluación de impacto regulatorio puede dividirse en líneas generales en tres etapas. El mecanismo fue inventado en el contexto anglo-sajón de los Gobiernos conservadores de los Estados Unidos y del Reino Unido (1). Adquiriría luego un mayor significado y contenido en la época de la denominada «tercera vía», durante el Gobierno británico de Blair (2). Posteriormente, este instrumento se extendería entre todos los Estados miembros de la Unión Europea, así como en el resto del mundo gracias a los estudios de la OCDE (3).

1. EL PERÍODO ANGLOAMERICANO: LA EVALUACIÓN DE IMPACTO REGULATORIO COMO HERRAMIENTA PARA LA DESREGULACIÓN

Adler y Posner identifican tres pasos en el desarrollo del análisis coste-beneficio y de la evaluación de impacto regulatorio en el contexto norteamericano. Primero, el análisis coste-beneficio aparece asociado al crecimiento de la centralización a nivel federal: «En los Estados Unidos, el Gobierno del *New Deal* comenzó a utilizar el análisis coste-beneficio en 1936, cuando el Congreso ordenó a las agencias que valoraran los costes y los beneficios de los proyectos diseñados para hacer frente a las inundaciones»[50]. Como ejemplo citan la Ley de Control de las Inundaciones de 1936, de acuerdo con la cual, los proyectos habrían de aprobarse si los beneficios que generan exceden de los costes estimados[51]. En segundo lugar, es de destacar el auge de la denominada ideología «progresista» a finales del siglo XIX y comienzos del XX, en cuya virtud las funciones del Gobierno podrían clasificarse en dos: las funciones que se refieren a cuestiones de política básica y de valor social, de un lado, y aquellas otras que poseen un carácter administrativo o instrumental, de otro[52]. Finalmente, el último paso vendría con la creación de las herramientas intelectuales que constituyen el presupuesto del análisis coste-beneficio, esto es, la invención de la moderna economía del bienestar[53].

Este mecanismo no se habría inventado si no se hubieran dado esos fenómenos[54]. La primera generalización del análisis coste-be-

[50] Matthew D. ADLER y Eric A. POSNER, «Rethinking Cost Benefit Analysis», *109 Yale L.J.* 165.

[51] Ley de Control de Inundaciones de 1936, § 1. 49 Stat. 1570, 1570 (codificada con modificación en 33 U.S.C. § 701a (1994). Otro escritor ha visto las primeras manifestaciones del análisis coste-beneficio en la Ley de Ríos y Puertos de 1902 (ch. 1079, § 3, 32 Stat. 331, 372 (1902)): Edward SHERWIN, «The Cost-Benefit Analysis of Financial Regulation: Lessons from the SEC's Stalled Mutual Fund Reform Effort», *Stanford Journal of Law, Business, and Finance*, vol. 12, nº 1, 2006.

[52] Robert H. NELSON, «The Economics Profession and the Making of Public Policy», *25 J. ECON. Literature* 49, 52-54 (1987).

[53] Matthew D. ADLER y Eric A. POSNER, «Rethinking Cost Benefit Analysis», *109 Yale L.J.* 165.

[54] Para una explicación precisa del desarrollo del análisis coste-beneficio en los Estados Unidos: A. RENDA, *Impact Assessment in th EU, The State of the Art and the Art of the State*, Centre for European Policy Studies, Brussels, 2006, pp. 8-56.

neficio se sitúa en los tiempos de la Administración Nixon, cuando las empresas comenzaron a quejarse de los costes derivados de la regulación, en aquella época en materia medioambiental. Después de varios intentos durante distintas Administraciones, sería en 1981, a través de la conocida Orden Ejecutiva número 12.291[55] cuando se obliga a las agencias a realizar un auténtico análisis coste-beneficio. El artículo 2 de la precitada Orden dispuso: «Para la elaboración de nuevos reglamentos, la reforma de los reglamentos en vigor, y el desarrollo de propuestas legislativas que afecten al reglamento, todas las agencias, hasta donde permita la Ley, deberán cumplir los siguientes requisitos:

 a) Todas las decisiones administrativas deberán basarse en la información adecuada sobre la necesidad de, y las consecuencias de, las acciones de Gobierno propuestas;

 b) La regulación no podrá llevarse a cabo salvo que los potenciales beneficios para la sociedad superen los costes que pudieran recaer sobre la misma;

 c) Los objetivos de la regulación se elegirán con las miras puestas en maximizar el beneficio para la sociedad;

 d) Entre las distintas alternativas para alcanzar un objetivo determinado mediante la regulación, deberá elegirse la alternativa que suponga menos costes para la sociedad; y

 e) Las agencias deberán establecer prioridades regulatorias con la intención de maximizar el beneficio neto agregado para la sociedad, teniendo en cuenta la situación de los sectores particulares afectados por los reglamentos, el estado de la economía nacional, y otras acciones regulatorias contempladas para el futuro»[56].

Esta disposición contiene todos los elementos de un análisis coste-beneficio: primero, un reglamento que se base en

---

[55] Orden emanada por el Presidente de los Estados Unidos.

[56] Véase la Orden Ejecutiva aquí: http://www.archives.gov/federal-register/codification/executive-order/12291.html.

pruebas y datos supone que todos los borradores o proyectos deban contar con la información necesaria; y, segundo, la Orden Ejecutiva establece un parámetro o criterio de decisión, en cuya virtud los beneficios de la propuesta deberán superar los costes que se generan hacia la sociedad en su conjunto. Cuando la Orden se refiere a la «sociedad» quiere decir que el reglamento debe de elaborarse contemplando a la sociedad en su conjunto, como un todo, y no en beneficio de un colectivo determinado. La calidad de un análisis coste-beneficio se sometía al control de la OIRA (*Office of Information and Regulatory Affairs*, esto es, Oficina de Información y de Regulación), un cuerpo creado dentro de la Oficina de Gestión y Presupuesto (*Office of Management and Budget*, en adelante, OMB).

La historia del análisis coste-beneficio en los Estados Unidos en ese período no es pacífica. El análisis coste-beneficio ha sido objeto de una crítica habitual, cual es la de ralentizar el procedimiento administrativo de elaboración de disposiciones de carácter general. También se ha cuestionado que la competitividad tenga un valor tan central, en detrimento de otros valores relevantes, como el medio ambiente o la salud. No han faltado analistas que consideran que esta evolución negativa obedece a que los grupos de representación de intereses han capturado la Casa Blanca y la OMB[57].

---

[57] Véanse las referencias en A. Renda, *Impact Assessment in th EU, The State of the Art and the Art of the State, Centre for European Policy Studies*, Brussels, 2006, p. 12, nota 31; B. D. Friedman, *Regulation in the Reagan-Bush Era: The Eruption of Presidential Influence*, Pittsburgh, PA: Pittsburgh University Press, 1995; B. Woodward y D. S. Broder, «Quayle's Quest: Curb Rules, Leave 'No Fingerprints'», *Washington Post*, 9 January 1992.

En la etapa de la Administración Clinton, se aprobó la Orden Ejecutiva 12.866 con el fin de resolver los conflictos suscitados entre la OIRA y las agencias promoviendo una nueva «filosofía» de regulación.

El art. 1(a) de la Orden establece que: «A los efectos de decidir si y cómo hay que regular, las agencias deberán evaluar todos los costes y beneficios de las alternativas regulatorias disponibles, incluyendo la de no regular. Se entiende que los costes y beneficios incluyen tanto las medidas cuantificables (hasta el máximo alcance en que éstas puedan ser estimadas) y las medidas cualitativas de los costes y beneficios que resultan difíciles de cuantificar, pero cuya ponderación resulta esencial. Asimismo, a los efectos de la elección entre varias posibles alternativas regulatorias, las agencias deberán seleccionar aquellas que maximicen el beneficio neto (incluyendo el potencial económico, el medio ambiente, la salud pública y seguridad públicas, así como otras ventajas; la distribución de los impactos; y la equidad), salvo que una Ley disponga otra cosa»[58].

La filosofía no es completamente nueva y los principios se mantienen inalterados: la idea de que los organismos deben considerar que la opción de «no regular» así como la idea de que algunas medidas pueden no ser cuantificables parece nueva pero, en realidad, se encontraba ya reconocida.

En el Reino Unido, según pone de manifiesto Anthony Ogus[59], el primer intento de introducción de la evaluación de impacto regulatorio se produjo en 1986 y como parte de un esfuerzo más general encaminado a la reforma de la cultura y actividades de la Administración británica y a la des-

---

[58] Véase la Orden Ejecutiva aquí: http://www.reginfo.gov/public/jsp/Utilities/EO_12866.pdf.
[59] Véase el trabajo de Anthony Ogus en este volumen.

regulación de algunos sectores de la economía. El Gobierno conservador de Margaret Thatcher se limitó a requerir en un primer momento a las Administraciones competentes que evaluaran tan sólo el impacto que los proyectos de reglamentos producían en las empresas para el cumplimiento de la nueva norma, esto es, los costes de cumplimiento (también denominado «Evaluación del Coste de Cumplimiento» o CCA)[60].

El Libro Blanco *Lifting Burdens* contempla, de cara a una adecuada elaboración normativa, tres requisitos:

(i) un análisis estructural de cada nueva propuesta, preparada y publicada por el organismo interesado que lo haya iniciado, incluyendo una evaluación sistemática de su impacto en las empresas;

(ii) escrutinio crítico de la propuesta, en particular de la evaluación, a cargo de un pequeño grupo operativo o comisión radicado en el Gobierno central y con poderes reales;

(iii) controles periódicos y ordinarios del grupo operativo sobre las propuestas en curso y sobre el alcance de cualquier supresión, simplificación o racionalización de los requisitos de los sistemas existentes[61].

El enfoque británico es mucho menos integral o ambicioso que la metodología de EE. UU. Sólo se tiene en cuenta el impacto en las empresas. El documento muestra una clara preferencia frente a la regulación sin mencionar siquiera que la regulación pueda efectivamente producir beneficios.

---

[60] Véase el Libro Blanco, *Lifting the Burden*, 1985; y *Building Business – Not Barriers*, 1986.

[61] Libro Blanco, *Lifting the Burden*, 1985, p. 34.

2. EL NUEVO GIRO: LA EVALUACIÓN DE IMPACTO REGULATORIO EN EL ÁMBITO DE LA MEJORA EN LA REGULACIÓN

Una nueva estrategia en el Reino Unido vendría con la llegada de Tony Blair como primer ministro. La idea de la «tercera vía» en la que se basó supuso el abandono de la actitud contraria a la regulación. La nueva estrategia debía ser más comprensiva. La Oficina de Auditoría Nacional (*National Audit Office*) explicaría esta evolución como parte de una «iniciativa gubernamental por legislar mejor», y en cuyo contexto se introdujo la evaluación de impacto regulatorio en agosto de 1998, para reemplazar la mera evaluación del coste de cumplimiento. El propósito, por tanto, consistía en ampliar el foco de la evaluación regulatoria a fin de convertirla en parte integral del procedimiento de elaboración de las políticas públicas. Ello significaba que además de describir los fines de cada norma y de examinar los riesgos y los costes financieros que a su través se inferían a las empresas, era necesario también que las Administraciones analizaran los beneficios y tuvieran en cuenta el impacto global en la sociedad»[62].

En este contexto, la evaluación de impacto regulatorio se ha convertido en parte de una reforma más amplia acerca de la realización de las políticas públicas que se conoce por el nombre de «legislar mejor». Los principios en que se basa esta reforma son proporcionalidad, transparencia, coherencia, determinación de los objetivos a alcanzar, y control

---

[62] Véase «Legislar Mejor: haciendo buen uso de la evaluación de impacto regulatorio», 15 de noviembre 2001, *HC 329*, 2001-02, p. 16.

(rendición de cuentas). La evaluación de impacto regulatorio opera en ese sentido como un instrumento integrador que pretende establecer un método claro de realizar las políticas públicas. Los criterios fueron detallados de la siguiente forma:

Objetivo y efectos previstos	Identificación de los objetivos de la propuesta regulatoria
Riesgos	Evaluación de los riesgos a que la regulación propuesta pretende hacer frente
Beneficios	Identificación de los beneficios de cada opción, incluyendo la de «no hacer nada»
Costes	Examen de todos los costes, incluyendo los costes indirectos
Asegurar el cumplimiento	Identificación de las opciones para la acción
Impacto en pequeños negocios	Asesoramiento del Servicio para Pequeñas Empresas
Consulta pública	Obtención y procesamiento de las alegaciones de los afectados, y claridad acerca de los temas y alternativas que han de ser debatidos
Supervisión y Evaluación	Establece los criterios para la supervisión y la evaluación
Recomendación	Resumen y recomendaciones a los Ministerios, teniendo en cuenta las opiniones expresadas en la consulta pública

De este modo, la evaluación de impacto regulatorio se convirtió en una técnica más comprensiva y menos parcial. Y así se ha mantenido después.

A nivel de la Unión Europea, los primeros intentos de establecer una evaluación de impacto se remontan al año

1986, bajo la presidencia británica, con la denominada «Evaluación de Impacto Empresarial» (*Business Impact Assessment*, BIA). Pero el mecanismo no funcionó correctamente y presentó numerosas deficiencias. En efecto, esta clase de evaluaciones operaban con frecuencia como un mero ejercicio teórico *ex post*, puesto que se realizaban sobre propuestas ya finalizadas, al término del procedimiento, y, por tanto, con relevantes limitaciones e inconvenientes, tanto en lo que hace a la calidad del análisis, como en lo que se refiere a la posibilidad de influir en el contenido final. El sistema de evaluación empresarial que se ha mantenido después tampoco concreta qué clase de análisis ha de llevarse a cabo, lo que ha desembocado en toda una práctica muy variada en lo que a la calidad se refiere, en función del departamento o unidad de que se trate en cada caso[63].

La publicación del informe *Mandelkern*, publicado en el año 2001, así como el trabajo realizado por la OCDE determinaron una profunda reforma de este instrumento. El modelo de evaluación de impacto introducido por la Comisión en aquellos años resultó mucho más amplio y ambicioso. Como recuerda Renda, el nuevo modelo de evaluación integral de impacto, establecido en 2002, incorpora no sólo la dimensión económica, sino también la social y ambiental, de cada propuesta normativa, en un esquema bifásico o dual. Todas las iniciativas de la Comisión propuestas para su inclusión en la Estrategia de Política Anual o en el Programa de Trabajo y de Legislación de la Comisión y que requieran

---

[63] «Final Report Business Impact Assessment (BIA) pilot project, Lessons Learned and the Way Forward», *Enterprise Paper* Nº 9, DG Enterprise, European Commission, 2002, p. 2.

alguna medida regulatoria para su implementación (y por tanto incluyendo no sólo reglamentos y directivas, sino también Libros Blancos, programas de gasto y directrices de negociación para los acuerdos internacionales) deben someterse a una «evaluación de impacto preliminar». A ello se añade que las propuestas con mayores expectativas de impacto son objeto de un análisis más profundo denominado «evaluación de impacto ampliada»[64].

El procedimiento deviene claramente más complejo. Las categorías o clases de impactos se han hecho más amplias y han de valorarse los efectos económicos, medioambientales y sociales. La complejidad deriva también del hecho de que las diversas clases de proyectos han de satisfacer las diferentes exigencias de las distintas evaluaciones de impacto. El análisis coste-beneficio debe utilizarse, aunque no de forma sistemática[65]. El procedimiento europeo de la evaluación de impacto regulatorio parece muy complejo y gravoso.

Este breve recorrido histórico pone de manifiesto que la evaluación de impacto regulatorio se ha ido adquiriendo complejidad con el paso del tiempo desde que naciera en los EE. UU.

[64] A. RENDA, *Impact Assessment in th EU, The State of the Art and the Art of the State*, Centre for European Policy Studies, Brussels, 2006, p. 53.

[65] Véanse las Directrices de la Evaluación de Impacto de la Comisión (enero 2009) en: http://ec.europa.eu/governance/impact/key_docs/key_docs_en.htm.

3. DIFUSIÓN Y NUEVOS CONTENIDOS: LOS MODELOS DE EVALUACIÓN DE IMPACTO

Como sucede en muchas ocasiones con las transposiciones legales, se importa un instrumento aunque con la finalidad de servir a un propósito distinto para el que originalmente estaba destinado cuando se inventó.

El análisis comparado demuestra que la evaluación de impacto regulatorio representa una herramienta que ha sido utilizada para múltiples y diferentes propósitos en Europa. Tal y como observa Radelli, «la evaluación de impacto regulatorio constituye una solución para diferentes problemas. En Alemania, Suecia e Italia, ésta se percibe como una posible solución a los problemas de simplificación; en los Países Bajos se asocia a la cuestión de la competitividad; en Dinamarca y Bélgica, la conexión es entre la evaluación de impacto regulatorio y la calidad del entorno empresarial. A nivel de la Unión Europea, la evaluación de impacto regulatorio se concibe como una respuesta al problema del déficit de legitimidad del sistema normativo de la Comunidad»[66].

Los objetivos, pues, son diferentes. Su formato difiere también. En el mundo anglosajón, a nivel de la Unión Europea y también en algunos países como el Reino Unido, Alemania o España, las evaluaciones de impacto presentan una clara dimensión cuantitativa y buscan como objetivo inmediato la reducción de las denominadas cargas administrativas, «simplificar la burocracia» (o *red tape*, como se le

---

[66] Véase Claudio M. Radaelli (2005): «Diffusion without Convergence: How Political Context Shapes the Adoption of Regulatory Impact Assessment», *Journal of European Public Policy*, 12:5, 924-943.

denomina en inglés), y, en definitiva, los mejores resultados regulatorios.

En Francia esta técnica se encuentra en una abierta oposición a su tradición. Y es que en Francia, las evaluaciones de impacto no tienen como único objetivo la valoración de carácter económico. Por el contrario, en la Ley Orgánica que la regula[67], las evaluaciones de los diversos impactos a que han de someterse los proyectos legislativos, ésta es sólo uno de los objetivos de las evaluaciones de impacto, puesto que el principal objetivo parece ser de carácter jurídico, en sentido amplio. Tal y como prevé la referida Ley Orgánica, las evaluaciones de impacto deberían evaluar específicamente:

- El modo en que el proyecto de ley resulta conforme con la legislación de la Unión Europea en vigor o en preparación, y su impacto en el sistema jurídico interno;
- el estado en que se encuentra la aplicación de la ley a nivel nacional en las áreas o ámbitos que contempla el proyecto de ley;
- las condiciones temporales de las medidas proyectadas, de las normas en vigor que han de ser derogadas, y de las disposiciones transitorias propuestas;
- las condiciones de aplicación de las provisiones previstas a nivel de las autoridades locales sujetas a lo dispuesto en los arts. 73 y 74 de la Constitución[68], en Nueva Caledonia y en los Mares del Sur franceses y en los Territorios Antárticos, justificando, en su caso, las adaptaciones propuestas y la no aplicación de las disposiciones proyectadas para algunas de estas autoridades;

---

[67] En Francia, las Leyes Orgánicas son normas que implementan requisitos constitucionales y con la misma fuerza jurídica que la Constitución.

[68] Preceptos éstos relativos a las entidades territoriales [Nota del editor].

- la evaluación de los impactos económico, financiero, de empleo y medioambiental y los costes financieros, así como de beneficios esperados de las disposiciones previstas para cada categoría de Administración pública y personas naturales y legales afectadas, indicando el método de cálculo utilizado;
- la evaluación de las consecuencias de las medidas previstas sobre el sector de empleo público;
- las consultas llevadas a cabo antes del dictamen del Consejo de Estado; y
- la lista provisional de la implementación de la legislación necesaria[69].

Esta relación demuestra claramente que, en la concepción francesa, la evaluación de impacto se ocupa sobre todo de la articulación de las normas en el tiempo y en el espacio (entre la Unión Europea, el nivel nacional y el local) y la implementación legal de las normas previstas. Ello refleja el espíritu con el que se adoptó la evaluación de impacto en Francia. Como se ha notado, respondió en primer término a la preocupación del *Conseil d'Etat* (última instancia de la jurisdicción administrativa francesa) por la calidad normativa. Preocupación por la calidad que no pretendía sin más reducir las cargas administrativas y la burocracia innecesaria, sino sobre todo dar mayor claridad y certidumbre al Derecho ante la multiplicación de normas. Esa es la razón por la que, simultáneamente, se llevaron a cabo numerosas simplificaciones y codificaciones del ordenamiento francés.

---

[69] Loi organique n° 2009-403 du 15 avril 2009 relative à l'application des articles 34-1, 39 et 44 de la Constitution, article 8. La traducción se toma de la OCDE, *Legislar Mejor en Europa: Francia*, 2010, pp. 109-110. Véase también el trabajo de Jean Maïa en el presente volumen.

El Reino Unido, sin embargo, se mueve en otro plano y persigue objetivos distintos. En ese sentido, se encuentra en la vanguardia de lo que se denomina «regular mejor» o «regular inteligentemente», dentro de cuya agenda se halla la evaluación de impacto. El objetivo prioritario reside sin duda en la dimensión económica y se traduce en la reducción de cargas administrativas y en sus respectivos costes, aspirando, por ejemplo, a disminuirlos en un 25%[70]. Además, el hecho de que la evaluación de impacto se presente con un resumen ejecutivo que sintetice los costes y beneficios en términos monetarios del proyecto supone un claro compromiso de los distintos Gobiernos británicos con una concepción cuantitativa de la evaluación de impacto. El eje, pues, no se sitúa, como en Francia, en la dimensión jurídica o legal.

En este sentido, otros países han adoptado una dirección similar, probablemente poniendo un menor énfasis en lo económico. España, por ejemplo, ha desarrollado una concepción más «gerencial» o de «gestión empresarial» que Francia. De acuerdo con la misma OCDE, el Real Decreto 1083/2009 (memoria del análisis de impacto normativo) de Julio de 2009[71], está fuertemente enraizado en la lógica del «regular mejor», y, por ello, se preocupa por una mayor competitividad, crecimiento sostenible y creación de empleo[72]. En el año 2009, el Gobierno consideró que el citado Decreto constituía un «signo de su compromiso con la mejora del

[70] Véase OCDE, *Legislar Mejor en Europa: Reino Unido*, 2010, pp. 14-15.

[71] Véase Guía Metodológica para la elaboración de la Memoria del Análisis de Impacto Normativo en http://www.seap.minhap.gob.es/es/areas/funcion_publica/iniciativas/impacto_normativo.html.

[72] OCDE, *Legislar Mejor en Europa: España*, 2010, p. 91.

sistema de evaluación de impacto regulatorio, y un 'punto de no retorno' para el impulso de la política general de 'Legislar Mejor'»[73]. El espíritu del sistema español de evaluación de impacto regulatorio se mueve por un interés económico, aunque también legal: la evaluación de impacto debe también evaluar, entre otras cosas, la adecuación de la norma con el sistema de distribución de competencias español.

En Alemania también el objetivo de la evaluación de impacto (que incluye propuestas tanto legislativas como reglamentarias) consiste en informar a los que toman las decisiones y en reducir los costes de la regulación[74]. Las actuales directrices fueron diseñadas en 2000 (*Leitfaden zur Gesetzesfolgenabschätzung*) y el Ministerio del Interior publicó también un completo manual sobre el tema (*Handbuch zur Gesetzesfolgenabschätzung*). El proceso introducido por la reforma de 2000 establecía tres clases de análisis que habrían de llevarse a cabo en tres fases diferentes del procedimiento de elaboración:

– Una evaluación de impacto regulatorio preliminar dirigida a valorar si la norma resulta necesaria y a identificar y a comparar alternativas;
– Una evaluación de impacto regulatorio simultánea cuyo objeto consiste en determinar si las medidas proyectadas encajan y se ajustan con las circunstancias de sus destinatarios y con el contexto regulatorio; y

---

[73] OCDE, *Legislar Mejor en Europa: España*, 2010, p. 91.
[74] Véase OCDE, *Legislar Mejor en Europa: Alemania*, 2010, p. 98.

– Una evaluación de impacto regulatorio *ex post*, o retrospectiva, con el propósito de valorar si el objetivo de la regulación se ha satisfecho una vez implementado[75].

De acuerdo con lo que estable el informe de la OCDE, el sistema alemán se halla muy próximo al modelo anglosajón: «El foco se centra en el análisis de los costes así como en los beneficios, tanto en términos monetarios como no monetarios. Para evaluar los impactos económicos, ecológicos y sociales, se utiliza un cuestionario predefinido (*checklist*) para llamar la atención sobre los posibles efectos en las tres áreas examinadas. La metodología de la evaluación de impacto regulatorio subraya la identificación y evaluación de las alternativas a la regulación propuesta, incluyendo la opción de no desarrollar ninguna acción. La unidad administrativa que dirige la evaluación remite la información al Ministerio competente y realiza controles internos, y consultas a expertos en la materia para una evaluación de impacto regulatorio más profunda[76].

IV. CONDICIONES Y MÉTODOS DE LA EVALUACIÓN DE IMPACTO REGULATORIO

Las experiencias evaluadoras no siguen un mismo patrón o modelo, como ha quedado claro a resultas de cuanto an-

---

[75] Véase OCDE, *Legislar Mejor en Europa: Alemania*, 2010, p. 98.
[76] *Ibíd.*, p. 101.

tecede. De hecho, existen grandes diferencias entre ellas, lo que afecta, por lo menos a los aspectos siguientes:

a) De un país a otro, la base legal en la que se fundamenta la evaluación de impacto regulatorio resulta muy variada. Por un lado, encontramos sistemas jurídicos en los que la evaluación de impacto regulatorio se exige mediante ley y sus características se hallan bien definidas en la norma, incluso en normas constitucionales. En Francia, por ejemplo, desde 2008, la evaluación de los proyectos legislativos se ha convertido en una obligación constitucional, establecida en el artículo 39 de la Constitución.

En contraste con esos supuestos, no faltan ordenamientos jurídicos en los que la evaluación de impacto regulatorio se encuentra regulada de manera informal, a través de diversos instrumentos de Derecho blando o *soft law*, tales como guías, circulares, instrucciones y otros documentos semejantes. Éste es el caso del Reino Unido, de la Unión Europea y también de Grecia, como explica George Dellis[77]. Parece que la previsión informal de la evaluación de impacto regulatorio es más común que el establecimiento formal de la misma.

b) Lo que también varía de un ordenamiento jurídico a otro es el ámbito de la evaluación de impacto ambiental, es decir, cuáles son los instrumentos legales que han de someterse a examen, tanto en términos substantivos, como desde un punto de vista orgánico.

---

[77] En el presente volumen.

En algunos Estados, como, por ejemplo, en Grecia, la evaluación de impacto se impuso, inicialmente, sólo respecto de aquella normativa que afectase al medio ambiente, antes de ser aplicada a otros ámbitos. En otros, sin embargo, se dispuso su aplicación inmediata a todos los instrumentos normativos.

En lo que hace a la vertiente institucional de la evaluación de impacto regulatorio, una cuestión clave es si obliga a todas las agencias y Administraciones o sólo a aquéllos cuya actividad parece ser más permeable a tal análisis. Ello puede presentar particular interés en los sistemas en que las agencias por disposición legal gozan de un estatus de notable independencia frente al Gobierno y al Parlamento. Esta independencia puede verse comprometida mediante la evaluación de impacto regulatorio. Por ello, en Estados Unidos, las agencias reguladoras independientes no están sujetas a la Orden Ejecutiva, a la que antes se ha hecho referencia, que establece la obligación de realizar un análisis coste-beneficio. Sin embargo, no faltan ejemplos en otros ordenamientos jurídicos en los que los organismos reguladores independientes realizan evaluaciones de impacto regulatorio[78].

c) En algunos países, se han creado Administraciones especializadas en llevar a cabo directamente la evaluación, o bien de promoverla y regularla, y/o de vigilar que se cumple de forma efectiva y real la evaluación de impacto regulatorio. Algunos ejemplos son la Oficina estadounidense de

---

[78] Alessandro Natalini, Francesco Sarpi y Giulio Vesperini (Eds.), *L'analisi dell'impatto della regolazione, Il caso delle Autorità independenti*, Carocci Editore, 2012.

Información y Asuntos Normativos –que forma parte de la Oficina presidencial de Gestión y Presupuestos– (*US Office of Information and Regulatory Affairs*, integrada en la *Office for Management and Budget*); la Comisión Británica para la Mejor Regulación (*British Better Regulation Executive*), que pertenece al Ministerio de Industria y de Innovación; la italiana Oficina para el Análisis y la Evaluación del Impacto Normativo (*Uffizio per l'Analisi e la Verifica dell'Impatto della Regolamentazione*), bajo la tutela del primer ministro; o la española Agencia Estatal de Evaluación de las Políticas Públicas, bajo el paraguas del Ministerio de Administraciones Públicas[79]. Sin embargo, en Australia, existe una comisión especial de funcionarios encargados de la evaluación de impacto regulatorio[80].

d) La evaluación de impacto regulatorio no es muy constante en cuanto a sus objetivos, sus técnicas o los procedimientos que sigue.

Pese a que su función general se conciba de forma análoga –anticipar los posibles resultados de una futura regulación, para verificar si se corresponden con los objetivos que sus creadores tenían en mente–, el significado real de la evaluación de impacto regulatorio varía notablemente si su eje se sitúa, por ejemplo, en el análisis coste-beneficio, o, por el contrario, en el análisis de eficacia (coste-rendimiento), que obligaría a la elección del medio menos costoso para alcan-

[79] Maria de Benedetto, Mario Martelli y Nicoletta Rangone, *La qualità delle regole*, Il Mulino, 2011, p. 156.

[80] M. Cerillo y J. Hertin, *Regulatory Impact Analysis in Autralia*, Brussels, European Commission Joint Research Centre, 2004.

zar un determinado objetivo. En algunos sistemas, la evaluación de impacto regulatorio pretende reducir los costes de obtención de la información necesaria en cada caso para los individuos y las empresas, como sucede en Holanda. En otros, se orienta hacia la evaluación de riesgos y la evaluación de competitividad, como en Estados Unidos, Canadá, Reino Unido o Australia[81].

Las técnicas difieren igualmente, en lo que hace a los indicadores o parámetros que se usan para la evaluación correspondiente. Sin embargo, se ha generado un cierto nivel de armonización mediante el establecimiento de estándares comunes e indicadores globales, como explica Martina Conticelli[82].

Los procedimientos de evaluación de impacto regulatorio presentan generalmente una misma estructura básica o secuencia, descrita por Edward Donelan: una evaluación preliminar, una evaluación parcial de las diferentes opciones políticas propuestas, y una evaluación final del conjunto. Jean Maïa apunta que, en el sistema francés, el procedimiento cuenta con una cuarta fase, en la que se controla la calidad de la evaluación realizada.

En la mayoría de casos, las Administraciones competentes para llevar a cabo las evaluaciones de impacto normativo

---

[81] Maria de BENEDETTO, Mario MARTELLI y Nicoletta RANGONE, *La qualità delle regole*, p. 23.

[82] Véase también Giacinto della CANANEA y Aldo SANDULLI (Dirs.), *Global Standards for Public Authorities*, Editoriale Scientifica, 2012; Kevin DAVIS, Angelina FISHER, Benedict KINGSBURY y Sally ENGLE MERRY (Eds.), *Governance by Indicators. Global Power through Quantification and Rankings*, Oxford University Press, Law and Global Governance Series, 2012.

siguen una metodología específica, elaborada por los promotores de esta técnica en el seno del aparato gubernamental.

e) Otro factor de divergencia se da en una cuestión crucial, cual es la relativa a la conexión que tiene la evaluación de impacto con el procedimiento decisorio.

En este punto, el problema fundamental reside obviamente en determinar en qué medida influye el análisis en la decisión final, esto es, cómo asegurar que sus conclusiones sean tenidas realmente en cuenta por los órganos competentes para resolver finalmente.

En el Reino Unido, los Ministros deben intervenir al término de cada fase del procedimiento de evaluación (consultas, propuesta final y propuesta revisada), de cara a garantizar que han tenido en cuenta las distintas evaluaciones y su gestación.

Una forma eficaz de asegurar que los que han de tomar las decisiones reflexionen sobre los pros y los contras puestos de manifiesto en la evaluación es publicar los informes de la evaluación de impacto regulatorio[83]. Otra forma aún más incisiva consistiría en requerir que las decisiones finalmente adoptadas entren en diálogo con la evaluación (motivación específica).

---

[83] Georges Dellis indica que su publicación no es obligatoria en Grecia.

V. EFECTOS Y LÍMITES DE LA EVALUACIÓN DE IMPACTO REGULATORIO

a) Efectos. La cuestión principal consiste en determinar si la evaluación de impacto regulatorio posee un efecto real en las decisiones que se toman bajo su amparo. Ello depende de varios factores. El más relevante es si a la evaluación de impacto regulatorio se le ha dado –o no– una dimensión normativa, es decir, y como explica Anthony Ogus, si la evaluación se considera más o menos vinculante a los efectos de adoptar políticas públicas.

Otro factor, ya mencionado, es si la evaluación de impacto regulatorio se hace pública y si quienes deben tomar las decisiones han de motivarlas con relación a la evaluación; si es así, los políticos poseen un margen de decisión menor y pueden desviarse menos de las conclusiones alcanzadas en la evaluación.

También resulta relevante si la evaluación se halla inserta o no en el marco de procedimientos participativos y de consulta. Cuando es así, la decisión final puede desviarse en mayor medida de las conclusiones de la evaluación de impacto por le hecho de que es posible que haya habido más aportaciones de carácter político dentro del procedimiento.

Otro tema importante es el de la influencia que la evaluación de impacto regulatorio puede tener en la evaluación *ex post* de las decisiones, en particular en la revisión que pueden llevar a cabo los jueces. El trabajo de Alberto Alemanno se centra en esta cuestión en el presente volumen y pone de manifiesto que, cuando se contrasta el resultado de la evaluación con la decisión finalmente adoptada, pueden darse dos escenarios: es posible un contraste directo donde los informes de evaluaciones de impacto pueden impugnarse ante los tribunales, alegando el incumplimiento de las normas reguladoras del procedimiento de evaluación de impacto regulatorio; un contraste indirecto se dará allí donde el informe derivado de la evaluación de impacto pueda ser invocado para impugnar la validez de la decisión final. En la realidad, hasta el momento, el análisis comparado sólo muestra casos en los que las decisiones finales son declaradas ilegales por los jueces si se ponen de manifiesto marcadas deficiencias en el seno del procedimiento de la evaluación de impacto. Así, en el sistema francés, una evaluación de impacto ambiental deficiente constituye un vicio procedimental que *per se* puede determinar la anulación de la decisión final[84].

b) Las contribuciones que recoge este libro demuestran que la evaluación de impacto regulatorio no constituye una panacea, y que, en todos los sistemas en los que se practica, presenta algunas deficiencias, o cuando menos, limitaciones obvias.

El análisis comparado pone de relieve que para conseguir que la evaluación adquiera un mínimo de eficiencia y relevancia es necesario que se den algunas condiciones o presupuestos: una organización y un procedimiento adecuados tanto respecto de la evaluación en sí como en su conexión y

---

[84] Con todo, ha de tenerse en cuenta la diferencia entre una práctica deficitaria (infracción de procedimiento), y una desviación o desvinculación de los resultados de la evaluación (cuestión de fondo). Ahora bien, en los casos en que la desvinculación o desviación del resultado de la evaluación carezca de la suficiente motivación o justificación se habría incurrido en una infracción, de nuevo, de carácter procedimental; habría faltado, en otras palabras, un verdadero diálogo [Nota del editor].

contexto con el conjunto de organizaciones y procedimientos; una capacitación suficiente de las personas que han de llevarla a cabo; etc. Estas condiciones no son fáciles de alcanzar.

Una cuestión crucial es que la evaluación de impacto regulatorio se basa fundamentalmente en la lógica económica, lo que generalmente no es suficiente para valorar decisiones políticas poliédricas. Parece que algunas políticas son menos susceptibles de ser reducidas a opciones económicas que otras, mientras que otras políticas públicas incluyen demasiados impactos a largo plazo, que son difíciles de valorar mediante las evaluaciones de impacto normativo. Susan Rose-Ackerman menciona el cambio climático, los riesgos de accidentes nucleares y la preservación de la biodiversidad como ejemplos en tal sentido.

Anthony Ogus también pone de manifiesto cuán difícil es manejar la incertidumbre que rodea a la mayor parte de las predicciones científicas.

Por estas razones, y por algunas otras que aparecen en los capítulos siguientes, la evaluación de impacto regulatorio no representa la solución para todos los problemas relacionados con la racionalidad de las decisiones regulatorias.

Sin embargo, como concluye Anthony Ogus, «todo ello no socava (...) su importancia: proporciona una disciplina útil a quienes deben tomar las decisiones, volviendo transparente el razonamiento que motiva la propuesta y sistematizando el proceso de toma de decisiones».

REFERENCIAS BIBLIOGRÁFICAS

ADLER, M. & POSNER, E., *New Foundations of Cost-Benefit Analysis*, Harvard Univ. Press, 2006.

ALEMANNO, A., «The Better Regulation Initiative at the Judicial Gate – A Troian Horse within the Commission's Walls or the Way Forward?», *European Law Journal*, 2009, n° 15, p. 382.

ASSEMBLÉE NATIONALE, «Les études d'impact et l'élaboration de la loi: rapport d'information sur les critères de contrôle des études d'impact accompagnant les projets de loi», Paris, 2009.

BECKER, H. A., *Social Impact Assessment: Method and Experience in Europe, North America and the Developing World*, UCL Press, London and Bristol, Pa, 1997.

BENEDETTO, M. de; MARTELLI, M. y RANGONE, N., *La qualità delle regole*, Il Mulino, 2011.

BRINKMANN, H.; ERNST, T.; FRICK, F.; KOOP, A. y RIEDEL, H., «Comment réduire les lourdeurs bureaucratiques: l'application du modèle des coûts standards en Allemagne», *Revue Française d'Fdministration Fublique*, n°135, 2010, pp. 619-642.

CECOT, C.; HAHN, R.; RENDA, A. y SCHREFLES, L., «An Evaluation of the Quality Assessment in the European Union with Lessons from the US and the EU», *Regulation and Governance*, n° 2, p. 494.

DORAN, G., «There'a S.M.A.R.T. Way to Write Management's Goals and Objectives», *Management Review*, 1981, n° 70, p. 29.

«DOSSIER SUR LES POLITIQUES PUBLIQUES ET L'ÉVALUATION D'IMPACT SUR LA SANTÉ», *Télescope*, vol. 14, n° 2, 2008, printemps-été, pp. 1-117.

«EUROPEAN COURT OF AUDITORS, Impact Assessments in the EU Institutions: Do They Support Decision-Making?» (*Special report* n° 3, 2010).

FABER, Daniel, «Rethinking the Role of Cost-Benefit Analysis», *The University of Chicago Law Review*, 2009, n° 73, p. 1361.

HAMPTON, P., *Reducing Administrative Burdens: Effective Inspection and Enforcement*, London, 2005.

HAHN, R. & LITAN, R., «Counting Regulatory Benefits and Costs: Lessons for the US and Europe», *AEI -Brookings* 04-07.

HOUSE OF LORDS, «European Union Committee, Fourth Report, Impact Assessments in the EU: Room for Improvement?» (Sessions 2009-2010).

JACOBS, S., *Current Trends in Regulatory Impact Analysis: The Challenges of Mainstreaming RIA into Policy-Making*, Jacobs and Associates, 2006.

KIRKPATRICK, C. y PARKER, D., *Regulatory impact assessment: towards better regulation?*, CRC Series on Competition, Regulation and Development, Edward Elgar, 2008.

LA SPINA, A. y MAJONE, G., *Lo Stato Regolatore*, Il Mulino, 2000.

LASSERRE, B., *Méthodologie des études d'impact et coût de la règlementation: rapport du groupe de travail* (mars 2004).

LUZIUS MADER, «Evaluating the Effects: A Contribution to the Quality of Legislation», *Statute Law Review*, 2001, p. 119.

MATTARELLA, B., *La trappola delle leggi*, Il Mulino, 2011.

MEUWESE, A. C., *Impact Assessment in EU Law Making*, Kluwer, 2008.

OECD, *L'analyse de l'impact de la réglementation: Meilleures pratiques dans les pays de l'OCDE* (1997).

OECD (2007), Stéphane Jacobzone, Gregory Bounds, Chang-Won Choi et Claire Miguet, «Regulatory Management Systems across OCDE Countries: Indicators of Recent Achievements and Challenges», Paris, *Documents de travail de l'OCDE sur la gouvernance publique*, n° 9, Paris.

OECD, *L'analyse d'impact de la réglementation: un outil au service de la cohérence des politiques* (2009).

PILDES, Robert y SUNSTEIN, Cass, «Reinventing the Regulatory State», *The University of Chicago Law Review*, 1995, n°62, p. 1.

RADAELLI, Claudio (Ed.), *L'analisi d'impatto della regolazione in prospettiva comparata*, Rubettino, 2001.

RADAELLI, C. M., «The Diffusion of Regulatory Impact Analysis in OECD Countries: Best Practices or Lesson-drawing?», *European Journal of Political Research*, 43(5): 2004, pp. 725-749.

RADAELLI, C. M., «Diffusion without Convergence: How Political Context Shapes the Adoption of Regulatory Impact Assessment», *Journal of European Public Policy*, 12(5): 2005, pp. 924-843.

RADAELLI, C. M. & MEUWESE, A. C., «Hard Questions, Hard Solutions: Proceduralisation through Impact Assessment in the EU», *West European Politics*, 33(1): 2010, pp. 136-153.

RENDA, A., *Impact Assessment in the EU – The State of the Art and the Art of the State*, Centre for European Policy Studies, Brussels, 2006.

REVESZ, R. & LIVERMORE, M., *Retaking Rationality: How Cost Benefit Analysis Can Better Protect the Environment and Our Health*, Oxford Univ. Press, 2008.

ROBERTSON, C., «Impact Assessment in the European Union», *Eipascope*, n° 2, 2008, pp. 17-20.

SÉNAT, «Projet de loi organique relatif á l'application des articles 34-1, 39 et 44 de la Constitution: rapport de M Jean-Jacques Hyest» (02/2009).

SUNSTEIN, C., *The Cost Benefit State: The Future of Regulatory Protection*, 2003, Administrative ABA.

VERSCHUUREN, J., *The Impact of Legislation – A critical Analysis of Ex Ante Evaluation*, Martinus Nijhoff Pub., 2009.

WEATHERILL, Simon (Ed.), *Better Regulation*, Hart Publishing, 2007.

WEST, William, «Administrative Rulemaking: An Old and Emerging Litterature», *Public Administration Review*, 2005, n° 65, p. 655.

WISMAR, M.; BLAU, J.; ERNST, K. y FIGUERAS, J. (Eds.), *The Effectiveness of Health Impact Assessment: Scope and Limitations of Supporting Decision-making in Europe. Copenhagen: European Observatory on Health Systems and Policies*, World Health Organization, 2007.

ZERBE Jr., R. O., «Is Cost-Benefit Analysis legal? Three Rules», *Journal of Policy Analysis and Management*, vol. 17, 1998, pp. 419-456.

CAPÍTULO SEGUNDO

LA EVALUACIÓN DE IMPACTO REGULATORIO: UNA PERSPECTIVA ECONÓMICO-POLÍTICA

Anthony Ogus*

* Profesor Emérito, Universidad de Manchester. Profesor Erasmus de Fundamentos del Derecho Privado, Universidad de Rotterdam.

ÍNDICE

Traducción de Alicia I. Saavedra Bazaga.

I. INTRODUCCIÓN: CRECIMIENTO Y EXPANSIÓN DE LA EVALUACIÓN DE IMPACTO REGULATORIO (*REGULATORY IMPACT ASSESSMENT*)

E L control de los proyectos de disposiciones generales a los efectos de predecir su impacto y consecuencias ha recibido diversas denominaciones, tales como «análisis», «evaluación» o «estimación» del «impacto regulatorio» o «normativo» (aunque oportunamente siempre se han mantenido las mismas siglas, en inglés RIA o *Regulatory Impact Assessment*). Estas diferentes denominaciones o etiquetados acaso reflejen aspectos diversos. Mientras el término «análisis» evoca algo científico y riguroso, «evaluación» o «estimación» tienen una connotación de enfoque general y flexible, de amplio espectro e influencia.

La evaluación de impacto regulatorio se ha convertido en una importante herramienta de todo moderno gobierno (Radaelli, 2004). Su creciente uso refleja la percepción, generalizada durante la última década del siglo XX, de que buena parte de la regulación resultaba desproporcionada o desenfocada, y de que, aun en los casos en que tal intervención resultaba adecuada, ese mismo resultado podría haberse logrado con medios más económicos. En muchas áreas donde se aplica, la evaluación de impacto regulatorio también se inspira en el fenómeno de la evaluación del riesgo, que se ha convertido hoy en una parte muy importante de la gestión, tanto en los sectores público como privado (Hood *et al.*, 2001).

Dependiendo del país de que se trate, la evaluación de impacto regulatorio adopta modalidades diferentes (OCDE, 2009). En su formato más débil, no ha supuesto más que una simple obligación por parte de las autoridades reguladoras de analizar con mayor profundidad las propuestas de políticas regulatorias y su posible impacto, en caso de aplicarse. A los encargados de elaborar las políticas públicas quizás se les pueda pedir que respondan a una serie o lista de preguntas, como por ejemplo: ¿es posible hacer cumplir de forma efectiva las exigencias o requisitos que se pretenden establecer? ¿Pueden los destinatarios entender bien esas exigencias o requisitos? Ahora bien, con carácter general, los países avanzados utilizan fórmulas cada vez más complejas, lo que implica el recurso a análisis coste-beneficio o de coste-rendimiento. Las páginas que siguen se centrarán en estos aspectos.

El modelo más importante para un análisis coste-beneficio en el marco de la evaluación de impacto regulatorio ha tenido lugar en EE. UU., en particular a partir de la Orden Ejecutiva (en adelante OE) 12.291 del presidente Robert Reagan (Heimann *et al.*, 1990). Además de indicar qué información había de obtenerse en relación con la reforma normativa propuesta y cómo había de analizarse, prescribía fundamentalmente que «la acción normativa no podrá realizarse a menos que los beneficios potenciales para la sociedad superen los costes potenciales para la misma» (OE 12.291, § 2 (b)). Durante la Administración Clinton, los principios y procedimientos permanecieron prácticamente intactos, si bien se realizaron algunos cambios para hacer hincapié, en particular, en que los beneficios de la medida prevista debían «justificar» los costes, en lugar de «superarlos», y en que debía prestarse atención a los «impactos distributivos y a la equidad» (OE 12.866, § 1). Los posteriores gobiernos estadounidenses, incluido el de Barack Obama, han mantenido el sistema de la OE 12.866.

Otros Estados tardaron más en adoptar la evaluación de impacto regulatorio. El sistema de evaluación del Reino Unido evolucionó hacia un análisis coste-beneficio en 1996 (Froud *et al.*, 1998), y en 2001 se indicaba que 14 de los 28 países de la OCDE ya usaban la evaluación de impacto regulatorio con carácter general y otros 6 lo hacían de forma selectiva (Radaelli, 2004, 723). En Europa, la clave para su expansión vendría en 2005 cuando la Comisión introdujo su propio sistema. Modificado en 2009 (Comisión Europea, 2009), las directrices requieren que el departamento correspondiente lleve a cabo la evaluación a la luz de la posible repercusión de las propuestas de reforma, tanto en términos cualitativos como, si es posible, desde una perspectiva cuantitativa y monetaria. Con la referencia al concepto de «nivel proporcionado de análisis», la profundidad del análisis debe reflejar la importancia de la propuesta y la relevancia de su posible impacto. Especial atención debe darse al impacto en las pequeñas empresas; y, en cuanto a la justicia distributiva, han de estimarse los efectos sobre los diferentes colectivos sociales y económicos, así como las situaciones de desigualdad ya existentes.

En el presente trabajo, no examinaré los detalles de los métodos y procedimientos que se utilizan en la Unión Europea y en otros lugares; tampoco intentaré evaluar la eficacia de los sistemas (sobre esta temática, véase Cecot *et al.*, 2008, y Wiener y Alemmano, 2010). En cambio, de lo que me ocuparé será de explorar qué es lo que puede y lo que no puede conseguir la evaluación económica de las propuestas legislativas, y qué implicaciones políticas tienen estas limitaciones. Dicho en pocas palabras: *donde el análisis económico concluye o termina, comienza el debate político*. Para ello, empiezo con el reconocimiento general de que la evaluación de impacto regulatorio no puede proporcionar una prueba determinante o definitiva acerca de si una propuesta en particular debe o no ser implementada. Su valor radica más bien en proporcionar información (relativamente) sistemática a los responsables de elaborar las políticas (Posner, 2001), lo que hace transparente el proceso de regulación e impone una disciplina importante a los servidores públicos y autoridades que preparan la elaboración de las políticas públicas, obligándoles a abordar las cuestiones clave de una manera coherente (Froud et al, 1998). Para entender estos argumentos, debemos examinar, en primer lugar, los límites prácticos del análisis coste-beneficio y, a continuación, el carácter político de algunas de sus características.

II. ALGUNOS LÍMITES RELEVANTES DEL ANÁLISIS COSTE-BENEFICIO

Aunque la idea fundamental que subyace al análisis coste-beneficio de estimar los costes y beneficios de determinadas propuestas y compararlos resulta relativamente simple, a la postre mucho depende del contexto particular. El análisis coste-beneficio como instrumento de política pública comenzó en la década de 1930 con el propósito de evaluar la idoneidad de los proyectos públicos, como, por ejemplo, en EE. UU. la protección contra las inundaciones y, en el Reino Unido, la ubicación del tercer aeropuerto de Londres (Dasgupta y Pearce, 1972, 11-13).

En tal contexto, no cabe subestimar la complejidad de la evaluación de costes y beneficios, con y sin la acción propuesta, aunque su ejercicio en relación con tales proyectos no suele ser problemático: la agencia interviene y los cambios de primer orden en el estado de cosas (por ejemplo, la expropiación de la tierra) son predecibles en buena medida. La elaboración de una norma no es «acción» en sentido estricto; más bien se trata de la promulgación de una norma respecto de la cual las autoridades esperan que se obtenga el resultado previsto (Ogus, 1998). Este matiz afecta al análisis coste-beneficio por lo menos en dos aspectos importantes. En primer lugar, puesto que no se deduce que el comportamiento vaya necesariamente a cambiar en la forma deseable, debe hacerse alguna estimación del nivel de cumplimiento previsible y esta será una función de, *inter alia*, los recursos destinados a garantizar su cumplimiento. En segundo lugar, también hay que prestar atención tanto a la relación de causalidad entre el Derecho y el resultado deseado, como a un imaginario en el que el resultado deseado pueda darse por otras razones.

Otro problema consiste en determinar cuáles son los efectos que han de ser examinados y tenidos en cuenta en el análisis. Podría ser poco realista, por ejemplo, tratar de medir el impacto de la medida propuesta en mercados distintos de aquéllos que resulten de relevancia para la actividad regulada de que se trate. Pero incluso en ese limitado marco pueden generarse ciertos efectos indirectos que, pese a no carecer de importancia, tienden a ser ignorados. Por ejemplo, elevar los niveles de calidad y por consiguiente el precio de un tipo de producto –como consecuencia de una regulación– puede provocar que parte de la demanda se desplace hacia un producto equivalente, pero menos regulado, producto quizás que no reduce los costes por los daños causados. Y los proveedores tratarían de recuperar los costes de cumplimiento de la normativa mediante la reducción de la calidad en otros aspectos quizás menos visibles del proceso de producción.

En resumen, debemos reconocer que en la práctica el análisis coste-beneficio está lejos de ser un análisis completo de los costes y beneficios que puedan derivarse de una propuesta normativa. También debemos ser conscientes del hecho de que algunos aspectos del proceso implican necesariamente un juicio político. Ahora voy a tratar de identificar tales aspectos.

III. REBAJANDO EL FUTURO

El impacto de algunos sectores objeto de regulación –como por ejemplo aquéllos que guardan relación con el medio ambiente– sólo puede apreciarse a muy largo plazo. Ello obliga a dar un valor de presente a los costes y a los beneficios que, en realidad, sólo se podrán generar y apreciar en un futuro lejano, quizás dentro de algunos siglos. A los problemas que el análisis coste-beneficio genera en este contexto ya nos hemos referido Susan Rose-Ackerman en este volumen o yo mismo. Y aluden a la falta de consenso entre los economistas y otros científicos en lo que hace a la determinación o selección de una tasa de descuento social que resulte adecuada para una mejor estimación. Lo cual significa, en otras palabras, que la ponderación de los beneficios futuros frente a los costes actuales constituye una cuestión que pertenece en sustancia al plano político. Se basa, en esencia, en un juicio de naturaleza política, no científica.

IV. LA VALORACIÓN DE LOS RECURSOS NO SUS-
CEPTIBLES DE MERCANTILIZACIÓN

Una crítica habitual al análisis coste-beneficio aplicado a las propuestas de regulación, es que los costes, y en particular los costes de cumplimiento, que derivan de la intervención normativa, suelen ser más fáciles de cuantificar que los beneficios, y por esa razón tienden a dominar el análisis e influyen en contra del proceso de regulación (Ackerman y Heinzerling, 2004). La cuantificación resulta especialmente difícil cuando los proyectos de normas tienen por objeto proteger activos no negociables ni monetarizables, tales como la vida, la salud o la seguridad de los seres humanos o la conservación del medio ambiente. Los economistas han llegado a desarrollar técnicas relativamente sofisticadas en un intento de monetizar esos beneficios, con base en la disposición o deseo de pagar (Heyes, 2007). Estas técnicas pueden ser hipotéticas y estimativas (mediante el uso de cuestionarios que pretenden desvelar lo que los individuos estarían dispuestos a pagar a cambio de una mayor seguridad o de la mejora del medio ambiente), o bien reales (derivadas de un análisis de la regresión[1] de los diferenciales de ingresos entre los trabajos más arriesgados y los más seguros, y los diferenciales de los precios de las propiedades situadas en las áreas más y menos atractivas ambientalmente hablando, o los gastos de despla-

---

[1] Se trata de un análisis que tiene por objeto estimar la relación entre variables, basándose en técnicas y modelos diversos. Regresión a la media es la tendencia de una medición extrema a presentarse más cercana a la media en una segunda medición. La regresión se utiliza para predecir una medida basándonos en el conocimiento de otra [Nota del traductor].

zamiento que la gente está dispuesta a pagar por visitar las primeras).

Resulta relativamente fácil criticar estos métodos de cuantificación (por ejemplo McGarity, 1991). Una pregunta hipotética, como por ejemplo: «¿qué precio adicional estaría dispuesto a pagar por sus billetes de avión con tal de reducir el riesgo de un accidente fatal de una entre cien mil posibilidades a una en un millón?», puede que no sea muy significativa para muchas de las personas a las que se dirige, y las respuestas no podrían, en cualquier caso, considerarse fiables porque los encuestados no están teniendo que pagar nada en realidad. Ello significa, en consecuencia, en lo que hace al análisis estadístico de las decisiones reales en que se basan esos métodos, que no resulta nada fácil obtener los datos adecuados para todas las variables que sean relevantes.

Aun cuando no se dieran tales problemas, las evaluaciones de esta naturaleza pueden dar lugar a ciertas dificultades de carácter político. En primer lugar, el hecho de atribuir un precio a la vida humana puede generar una clara aversión por parte de quienes desconfían de las políticas que «sacrifican vidas» a cambio de beneficios. No es difícil para los medios de comunicación presentar esto como otro ejemplo del «capitalismo perverso» (véase por ejemplo, *The Socialist*, de 12 de julio de 2002). Tal respuesta es irracional en la medida en que no reconoce que todas las políticas de seguridad inevitablemente ponen un precio a la vida humana y a la integridad física, por muy grande que sea. Así, aunque los departamentos gubernamentales, las instituciones reguladoras y las empresas que se dedican a la evaluación coste-beneficio de medidas de seguridad preferirían no explicitar el valor que atribuyen a la salvación de una vida en términos estadísticos, su publicidad constituye una función vital para la evaluación de impacto regulatorio, donde la transparencia resulta importante (Viscusi y Aldy, 2003).

Otras dificultades políticas pueden surgir a partir de la diferenciación entre clases de vida. Si la disposición a pagar constituye la base de la evaluación, entonces el valor de una vida reflejará la riqueza de la persona en cuestión, con la incómoda implicación política de que se debe pagar más para salvar la vida de un rico que la de un pobre. Ahora bien, aunque todos, hombres y mujeres, puedan ser iguales ante los ojos de Dios, no son iguales en el mundo real y los más ricos pagarán más que los más pobres por su propia salud y seguridad (Sunstein, 2004a). Si las intervenciones reguladoras mimetizan el comportamiento del mercado, habrá en consecuencia divergencias en el valor de una vida en términos estadísticos, de modo que, por ejemplo, el nivel de seguridad de los taxis será mayor que el de los autobuses, y el coste diferencial se reflejaría en las respectivas tarifas. Y, a la inversa, podrá adoptarse una política redistributiva, por ejemplo, mediante la atribución de un valor común a la vida en todos los programas normativos, pero esa política será eficaz sólo si los beneficiarios más pobres de los programas pagan menos de lo que sus homólogos más ricos pagan por la elevación del estándar (Sunstein, 2004a).

En términos análogos, ha de decidirse si deben atribuirse diferentes valores de acuerdo con la edad de las personas en situación de riesgo: ¿debe darse preferencia a la seguridad de los niños sobre la de las personas mayores, independientemente de las consideraciones de mercado que se refieren a la disposición a pagar? Aquí las consideraciones éticas pueden sugerir una respuesta positiva, ya que «las personas mayores fueron en su día jóvenes, y... si todo va bien, los jóvenes con el tiempo llegarán a ser viejos» (Sunstein, 2004b). Pero, de nuevo, se debe prestar atención a cómo se reduce el peso de la carga regulatoria.

A modo de resumen, las decisiones políticamente difíciles que han de tomarse versan sobre si atribuir o no un valor común a la vida a través de los diferentes programas de regulación, con independencia de la riqueza y la edad de las personas en situación de riesgo.

V. LA DIMENSIÓN NORMATIVA

La versión Reagan de evaluación de impacto regulatorio estuvo a punto de tratar los resultados del análisis coste-beneficio como determinantes de los objetivos que las políticas públicas podían perseguir. Puede que los defensores contemporáneos del sistema sean menos dogmáticos, pero dan por hecho que la evaluación de impacto regulatorio proporciona un sólido indicador de lo que debe considerarse deseable (Hahn, 2010). La dimensión normativa del análisis coste-beneficio, sin embargo, continúa siendo problemática.

El análisis coste-beneficio, tal como se practica de ordinario, se limita a comparar simplemente los beneficios globales, que pretende asegurar la intervención normativa, con las pérdidas totales. Como tal, refleja el criterio de Kaldor-Hicks de las mejoras de eficiencia distributiva o de asignación[2] (beneficios globales que superan las pérdidas totales) y padece de las conocidas debilidades de este concepto como criterio normativo. Y, lo que es más importante, este enfoque

---

[2] Eficiencia asignativa o eficiencia de asignación es una medida teórica del beneficio o utilidad derivada de una decisión propuesta o vigente en la distribución o reparto de recursos económicos [Nota del traductor].

permite que las pérdidas se impongan a algunos individuos o grupos, con el fin de generar beneficios para la comunidad en su conjunto. Hoy día, podría darse que, en términos generales, muchos, o quizás la mayoría de la gente, prefiriera las políticas regulatorias que cumplen con el criterio de Kaldor-Hicks a aquellas otras políticas que deben de satisfacer el criterio alternativo de la mejora de la eficiencia de Pareto (es decir, algunas ganancias y ningún perdedor), ya que este último planteamiento bloquea e impide aquellas soluciones normativas que generen algunas pérdidas a algunos individuos de la comunidad. Con todo, y presumiblemente, una tal preferencia también tendría límites importantes.

No es posible definir con precisión cuáles podrían ser esos límites. Por supuesto, podemos intentar especular, y ello podría obligarnos a tener en cuenta algunas consideraciones (Ogus, 2004). En primer lugar, la envergadura de los costes totales en relación con los beneficios globales: cuanto menores sean los primeros, más aceptable será la intervención normativa. En segundo término, la identificación de los grupos que dentro de la comunidad se benefician y pierden, respectivamente, a resultas de la política de la que deriven los costes en cuestión. Cuanto más coincidan estos grupos, más aceptable será la intervención. En tercer lugar, ha de tenerse en cuenta la medida en que los costes se distribuyen en la comunidad en general: cuanto más ajustados los costes e identificables los perdedores, más inaceptable será la intervención normativa objeto de análisis.

Dada la vaguedad de estas directrices, resulta inevitable recurrir a la adopción de decisiones de carácter político. Y lo mismo sucede con otros aspectos distributivos: por ejemplo si hubiera una percepción de que la intervención beneficiaría indebidamente a los más ricos a expensas de los más pobres. Idear alguna forma de ponderación que hiciera frente a esta contingencia sería posible (Frank y Sunstein, 2001), pero aun en ese caso tendría que llegarse a un acuerdo sobre cuál sería el criterio de ponderación a aplicar.

Los diversos sistemas de evaluación de impacto regulatorio, incluyendo los que operan en los EE. UU. y en la UE, requieren que los analistas se ocupen de alguna forma de su impacto distributivo. No obstante, quienes han estudiado en la práctica los sistemas creen que los analistas no le prestan la atención que merece a esta dimensión (Radaelli, 2004). Una de las razones de ello estribaría en las dificultades que conlleva determinar el impacto relativo de las propuestas sobre los diferentes grupos socioeconómicos; si bien parece una explicación más plausible que temen ser en exceso transparentes, en cuanto a los resultados distributivos, por entender que ello los hace más vulnerables a la manipulación política.

VI. LA GESTIÓN DEL RIESGO, LA AVERSIÓN AL RIESGO Y LAS PERCEPCIONES DEL RIESGO IRRACIONAL

La aplicación de la evaluación de impacto regulatorio y el análisis coste-beneficio para la evaluación y gestión del riesgo resulta, en principio, sencilla. Si el coste para la sociedad de un riesgo desmedido es pD, donde p es la probabilidad del evento no deseado y D la cantidad de pérdida si el riesgo se materializa, entonces el objetivo económico es reducir al mínimo $C1 + C2 + pD$, y donde $C1$ son los costes de tomar las precauciones que reduzcan pD, y $C2$ los gastos administrativos del instrumento de regulación necesario para garantizar que se toman las precauciones pertinentes (Calabresi, 1970).

Sin embargo, suelen surgir problemas, y las consideraciones políticas se entrometen, porque estudios de psicología social han demostrado que las percepciones del riesgo del ciudadano medio se apartan de las predicciones científicas de pD (Noll y Krier, 2000), dando lugar a una demanda de respuestas normativas significativamente diferentes a las que de otro modo hubieran emergido de la evaluación de impacto regulatorio. En particular, el ciudadano medio:

– sobredimensiona riesgos idénticos o análogos a aquéllos derivados de eventos que reciben una gran atención por parte de los medios de comunicación («heurística de la disponibilidad»)[3]; así, por ejemplo, el interés periodístico que suscita un accidente grave hará pensar a la gente que las probabilidades de que el riesgo vuelva a producirse son mucho mayores de lo que en realidad y objetivamente puede darse;
– sobredimensiona los riesgos que ya se han materializado (sesgo retrospectivo); la toma de conciencia ex post distorsiona la apreciación *ex ante*;
– sobredimensiona el beneficio de la prevención (o de la reducción) de los riesgos de nuevas actividades o tecnologías (tendencia al *status quo*); se tiende a pensar que los riesgos de nueva creación son más peligrosos que aquéllos a los que estamos acostumbrados.

---

[3] Constituye un estado cognitivo o proceso mental consistente en pensar que cuanto más se recuerden las consecuencias de algo, más probabilidades hay de que vuelva a ocurrir [Nota del traductor].

¿En qué medida quienes se encargan de elaborar políticas deben ajustar al alza la normativa de seguridad para satisfacer las preferencias implícitas en estas percepciones? Reconozcamos primero la fuerza de un argumento simple que la economía del bienestar imperante nos proporciona para ajustarse a las preferencias establecidas. Ya que el objeto de la toma de decisiones económicas consiste en maximizar la utilidad, la aversión al riesgo, cuando exista, habrá de tenerse en cuenta como parte importante de las preferencias individuales. Y ello también cuando las percepciones sobre el riesgo de los no expertos a las que antes hemos hecho referencia sean «irracionales», puesto que generan «des-utilidad» en forma de verdadero miedo y ansiedad, y, por consiguiente, se justifica que la política de seguridad satisfaga unos estándares más altos de los requeridos por las evaluaciones de los expertos (Adler, 2004).

Sin embargo, si se adoptara literalmente este enfoque, se daría lugar a respuestas desproporcionadas frente a percepciones de riesgo imperfectas e irracionales, y ello inhibiría seriamente el progreso tecnológico (Viscusi, 1998). Tampoco el razonamiento económico apoya necesariamente tal conclusión. El fundamental trabajo de Ronald Coase aconseja un cierto escepticismo ante proposiciones normativas en las que se espere siempre que los creadores *activos* de riesgos modificarán su conducta (Coase, 1960). En algunos casos, las potenciales víctimas pueden reducir el riesgo o adaptarse al mismo a un menor coste. Sólo si, y en la medida en que, las actitudes ante el riesgo se basen en una información inadecuada o en una comprensión errónea o falaz, se podrá argumentar que la «des-utilidad» a que ello da lugar puede frenarse de manera más fácil y barata, si se informa mejor y se educa a la opinión pública (Sunstein, 2002).

Otra línea de razonamiento que apunta en la misma dirección se puede derivar del concepto de peligro o «riesgo moral», tema éste bien conocido en el contexto de los seguros. Si los encargados de elaborar políticas públicas tuvieran que dar respuesta a todos los casos de fobia que generan los riesgos, se desincentivaría que los individuos controlen y gestionen estos fenómenos; además, podría exacerbarse el problema en cuanto supondrían una suerte de «legitimación» de las reacciones públicas irracionales, aumentando así la ansiedad (Chang, 2004).

VII. LA GESTIÓN Y LA CONVIVENCIA CON LA INCERTIDUMBRE

Cada vez somos más conscientes, como consecuencia de fenómenos como el calentamiento global o los cultivos modificados genéticamente, de que las predicciones científicas se hallan sujetas a la incertidumbre. Habida cuenta de que un insuficiente grado de protección frente a algunos de estos riesgos podría dar lugar a grandes pérdidas en términos de bienestar, se entiende que haya crecido la ansiedad pública y que se presione a los Gobiernos para que tomen medidas preventivas. Esto ha llevado a la construcción de un «principio de precaución» y su apoyo en una serie de instrumentos internacionales y nacionales (De Sadeleer, 2002).

Aun cuando el principio de precaución mantiene su ambigüedad, se ha interpretado, sin embargo, en el sentido de que, cuando exista la posibilidad de que un daño grave e irreversible se produzca, la necesidad de protección debe primar sobre las consideraciones económicas[4]. En rigor, tal respuesta es insostenible porque «no es posible escapar a la evaluación: cualquier regla que adoptemos conllevará una dimensión económica» (Pearce, 1994); y no cabe pensar que la sociedad esté dispuesta a dedicar una cantidad infinita de recursos para evitar la materialización de un riesgo determinado, y mucho menos de un riesgo especulativo. El análisis coste-beneficio no cubre de ordinario la evaluación de los costes sobre la base del coste de oportunidad, aunque aquí este concepto resulta de gran importancia, puesto que nos pone de relieve que los esfuerzos para prevenir ciertos riesgos pueden conducir a peores resultados, en la medida en que quedarán menos recursos disponibles para hacer frente a otros riesgos (Majone, 2002).

Por ejemplo, si nos gastamos grandes cantidades en eliminar de los hospitales riesgos insignificantes de salmonela, nos quedará menos dinero disponible para cualquier otro uso en asistencia sanitaria, lo que llevará a una pérdida de vidas más grave que la que el riesgo de salmonela generaba.

Otro llamativo ejemplo nos lo proporciona el desastre ferroviario de Hatfield del año 2000 en Gran Bretaña. Los ciudadanos demandaron la mejora de la seguridad de las vías de tren. La respuesta del Gobierno fue insistir en los trabajos de emergencia que ocasionaban considerables retrasos en los servicios ferroviarios y hacían que los potenciales pasajeros prefirieran viajar por carretera en lugar de en tren. Dado que los riesgos de muerte o de lesiones graves de un accidente de tráfico eran significativamente mayores que los derivados de viajar en tren, aun en el caso de las líneas sin

---

[4] Véase, por ejemplo, la decisión del Tribunal de Justicia Europeo en *Pfizer Animal Health v Council* 2002, T-13/99, pár. 456.

reparar, probablemente ello dio lugar a mayores costes derivados de accidentes así como a una pérdida neta de bienestar social (*The Economist*, 2000).

Sin duda, es verdad que la incertidumbre científica plantea dilemas en el ámbito de la gestión del riesgo. Ahora bien, ha de notarse que a los responsables para resolver se les generan dificultades innecesarias cuando los riesgos singulares se aíslan para darles un tratamiento específico con base en la existencia de la incertidumbre. Es incorrecta por artificiosa la distinción que se hace entre aquellos riesgos respecto de los cuales contamos con suficiente información como para llevar a cabo una gestión del riesgo sobre la base del coste-beneficio, de aquellos otros riesgos de los que carecemos de tal información, puesto que, en realidad, se trata de dos puntos del *continuum* «conocimiento-ignorancia», más que de dos situaciones cualitativamente distintas (Majone, 2002). La incertidumbre científica, de hecho, acompaña a todos los riesgos y debemos enfrentarnos a ella lo mejor que podamos.

VIII. LA ALTERNATIVA COSTE-EFICACIA

Los sistemas formales de evaluación de impacto a veces sugieren, o requieren, un análisis de coste-eficacia (o coste-rendimiento), en lugar del de coste-beneficio. Comparado con este último, el análisis coste-eficacia representa una forma menos ambiciosa de evaluación económica (véase, con carácter general, Levin y McEwan, 2000). Son dos las funciones principales que cumple: establecer el tipo de intervención normativa necesaria para maximizar los beneficios, para un determinado nivel de costes; e identificar qué clase de intervención es necesaria para generar unos específicos beneficios al menor coste posible. El hecho de que los beneficios sean, de ordinario, más difíciles de cuantificar que los costes, supone que la segunda función se practique con más frecuencia.

Las directrices de la Unión Europea en relación con la evaluación de impacto regulatorio ponen de manifiesto que el análisis coste-eficacia puede complementar el de coste-beneficio. Este método debe utilizarse cuando la iniciativa consiste en un objetivo fijado (un determinado nivel o meta a cumplir en una fecha establecida). Requiere calcular el coste necesario para lograr el objetivo, y luego comparar los costes de las diferentes opciones. Constituye una alternativa al análisis de coste-beneficio en los casos en que resulta difícil valorar los beneficios en términos monetarios. El análisis de coste-eficacia concluye con una clasificación o *ranking* de las distintas opciones de regulación sobre la base del «coste por unidad de eficacia de cada una de las medidas» (Unión Europea, 2009).

Esta guía contiene, en realidad, dos ideas que, aunque diferentes, se hallan relacionadas. Por un lado, hay casos en que, aun siendo difícil o imposible cuantificar los beneficios de la intervención, se llega a la conclusión, mediante conjeturas, intuiciones o de otro modo, que la propuesta supera el test del coste-beneficio, y por tanto, en términos económicos normativos, resulta eficiente, de acuerdo con el criterio de Kaldor-Hicks. Por otro lado, hay medidas de intervención que, pese a no superar o no poder superar, la prueba del coste-beneficio, los Gobiernos están decididos a introducir por otras razones, quizás por motivos de justicia distributiva. Algunas ayudas, como subvenciones o subsidios, entran en esta categoría porque lo que se transfiere podría tener el mismo valor para el receptor que para el que la otorga y, por lo tanto, no generan beneficios, y, sin embargo, la transferencia tiene sus costes (Posner, 2004).

En términos más generales, puede decirse que el análisis coste-eficacia desempeña una función relevante en relación con las intervenciones normativas que, considerándose políticamente deseables, no persiguen la eficiencia distributiva. Con demasiada frecuencia, quienes cultivan el análisis económico del Derecho han entendido que el control de tales medidas quedaba fuera de su ámbito de estudio, porque se han obsesionado demasiado con la defensa de resultados eficientes. Y, por consiguiente, han perdido una gran oportunidad de explotar su talento. Eric Posner lo expone de manera sucinta: aun en el supuesto de que una transferencia basada en motivos políticos resulte criticable, constituye un hecho que forma parte de la realidad y, en consecuencia, ha de ser analizado, a fin de determinar cómo se pueden minimizar los impactos negativos que genera sobre la economía (Posner, 2004).

IX. CONCLUSIONES: LA DIMENSIÓN POLÍTICA

Hemos de poner fin a las consideraciones precedentes con unas breves conclusiones. La primera de ellas es evidente. Dadas las limitaciones del análisis tanto en lo que hace a las implicaciones normativas que resultan problemáticas, como al carácter especulativo que puede presentar la información que debe manejarse, la evaluación coste-beneficio –que se sitúa en el corazón de la evaluación de impacto regulatorio– no puede proporcionar un indicador terminante o conclusivo acerca de si un conjunto de propuestas normativas resultan o no deseables. Ello no debilita la importancia del análisis regulatorio, ya que proporciona a quienes elaboran políticas públicas una disciplina útil, por cuanto hace transparente el razonamiento que motiva la propuesta y sistematiza el proceso de toma de decisiones.

En las páginas precedentes se ha subrayado que el análisis técnico del coste-beneficio no puede separarse de su dimensión política, ya se refiera ésta a lo que es aceptable desde el punto de vista de la justicia distributiva, o de los juicios éticos; o ya a la medida en que deban hacerse concesiones a la opinión pública, por ejemplo, sobre riesgos, en los supuestos en que ésta difiere de las conclusiones que se han alcanzado en el seno del procedimiento de evaluación de impacto regulatorio.

Esta consideración nos conduce al tema de cuál es el diseño institucional que ha de dársele a la evaluación de impacto regulatorio y, en particular, en qué forma el análisis técnico-económico debe integrarse con la valoración de otros temas más amplios y abiertos que surgen con ocasión de la evaluación de impacto regulatorio; y en consecuencia, qué elementos, en su caso, deben hacerse públicos para su consulta durante el proceso de evaluación de impacto regulatorio. No obstante, éstas son cuestiones que pueden resolver mejor los administrativistas y politólogos.

REFERENCIAS

ACKERMAN, F. y HEINZERLING, L. (2004), *Priceless: On Knowing the Price of Everything and Value or Nothing*, New York: New Press.

ADLER, M. D. (2004), «Fear Assessment: Cost-Benefit Analysis and the Pricing of Fear and Anxiety», *Chicago-Kent Law Review*, 77: 977-1054.

CALABRESI, G. (1970), *The Cost of Accidents: A Legal and Economic Analysis*. New Haven: Yale University Press.

CECOT, C.; HAHN, R.; Renda, A. y SCHREFLER, L. (2008), «An Evaluation of the Quality of Impact Assessment in the European Union with Lessons for the US and the EU», *Regulation and Governance*, 2: 405-424.

CHANG, H. F. (2004), «Risk Regulation, Endogenous Public Concerns, and the Hormones Dispute: Nothing to Fear but Fear Itself?», *Southern California Law Review*, 77: 743-776.

COASE, R. H. (1960), «The Problem of Social Cost», *Journal of Law and Economics*, 3: 1-44.

DASGUPTA, A. K. y PEARCE, D. W. (1972), *Cost-Benefit Analysis: Theory and Practice*. Londres: MacMillan.

ECONOMIST, The (2000), «How Not To Run A Railway», 23 de noviembre.

COMISIÓN EUROPEA (2009), *Impact Assessment Guidelines*, SEC (2009) 92.

FRANK, R. H. y SUNSTEIN, C. R. (2001), «Cost-Benefit Analysis and Relative Position», *University of Chicago Law Review:* 68: 323-374.

FROUD, J.; R. BODEN; OGUS, A. y STUBBS, P. (1998), *Controlling the Regulators*, Basingstoke: MacMillan.

HAHN, R. W. (2010), «Designing Smarter Regulation with Improved Benefit-Cost Analysis», *Journal of Benefit-Cost Analysis* 1(1), artículo 5.

HEIMANN, C. M. *ET AL*. (1990), «Project: The Impact of Cost-Benefit Analysis on Administrative Law», *Administrative Law Review*, 42: 545-654.

HEYES, A. (2007), «Evaluating Environmental Laws and Regulation: Methods and Controversies», en M. T. de Almeida (Ed.), *Legislative Evaluation*, Lisboa: Instituto Nacional de Administración, 127-137.

HOOD, C.; ROTHSTEIN, H. y BALDWIN, R. (2001), *The Government of Risk: Understanding Risk Regulation Regimes*, Oxford; Oxford University Press.

LEVIN, H. M. y MCEWAN, P. J. (2000), *Cost-Effectiveness Analysis* (2ª ed.), Thousand Oaks: Sage Publications.

MAJONE, G. (2002), «What Price Safety? The Precautionary Principle and its Policy Implications», *Journal of Common Market Studies*, 40: 89-109.

MCGARITY, T. (1991), *Reinventing Rationality: The Role of Regulatory Analysis in the Federal Bureaucracy*, Cambridge: Cambridge University Press.

NOLL, R. G. y KRIER, J. E. (2000), «Some Implications of Cognitive Psychology for Risk Regulation», en C. Sunstein (Ed.), *Behavioral Law and Economics*, Cambridge: Cambridge University Press.

OECD (2009), *Regulatory Impact Analysis: A Tool for Policy Coherence*, Paris: OECD.

OGUS, A. (1998), «Regulatory Appraisal: A Neglected Opportunity for Law and Economics», *European Journal of Law and Economics*, 6: 53-68.

OGUS, A. (2004), «Risk Management from an Economic Perspective», en E. Vos y G. van Calster (Eds.), *Risico en voorzorg in de rechtsmaatschappij*, Mortsel: Intersentia, 229-238.

PEARCE, D. S. (1994), «The Precautionary Principle and Economic Analysis», en T. O'Riordan y J. Cameron (Eds.) *Interpreting the Precautionary Principle*, London: Cameron y May.

POSNER, E. (2001), «Controlling Agencies with Cost-Benefit-Analysis: A Positive Political Theory Perspective», *University of Chicago Law Review*, 68: 1137-1199.

POSNER, E. (2004), «Transfer Regulations and Cost-Effectiveness Analysis», *Duke Law Journal*, 53: 1067-1110.

RADAELLI, C.M. (2004), «The Diffusion of Regulatory Impact Analysis – Best Practice or Lesson-Drawing», *European Journal of Political Research*, 43: 723-747.

SADELEER, N. de (2002*), Environmental Principles: From Political Slogans to Legal Rules*, Oxford, Oxford University Press.

SOCIALIST, The (2002), «Bring Rail Bosses to Justice», *The Socialist*, 12 de julio.

SUNSTEIN, C. R. (2002), *Risk and Reason: Safety, Law, and the Environment*, Cambridge: Cambridge University Press.

SUNSTEIN, C. R. (2004a), «Are Poor People Worth Less Than Rich People? Disaggregating the Value of Statistical Lives», *AEI-Brookings Working Paper Working Paper* 04-5.

SUNSTEIN, C. R. (2004b), «Lives, Life-Years and Willingness to Pay», *Columbia Law Review*, 104: 205-251.

VISCUSI, W. K. (1998), *Rational Risk Policy*, Oxford: Clarendon Press.

WIENER, J. B. y ALEMMANO, A. (2010), «Comparing Regulatory Oversight Bodies across the Atlantic: The Office of Information and Regulatory Affairs in the US and the Impact Assessment Board in the EU», en S. Rose-Ackerman, H. R. Luce y P. L. Lindseth (Eds.), *Comparative Administrative Law*, Cheltenham: Edward Elgar, capítulo 19.

Traducción de Alicia I. Saavedra Bazaga.

COMENTARIOS A LA TESIS DEL PROFESOR OGUS DESDE LA PERSPECTIVA DEL ANÁLISIS ECONÓMICO DEL DERECHO

Frédéric Marty*

I. INTRODUCCIÓN

En el presente capítulo el profesor Ogus no sólo expone los orígenes, propósito e intereses de la evaluación del impacto regulatorio, sino también sus límites y sus riesgos.

El trabajo subraya la importancia de los métodos de evaluación de impacto en el ámbito de las políticas públicas. Tales métodos se han convertido en presupuesto y principio básico de una buena gobernanza y en cierta medida de la denominada «nueva gestión pública» (*new public management*).

Por decirlo en pocas palabras: las políticas públicas que llevan a cabo Gobiernos y Administraciones no han de valorarse exclusivamente desde la única perspectiva de la legalidad, ni, más en concreto, si cumple con la legalidad en términos de consumo de recursos públicos. El control se desplaza del consumo de entrada a los resultados finales, es decir, se extiende hacia los efectos globales de una política pública determinada. Los requisitos de la evaluación de impacto van en consonancia con esa lógica de la acción pública.

* Investigador en CNRS. Grupo de investigación en Derecho, Economía y Gestión, Universidad de Niza Sophia-Antipolis. OFCE/Sciences Po, París.

De ahí que antes de llevar a la práctica una decisión pública deba realizarse un análisis coste-beneficio.

Comenzaremos resumiendo el trabajo del profesor Ogus.

Con ocasión de la historia y finalidad de la evaluación de impacto regulatorio, destaca que tal herramienta adquiere importancia en el ámbito de la nueva gestión pública, en especial para garantizar que las normas gubernamentales resulten proporcionadas a los propósitos que persiguen, y que éstos se cumplan de manera eficiente, es decir, al menor coste posible. Con esto en mente, cada nueva norma jurídica debe evaluarse mediante el análisis coste-beneficio para determinar si los beneficios potenciales sobrepasan o justifican sus costes.

Si los métodos de evaluación de impacto se basan en el análisis coste-beneficio, también heredarán sus límites. Debemos tener en cuenta que el comportamiento del agente no cambia necesariamente en la dirección pretendida. Además, todo cambio puede generar efectos indirectos sobre otros mercados. Otros obstáculos derivan de dificultades para valorar recursos no monetarizables o para elegir entre los distintos criterios normativos o prescriptivos que pueden utilizarse en el análisis, esto es, entre los criterios e indicadores a cuyo trasluz evaluar la medida de que se trate.

Se destacan igualmente los problemas que en esta clase de evaluaciones presentan el riesgo y la incertidumbre. La cuestión del riesgo es una de las más interesantes porque pone de relieve las potenciales divergencias entre la evaluación de los riesgos desde una perspectiva científica y las percepciones subjetivas de la sociedad. Esa posible disociación podría dar lugar a algunas reacciones o medidas desproporcionadas en contra del interés general (o de la maximización del bienestar). En consecuencia, una percepción errónea del riesgo podría llevar a una decisión sub-óptima. El mismo proceso se producen relación con la incertidumbre. Un nivel excesivo de precaución podría llevar a dedicar un nivel excesivo de recursos para la prevención de un riesgo muy hipotético, a costa de la cobertura de riesgos que resultan más probables. A la postre, esta situación podría generar un resultado colectivo peor del que se obtendría sin regular nada.

En último lugar, el profesor Ogus analiza el equilibrio entre el método de coste-beneficio y el de coste-eficacia. Señala que las Directrices Europeas de 2009 (*European Guidelines of 2009*) recomiendan en algunos casos que se complemente el primero con el segundo[1]. El análisis de coste-eficacia puede explicar (y eventualmente justificar) algunas decisiones regulatorias que, aun no siendo lógicas en un sentido económico estricto, sí tienen fundamento racional desde una perspectiva política[2].

Nuestro propósito consiste en debatir esas consideraciones examinando la evaluación del impacto regulatorio desde la perspectiva del análisis económico del Derecho. Tienen mucho en común el análisis económico-político que ha realizado Anthony Ogus en las páginas precedentes y el análisis económico del Derecho. Muchas de las cuestiones que preocupan en el análisis económico del Derecho son de interés para la evaluación de impacto regulatorio. Es en realidad sorprendente la relación que guardan uno y otro.

Es más, el profesor Ogus publicó en 1998 en el *European Journal of Law and Economics*[3] un sorprendente trabajo sobre la contribución del análisis económico del Derecho a la evaluación de impacto regulatorio, contribución que se revelaría modesta a pesar de su propósito de predecir el impacto de las normas jurídicas sobre el comportamiento.

A nuestros efectos, analizaremos primero la evaluación del impacto normativo en el marco de los tres niveles de análisis económico del Derecho que L. Kornhauser tiene establecidos. Como se ha notado, la evaluación de impacto presenta una evidente dimensión predictiva y, sobre todo, normativa o prescriptiva (esto es, el plano del «deber ser»). En lo que a esto último se refiere, cabe

---

[1] Comisión Europea (2009), *Directrices de Evaluación de Impacto*, SEC(2009)92.

[2] E. Posner (2004), «Transfer Regulations and Cost-Effectiveness Analysis», *Duke Law Journal*, vol. 53, pp. 1067-1100.

[3] A. Ogus (1998), «Regulatory Appraisal: a Neglected Opportunity for Law and Economics», *European Journal of Law and Economics*, vol. 6, pp. 53-68.

señalar que se corresponde con la concepción que Posner tiene del análisis económico del Derecho (*infra* II).

Con el fin de ahondar más en este tema, en la segunda parte pretendemos apuntar cuáles son las hipótesis subyacentes (III). Y lo hacemos tanto desde la óptica de los factores relevantes para la acción o comportamiento humano, como a la luz de la capacidad del juez o del legislador para determinar cuáles son los resultados sociales deseables.

En la tercera parte (IV), discutimos sucesivamente cinco puntos de convergencia entre el análisis económico del Derecho y la evaluación de impacto regulatorio. El primer punto se refiere a los objetivos que acompañan a las normas jurídicas. Los otros se refieren a la dificultad para adoptar las visiones predictivas o incluso normativas. Seguidamente, analizamos la visión sesgada que podría proporcionar este tipo de análisis, los problemas inducidos por el riesgo o la incertidumbre, los límites de tal concepción constructivista del derecho, en términos de la capacidad del juez o del legislador para diseñar reglas óptimas, y, por último, las dificultades causadas por las respuestas estratégicas del agente frente un cambio de las normas jurídicas. Finalmente, para extraer una conclusión acerca del paralelismo entre el análisis económico del Derecho y la evaluación de impacto regulatorio, es necesario interrogarse acerca de cuáles son el contenido y alcance de los respectivos métodos.

II. LA EVALUACIÓN DE IMPACTO REGULATORIO EN RELACIÓN CON LOS TRES NIVELES DEL ANÁLISIS ECONÓMICO DEL DERECHO

La dinámica de la evaluación de impacto también está estrechamente vinculada con los principios del análisis económico del Derecho y, más concretamente, con las recomendaciones que éste propone.

Según la taxonomía de Lewis Kornhauser, sería posible distinguir tres niveles en el análisis económico del Derecho[4].

El primero, y sin duda el más genuino u originario, posee un carácter descriptivo. Cuando un economista examina el Derecho, lo hace principalmente para evaluar sus consecuencias económicas. En la medida en que los fenómenos económicos no obedecen a, ni se gobiernan por, puras leyes físicas, no hay otra alternativa que contemplarlos como constructos sociales. La conducta o el comportamiento económico no pueden concebirse aisladamente, al margen y con independencia del marco social y legal en el que se mueve. Ésta fue justamente una de las principales contribuciones de la escuela histórica alemana: subrayar la necesidad de analizar los fenómenos económicos como parte integrante del entorno legal e institucional. En otras palabras, las instituciones jurídicas modelan las decisiones y las elecciones que hace el agente económico. Ello significa que el estudio del proceso económico supone tener en cuenta e incorporar este nexo jurídico-económico, tal y como recomienda el enfoque del viejo institucionalismo. Habida cuenta de que el impacto del marco legal en las decisiones económicas constituye un factor de primer orden, una de las funciones de la economía consiste en evaluar las consecuencias de los cambios de las reglas jurídicas o de las nuevas políticas públicas.

Un segundo nivel del análisis económico del Derecho reside en la dimensión predictiva. Pues bien, si se tiene en cuenta que las decisiones de carácter económico se hallan parcialmente determinadas por las normas jurídicas, es posible entonces estimar en qué medida tales decisiones se verían afectadas o modificadas por un cambio normativo. De manera que la economía tendría un segundo propósito, y que ésta ya no juega *ex post* sino que, a partir de ahora, juega *ex ante*. Una evaluación preliminar de los posibles efectos de una decisión política en términos de bienestar social, podría ilustrar a los responsables de formular políticas sobre las consecuencias de un determinado proyecto. Esta función no sólo resulta aplicable

---

[4] L. Kornhauser, (1985), «L'analyse économique du droit», *Revue de Synthèse*, série 3, n° 118-119, pp. 313-329.

a las políticas de Gobierno, sino también a las decisiones judiciales. Según Oliver Holmes, en su fundamental libro *The Common Law*, de 1881[5], el juez decide no por la aplicación al caso de un silogismo jurídico o por virtud de un dato económico o a partir de una teoría social, sino de acuerdo con su experiencia. La experiencia en este contexto también podría interpretarse como su entendimiento de las expectativas sociales en torno a su propio juicio, o como sus propias expectativas sobre las consecuencias futuras de su decisión sobre el comportamiento de un hombre malo. Como subrayó Holmes, el Derecho para él es sólo lo que los tribunales decidan, el Derecho que aplican. Por lo tanto, las decisiones judiciales tienen que diseñarse tomando en consideración su futuro impacto en los comportamientos del agente económico. Respecto de las decisiones gubernamentales, un juicio puede evaluarse en términos de impactos colectivos. La lógica de los trabajos de Beccaria del siglo XVIII o la teoría de la sanción óptima de Gary Becker de 1968, no son más que algunos ejemplos del carácter predictivo del análisis económico[6].

Ese carácter nos lleva al tercer nivel del análisis económico del Derecho, el normativo o prescriptivo. Como el análisis económico es capaz de predecir (con mayor o menor fiabilidad) el impacto de una decisión determinada, también podría ayudar a definir cuál sería el cambio legal adecuado para permitir la obtención de un resultado determinado. Tal ambición es sin duda la más difícil y controvertida. También refleja un desplazamiento en la economía desde la perspectiva del «derecho y la economía» o enfoque económico del Derecho en el sentido originario hacia la perspectiva del análisis económico del Derecho. El objetivo principal ya no consiste en evaluar las consecuencias económicas de una norma dada de una política determinada, sino en diseñar una norma jurídica orientada a obtener aquel resultado que se concibe como social-

[5] O. W. HOLMES (1881), *The Common Law*.

[6] G. BECKER (1968), «Crime and Punishment: An Economic Approach», *Journal of Political Economy*, 76 (2), pp. 813-846.

mente deseable[7]. Por ejemplo, mientras Coase considera que la finalidad del análisis económico del Derecho reside en el «estudio de la influencia del sistema legal sobre el funcionamiento del sistema económico»[8], Posner, por el contrario, entiende que el análisis económico del Derecho tiene por objeto un análisis económico del funcionamiento del sistema legal[9].

III. EVALUACIÓN DE IMPACTO Y LA DIMENSIÓN NORMATIVA DEL ANÁLISIS ECONÓMICO DEL DERECHO

Este último objetivo –normativo o prescriptivo– entraña la necesidad de formular hipótesis de amplio espectro sobre los fenómenos sociales y la acción humana. Pero al mismo tiempo obliga a seleccionar los criterios decisorios que han de servir de base para el análisis. Antes de abordar en términos muy generales cuáles son las premisas en las que se funda el análisis del Derecho en su función o dimensión normativa, hemos de tener presentes las prudentes consideraciones que realizó Anthony Ogus en un trabajo publicado en 2004 en la *Chicago Kent Law Review*, de acuerdo con las cuales el análisis económico del Derecho podría resultar más útil a los

---

[7] Para R. POSNER, el propósito del *Common Law* es mejorar la eficiencia económica. En consecuencia, podemos decir que el análisis económico es una poderosa herramienta no sólo para la evaluación de las consecuencias de una determinada norma jurídica sobre la eficiencia económica, sino también para el diseño de normas jurídicas, lo cual podría influir en las decisiones individuales de manera favorable en términos del bienestar social. Para debate, véase: R. POSNER (1979), «Some Uses and Abuses of Economics in Law», *University of Chicago Law Review*, vol. 46, 281, pp. 287-297.

[8] R. COASE (1996), «Law and Economics and W. Brian Simpson», *Journal of Legal Studies*, vol. 25, n° 1, pp. 103-119.

[9] S. HARNAY y A. MARCIANO (2009), «Posner, Economics and the Law: From *Law and Economics* to an *Economic Analysis of Law*,» *Journal of the History of Economic Thought*, vol. 31, n° 2, pp. 215-232.

juristas en su función prospectiva que en su dimensión normativa, acaso un tanto sobredimensionada[10].

1. ¿CÓMO DECIDEN LOS AGENTES ECONÓMICOS?

En primer término, hemos de aceptar un modelo de acción humana, según el cual las personas hacen sus opciones racionalmente con la finalidad de maximizar su bienestar. Dentro de este modelo, y en concreto dentro del concepto de bienestar, caben versiones diferentes. Así, por ejemplo, para unos el criterio de la utilidad serviría de guía; otros, en cambio, preferirían el criterio de la riqueza material en términos monetarios, para evitar así los problemas que el criterio de la utilidad puede plantear. Sea como fuere, y cualquiera que sea el criterio elegido, lo cierto es que una norma o regla determinada juega como un precio que se integra dentro del proceso decisorio como elemento de compensación económica. Para decirlo de modo simple y a modo de caricatura: una regla o norma jurídica puede entenderse como un estímulo económico; una regla o norma jurídica puede cambiar el precio de la actividad. Si toda decisión individual se tomara con base en una estimación de coste-beneficio, se modificarían los criterios de los agentes de mercado. Por lo mismo, y mediante un proceso de ingeniería inversa, cabría deducir cómo tiene que modificarse una norma con el fin de inducir un cambio social deseable.

---

[10] A. Ogus (2004), «What Legal Scholars can Learn from Law and Economics», *Chicago-Kent Law Review*, vol. 79, pp. 383-401.

2. ¿CÓMO DEFINIR UN RESULTADO COLECTIVAMENTE DESEABLE A FIN DE DISEÑAR NORMAS JURÍDICAS?

Esto nos lleva a una segunda dimensión crítica. ¿Cómo definir un resultado colectivamente deseable? ¿Cuáles son los posibles criterios? Aun a riesgo de una excesiva simplificación, podemos establecer que disponemos de dos criterios alternativos. El primero es el conocido principio de Pareto (o principio del factor escasez). Un cambio será socialmente deseable si induce una mejora en el bienestar de un agente sin dañar el de otro. Tal exigencia resulta excesivamente paralizante. Salvo pocas excepciones, una decisión del Gobierno siempre genera ganadores y perdedores. Una respuesta a este callejón sin salida sería utilizar el criterio de Kaldor-Hicks, de acuerdo con el cual, un cambio será deseable si el valor absoluto de las ganancias del ganador supera las pérdidas de los otros.

En cierta medida, estos últimos podrían ser compensados. Pero hay que tener en cuenta que la compensación podría ser sólo hipotética. De hecho, en algunas situaciones la compensación no es factible. Por ejemplo, cuando los beneficios se concentran en tan sólo unos pocos agentes y los impactos negativos se extienden a muchas personas, obligar a los ganadores a compensar el daño colectivo producido podría llegar a ser contraproducente en términos de bienestar social global, precisamente por los costes de transacción inducidos. Además, en algunos casos, aun en la hipótesis de que la compensación fuera posible, no sería deseable. Por ejemplo, en el caso de una ley que pusiera fin a derechos exclusivos. Sería indeseable en términos de justicia social o equidad que se obligara a dar una compensación a los titulares del antiguo monopolio. La historia de la economía acredita que han sido muy numerosos los casos en los que se ha exigido tal compensación. Un ejemplo lo constituye la compensación por los costes del antiguo monopolio en el sector de la energía. En el supuesto de que los titulares de los derechos exclusivos hubieran realizado fuertes inversiones al amparo de la normativa anterior, su liquidez se vería seriamente afectada a resultas de las nuevas reglas de juego. Parece por ello necesario corregir los efectos o consecuencias de lo que podría calificarse de un ataque al contrato, consentido por la discrecionalidad del poder político. En consecuencia, se establece, por ejemplo, un régimen transitorio, que permita a las empresas que ostentan esos derechos exclusivos obtener recursos adicionales para equilibrar sus expectativas financieras.

IV. LA CONCEPCIÓN SUBYACENTE DE LAS NORMAS JURÍDICAS

1. LOS OBJETIVOS DE LAS NORMAS JURÍDICAS

Con carácter general, puede decirse que los métodos de evaluación de impacto suscitan ciertos interrogantes y preocupaciones acerca de la capacidad, tanto del legislador como del juez, para disponer de los conocimientos necesarios para adoptar una decisión óptima, así como las distintas opciones económicas.

Consideremos primero el segundo punto. ¿Cuál podría ser la perspectiva económica de una política pública? ¿Es posible abarcar todas las dimensiones sociales de una posible alternativa? ¿El economista ha de atender a las consecuencias que tendría una decisión sobre la distribución de la riqueza? ¿El análisis económico –a la hora de preparar una política pública– sólo ha de tener en cuenta la eficiencia económica, dejando a un lado los aspectos de justicia distributiva? (Y lo mismo podría decirse respecto de la política de defensa de la competencia). Por ejemplo, según Richard Posner, los jueces (considerados como legisladores intersticiales), tienen que concentrar sus preocupaciones en la eficiencia, ya que no disponen de las herramientas ni de los criterios de selección adecuados para hacer frente a otros valores como la redistribución[11].

---

[11] R. Posner (2003), *Economic Analysis of Law*, 6ª edición.

Un ejemplo muy ilustrativo de este problema lo podemos encontrar en la característica concepción de la Escuela de Chicago en relación con el análisis económico de la competencia. Desde la mitad del siglo XX, tanto en Europa, con su enfoque social y liberal, como en la Escuela de Harvard y su pensamiento «estructuralista», en los EE. UU., la política de defensa de la competencia tenía que perseguir no sólo un objetivo de eficiencia económica, sino también la equidad[12]. Para la Escuela de Chicago, en cambio, la única finalidad del Derecho de la competencia es velar por la maximización del bienestar del consumidor. Cualquier otro objetivo, como la protección de las pequeñas y medianas empresas o las cuestiones distributivas, tienen que hacerse realidad a través de otras políticas públicas, como, por ejemplo, mediante la política fiscal. Como R. Bork afirmara, las normas sobre defensa de la competencia no tienen nada que decir sobre las formas en que la prosperidad se distribuye o se utiliza. Éstas son cuestiones que les conciernen a otras normas. El bienestar del consumidor, tal y como se entiende el término en el marco de la defensa de la competencia, carece de componente ético o suntuario. La competencia, concluirá, sólo podrá incrementar la riqueza colectiva en la medida en que se exija que todo producto sea producido y vendido en las mejores condiciones para los consumidores[13].

2. CONSIDERACIÓN DEL POSIBLE SESGO

Una de las razones principales por las que la evaluación de impacto regulatorio tiende a privilegiar las perspectivas estrictamente económicas se debe al hecho de que su metodología sobre-

---

[12] O. BUDZINSKI (2003), «Pluralism of Competition Policy Paradigms and the Call for Regulatory Diversity», *working paper*, n° 14/2003, Philipps Universität Marburg, 49 p.

[13] R. H. BORK (1978), *The Antitrust Paradox – A Policy at War with Itself*, Free Press, Nueva York.

dimensiona las variables que son fácilmente cuantificables. Como consecuencia, los procedimientos de evaluación de impacto dan más importancia a lo que aparecerían como datos objetivos que a las dimensiones más cualitativas, que podrían ser vistas como evaluadas subjetivamente. Si tenemos en cuenta que la evaluación de impacto se apoya en los nuevos procedimientos de gestión pública (*new public management*), podemos entender que uno de sus propósitos esenciales sea promover la rendición de cuentas en la gestión pública. Rendición de cuentas que se podría considerar que se incrementa, si la gestión pública se lleva a cabo de una manera más reglada que discrecional.

Ello explica por qué todas las dimensiones cualitativas se encuentran insuficientemente representadas, en beneficio de las estrictamente económicas, por no decir monetarias. Uno de los ejemplos más representativos de este sesgo lo encontramos en los procedimientos de evaluación previos que se utilizan en relación con los contratos de colaboración público-privada. El comparador británico del sector público y la evaluación preliminar francesa también tienden a privilegiar los aspectos financieros de los proyectos en detrimento de otras dimensiones, como la calidad del servicio prestado a los consumidores finales o su flexibilidad.

Por tanto, hay un riesgo real de que los datos financieros se conviertan en la única dimensión para ponderar los pros y contras de la contratación, que se mueve entre el esquema de adjudicación tradicional (que eventualmente puede consistir en una prestación *in house*) y la colaboración público-privada. Esta clase de evaluaciones presentan otra nota que es común a los límites inherentes a la evaluación de impacto, tal y como demuestra la reflexión de Anthony Ogus. Esa nota común consiste justamente en la dificultad de gestionar el riesgo y la incertidumbre.

3. LIDIAR CON EL RIESGO Y LA INCERTIDUMBRE

Los límites que presentan los métodos de evaluación de impacto cuando se enfrentan a la gestión del riesgo y de la incertidumbre pueden ilustrarse particularmente con otro ejemplo de la política de defensa de la competencia. En principio, a las autoridades responsables de defensa de la competencia se les reprocha que su evaluación se base en exceso en las prácticas de mercado, medida exclusivamente a la luz de lo que el Derecho tenga establecido en punto a las prácticas contrarias a la competencia. El análisis económico de la Escuela de Chicago aplicado a la política de la competencia ha criticado a menudo las consecuencias de evaluaciones centradas tan sólo en maximizar el bienestar del consumidor. Pondré dos ejemplos diferentes de estos fenómenos en su proyección sobre el Derecho de la competencia.

El primero tiene que ver con el control sobre las fusiones y adquisiciones y el segundo con las prácticas unilaterales de las empresas dominantes acusadas de abuso de su posición.

Cualquier proyecto de fusión o adquisición tiene que ser previamente notificado a las autoridades de defensa de la competencia. La autoridad debe realizar una evaluación del proyecto, es decir, evaluar su impacto económico. De acuerdo con la «antigua» concepción del Derecho de la Competencia, basta con que de ese proyecto se siga el nacimiento o el fortalecimiento del dominio de una única empresa en el mercado, para que pueda rechazarse. A la luz del análisis económico de la Escuela de Chicago en relación con la política de defensa de la competencia, una evaluación de ese tipo podría conducir a una indebida una denegación de un proyecto, puesto que de ahí podría derivarse un mayor bienestar para el consumidor. La crítica de la Escuela de Chicago trajo consigo que la autoridades de defensa de la competencia adoptaran una visión más económica en la que se ponderaran y equilibraran el daño o perjuicio a la competencia (en términos de dominio en el mercado), de un lado, y, de otro, las ganancias en lo que a la eficiencia se refiere, derivables de la fusión.

Con todo, en la práctica, esta visión está sesgada. Si el daño a la estructura de mercado competitivo resulta cierto (o posible de evaluar con un cálculo de probabilidad), también parece que las mejoras de eficiencia alegadas serán hipotéticas. Comúnmente observamos que las fusiones y adquisiciones rara vez producen los beneficios esperados. Además, en un contexto de información imperfecta y asimétrica, la autoridad de la competencia puede esperar que las empresas exageren estos beneficios potenciales. En definitiva, cuando los daños sobre la competencia se tienen en cuenta, los beneficios potenciales se subestiman.

Este mismo fenómeno podríamos considerarlo igualmente en relación con las prácticas anticompetitivas. Una práctica de una empresa que tenga una posición dominante, con la posibilidad de excluir a los competidores, podría evitar la sanción con la condición de que produzca algunas ganancias o ventajas en términos de eficiencia capaces de compensar los daños a la competencia. La práctica anticompetitiva podría aceptarse si se dan ciertas condiciones: que no se elimine la competencia; si es necesario alcanzar esos beneficios; si éstos exceden de los daños y perjuicios a la competencia; y si los consumidores finales se benefician de una parte significativa de los mismos. En suma, ha de reiterarse que, cuando los daños a la competencia resultan ciertos, las ganancias en eficiencia no son más que hipótesis o meras estimaciones, lo que genera no sólo escepticismo, sino que, a la postre, las autoridades de la competencia las tengan poco en cuenta.

4. LA CUESTIÓN DE LA CAPACIDAD DEL LEGISLADOR O DEL JUEZ PARA EL DISEÑO ÓPTIMO DE NORMAS JURÍDICAS

Una segunda dimensión de la evaluación de impacto que se cuestiona es la relativa a la capacidad que se le reconoce al juez o al legislador para disponer de todo el conocimiento necesario para tomar una decisión óptima. Éste es el punto crucial de las controversias entre las perspectivas de Hayek y Posner sobre la capacidad de los jueces para actuar como legisladores intersticiales. Hayek afirmaba que el legislador no es capaz de agregar toda la información dispersa entre los participantes en el mercado. La razón se basa en la distinción que el autor hace entre el conocimiento científico, es decir, datos, que pueden ser agregados y transferidos a quienes toman las decisiones, de un lado y, de otro, el conocimiento de mercado, que pertenece a la idiosincrasia de un determinado agente económico y que resulta específico y propio de las circunstancias de tiempo y lugar[14]. Por el contrario, Posner asume que el legislador (o el juez) es capaz de sintetizar todos los conocimientos necesarios para el diseño de una norma óptima o para tomar una decisión óptima en términos de maximización de la riqueza.

En otras palabras, las perspectivas de Hayek y de Posner ofrecen enfoques contradictorios sobre la naturaleza del conocimiento y el papel de los jueces o legisladores como productores de normas económicamente eficientes. Posner (y la lógica del análisis económico del Derecho) presupone que los legisladores son capaces de obtener una enorme cantidad de conocimientos tanto fácticos como teóricos, y de utilizar el análisis económico para desarrollar racionalmente, y de implementar, el Derecho de cara a satisfacer un objetivo y un resultado para la sociedad. Por el contrario, la perspectiva neo-austríaca tiende a cuestionar, y a dudar de, la capacidad del legislador (e incluso del mismo legislador intersticial, como lo es un juez, en su concepción) para obtener y ponderar todos los conocimientos necesarios para establecer racionalmente las normas jurídicas apropiadas a fin de alcanzar un objetivo determinado definido colectivamente. Las concepciones positivas y normativas del análisis económico del Derecho conducen a puntos de vista irreconciliables sobre los métodos de evaluación de impacto. Dependiendo de cómo consideremos el Derecho, como un orden

---

[14] F. HAYEK (1945), «The Use of Knowledge in Society», *American Economic Review*, vol. 35, n° 4, septiembre.

espontáneo o como una construcción, las virtudes que atribuimos a la evaluación de impacto variarán[15].

Para R. Posner, las normas jurídicas deben diseñarse con el fin de ayudar a la consecución de objetivos sociales, que principalmente consisten en la eficiencia económica; en otras palabras en la maximización de la riqueza. En consecuencia, los jueces «pueden y deben» basar sus decisiones en principios económicos, como deben hacerlo los legisladores, para así mejorar la eficiencia económica del derecho. La relación con la evaluación de impacto es evidente. Los jueces y los legisladores deben prever las consecuencias futuras de sus decisiones desde la perspectiva de la eficiencia económica. Deben elegir entre distintas normas (decisiones alternativas) en base al criterio de la eficiencia económica[16].

El punto de ruptura entre Hayek y Posner reside en la cuestión relativa a la posibilidad de anticipar la forma en que una norma jurídica es susceptible, no sólo de influir en el comportamiento, sino también, en cierta medida, de determinarlo. Para Hayek, un juez no está capacitado para obtener y sintetizar los datos necesarios y llevar a cabo tal ponderación económica, ni tampoco para predecir siquiera si la adopción de una determinada norma mejorará o empeorará la sociedad[17]. En otras palabras, lo que pretende la vertiente normativa del análisis económico del Derecho desde este ángulo se nos podría presentar como una «fatal arrogancia»[18] (*fatal conceit*), no sólo porque los jueces no pueden disponer del conjunto de conocimientos necesarios, sino también porque no pueden prever cuáles habrán de ser las consecuencias efectivas de las decisiones de los

---

[15] T. J. ZYWICKI y A. B. SANDERS (2008), «Posner, Hayek and the Economic Analysis of Law», *Iowa Law Review*, vol. 93, pp. 560-603.

[16] R. POSNER (2003), *Economic Analysis of Law*, 6ª edición.

[17] T. J. ZYWICKI y A. B. SANDERS (2008), *op. cit.*

[18] El juez podría ser visto como actor económico capaz de asignar óptimamente los recursos en la economía, como en teoría hace un planificador central... G. P. O'DRISCOLL (1980), «Justice, Efficiency, and the Economic Analysis of Law: A Comment on Fried», *Journal of Legal Studies*, vol. 9, p. 355.

agentes que intervienen. Dicho de otro modo, no cabe pensar que una norma óptimamente diseñada (aun cuando tal ambición resultara realista) producirá un efecto óptimo (ni siquiera esperado)[19]. La cuestión no es sólo que los jueces (o el legislador) no busquen la consecución de un determinado objetivo de política pública a través de juicios y análisis o la producción de normas jurídicas. De hecho, es imposible lograr tales objetivos a través de esos medios, ya que no es posible suponer que las decisiones individuales van a ser mecánica y unívocamente modificadas por este tipo de estímulo en el sentido previsto y en la medida necesaria.

5. SOBRE LAS RESPUESTAS DE OPORTUNIDAD QUE DA EL AGENTE ECONÓMICO A LAS NORMAS

De la misma manera, aun cuando la evaluación de impacto realizada por quien toma las decisiones sea óptima en términos económicos, es decir, incluso si se evalúan bien las dimensiones cualitativas y se gestionan correctamente el riesgo y la incertidumbre, no hay ninguna seguridad de que la norma vaya a producir los efectos esperados.

a) UN PUNTO DE VISTA MICROECONÓMICO

En primer lugar, los participantes del mercado no responden mecánicamente al estímulo de los precios, admitiendo que en nuestro caso las normas se puedan concebir como las señales de los precios, señales que están diseñadas para modificar las decisiones de los agentes de forma colectivamente óptima. Las normas jurídicas no funcionan como un algoritmo. Los agentes económicos no reaccionan mecánicamente a esas señales. El comportamiento económico no se explica en su globalidad desde la óptica del estímulo

[19] F. HAYEK (1973), *Droit, Législation et Liberté*, Paris, PUF.

que proporcionan los precios. Las personas pueden reaccionar estratégicamente frente a las normas. Hay un espacio o margen para realizar ajustes de oportunidad y utilizaciones o aprovechamientos estratégicos de los medios de acción que ofrecen las normas.

Un ejemplo convencional de este fenómeno, sin duda, nos lo proporciona el análisis de I. Kirzner sobre las estrategias de maximización de beneficios desarrolladas a partir de normas jurídicas[20]. Cada norma puede generar oportunidades para obtener beneficios, que se pueden incorporar estratégicamente. En consecuencia, una norma puede no producir los efectos esperados. Sus resultados podrían situarse por debajo del óptimo, aun en el supuesto de que el diseño de la norma desde el origen hubiere sido óptimo. En otras palabras, cuando una norma jurídica se impone para frenar las estrategias de mercado de los participantes, éstos tratan de desarrollar nuevos sistemas de auto-ayuda o de ajustar sus estrategias con el fin de responder a los efectos de aquélla. Si bien en algunos casos las adaptaciones podrían ayudar a corregir las consecuencias indeseables de una norma desafortunada[21], en otras circunstancias también podría producir más efectos indeseables.

Asimismo, la política de defensa de la competencia nos brinda numerosos ejemplos de usos estratégicos de las normas, por no decir de malos usos. Los procesos abusivos o maliciosos constituyen un buen ejemplo de este fenómeno. La presentación de una demanda le genera costes al competidor. El sistema, en algunos casos, permite también que las empresas ineficientes obtengan la protección de una especie de «paraguas antitrust», consiguiendo

[20] I. Kirzner (1978), «Government Regulation and the Market Discovery Process», en *Perils of Regulation : a Market Process Approach*, University of Miami, School of law, Coral Gables, FL, sección IV, pp.13-19.

[21] Zywicki y Sanders utilizaron el ejemplo de la prohibición de algunos programas de descuento de fidelización por la Ley Robinson-Patman en los Estados Unidos. Las empresas reaccionaron mediante la emisión de cupones, que permitían frustrar los efectos negativos de dicha prohibición, que no era coherente con los intereses del consumidor y que tuvo efectos adversos en términos de maximización del bienestar. Véase T. J. Zywicki y A. B. Sanders (2008), *op. cit.*

así no quedar excluidos del mercado. Ello puede suceder, por ejemplo, en el caso de las demandas que surgen en el ámbito de *doctrina de las infraestructuras esenciales*[22] o frente a la explotación abusiva de una posición dominante del mercado[23], o en los casos de restricciones de precios (*margin squeeze*)[24]. Por último, en otros casos, las demandas se presentan con fines estratégicos, a fin de lograr luego un acuerdo con el competidor, lo cual podría ser perjudicial para los consumidores.

Otro ejemplo de estos procesos lo tendríamos en las normas de responsabilidad por productos defectuosos[25]. El conocido equilibrio entre las reglas de la negligencia y los criterios de la responsabilidad objetiva ilustran, según el análisis económico del Derecho, cómo las segundas no podrían producir los efectos esperados, debido a los incentivos que genera sobre los agentes. Por ejemplo, a las normas sobre responsabilidad objetiva se les suele acusar, desde esa visión, de alentar fenómenos de riesgo moral (entendido como mal

---

[22] Se trata de una doctrina legal de origen norteamericano, aunque extendida a otros sistemas, relativa a las prácticas restrictivas de la competencia. Lo que pretende evitarse desde esta doctrina son las prácticas monopolistas, a modo de cuello de botella, de las empresas titulares de las infraestructuras esenciales (de redes en el ámbito de las telecomunicaciones, o de las redes ferroviarias, por ejemplo), que, abusando de su posición, impidan el acceso al mercado de otros competidores, porque, entre otros supuestos, se les niegue el acceso a tales infraestructuras [Nota del traductor].

[23] Véase el art. 82 del Tratado de la Unión Europea [Nota del traductor].

[24] «A margin squeeze occurs when there is such a narrow margin between an integrated provider's price for selling essential inputs to a rival and its downstream price that the rival cannot survive or effectively compete. A first step in margin squeeze investigations is a detailed inquiry into the nature of competition in both the upstream and downstream markets. A common requirement is that the firm allegedly squeezing margins has market power in the upstream market». Cfr. OECD, Policy Roundtables, Margin Squeeze, 2009 (http://www.oecd.org/regreform/sectors/46048803.pdf) [Nota del traductor].

[25] R. COOTER y T. ULEN (1999), *Law and Economics*, 3ª edición, Addison-Wesley-Longman, Massachusetts.

uso del producto) al mismo tiempo que favorece paralelamente la presión sobre el consumidor[26].

b) UN PUNTO DE VISTA MACROECONÓMICO

En segundo lugar, los métodos de evaluación de impacto han de integrar y tener en cuenta, hasta cierto punto, los límites que se inducen de la naturaleza previsible de los efectos que puede generar una determinada norma sobre las acciones humanas. Los agentes económicos podrían anticipar perfectamente los efectos de una norma o de una decisión pública. Ello significa que son capaces de adaptar directamente su comportamiento en un sentido óptimo. Estos ajustes son óptimos para ellos (si suponemos que las personas maximizan sus intereses, o directamente su riqueza) pero ciertamente son sub-óptimos para el legislador. Por ejemplo, si considaramos el equilibrio entre desempleo e inflación que se explica en la conocida curva de Phillips, podemos comprobar que una política pública que trata de resolver problemas de empleo mediante una política monetaria laxa, no tendría ningún efecto desde el momento en que la gente de modo inmediato pudiera anticipar perfectamente el impacto de esa política sobre los niveles de precios. La misma lógica se podría poner de relieve con la crítica de Lucas de macroeconomía. Una política macroeconómica, diseñada a partir de un modelo de comportamiento de los agentes, no producirá los efectos esperados justamente porque su efecto inmediato consiste en inducirlos a que adapten sus decisiones de conformidad con las nuevas reglas del juego. Presumir que la respuesta del agente económico es perfectamente racional e inmediata, para adaptarse a la nueva regla, puede traer como consecuencia que ésta pierda la mayor parte de sus efectos deseables previstos.

---

[26] T. J. ZYWICKI y A. B. SANDERS (2008), *op. cit.*

V. CONCLUSIÓN

Finalmente, el último punto que hemos de abordar se refiere al ámbito o alcance que ha de dársele a la evaluación de impacto regulatorio, sobre todo si pensamos que este método sobredimensiona el componente económico en general y el monetario en particular. Indirectamente, acaso ello nos lleve a una reflexión de mayor alcance sobre la finalidad y el sentido del análisis económico del Derecho (y tal vez de toda la ciencia económica). ¿Es legítima la evaluación de impacto justamente en las políticas orientadas al mercado? ¿Podría aplicarse a todas las dimensiones del Derecho, teniendo en cuenta que un enfoque con fundamento económico es válido para todas las dimensiones de la acción humana, siempre que ésta se defina como la elección racional entre opciones mutuamente excluyentes y medios limitados?

En ese sentido, y dejando al margen que los métodos de evaluación de impacto se aplican a cuestiones no estrictamente económicas, ha de admitirse con carácter general la relevancia del método económico para la comprensión de la acción humana. En otras palabras, ello implica analizar con herramientas económicas las dimensiones ajenas al mercado del comportamiento del agente. Lo cual conlleva la asignación de precios hipotéticos para explicar o predecir las opciones del agente. En este sentido, cabría señalar principalmente dos dificultades. La primera se refiere a los métodos empleados para calcular esos precios. La segunda está relacionada con la capacidad del método de predicción económica para establecer un modelo que sirva para explicar tales comportamientos ajenos al mercado.

La primera dificultad se refiere, pues, al método utilizado para fijar esos precios hipotéticos. En cuanto análisis económico del Derecho, los métodos de evaluación de impacto regulatorio han de basarse en los métodos de maximización de la utilidad. Como se ha observado R. Posner, ante los problemas que plantean los criterios utilitaristas (en cuanto a la agregación o la comparación de un agente con otro), prefiere el criterio de la maximización de la riqueza.

De la misma manera, los métodos de evaluación de impacto tienen que servirse de valoraciones monetarias. Pero eso resulta difícil en los ámbitos ajenos al mercado. Es más, aun cuando pudiera hallarse un cierto mercado para determinados bienes (salud, medio ambiente), no hay seguridad de que, en relación con éstos, se tengan suficientemente en cuenta los intereses de las próximas generaciones. En otras circunstancias, cuando los mercados no existen, ¿cómo debemos definir lo que se está dispuesto a pagar?[27] Igualmente, es necesario determinar los precios implícitos de los trabajos domésticos, con todas las dificultades comunes a tales ejercicios.

Los métodos de evaluación de impacto suponen (en cuanto análisis económico del Derecho) que el mundo es predecible. Como el análisis económico del Derecho sólo contempla el mercado en términos de equilibrio, no hay problemas de coordinación o cuestiones de generación de conocimiento, como en la perspectiva austríaca, para la que el mercado debe ser concebido como un proceso. En consecuencia, «el problema social fundamental por lo tanto es cómo organizar las instituciones sociales, legales y económicas con el fin de maximizar la riqueza social en equilibrio»[28].

¿Proporciona el análisis económico herramientas eficientes para explicar las decisiones del no-mercado? Una respuesta la podría dar la definición de economía de Becker. Para él, el análisis económico claramente no se restringe a bienes o deseos materiales, ni siquiera para el sector del mercado[29]. En otras palabras, es posible desarrollar un análisis económico de opciones de no-mercado. En el momento en que la escasez de recursos entra en juego, la economía es capaz de explicar y de paso pronosticar las decisiones

---

[27] La riqueza en el sentido de la Escuela de Chicago no se limita a los precios de mercado. También abarca el excedente del consumidor que se evalúa por la diferencia entre la disposición del consumidor a pagar y el precio de mercado. De igual manera, la riqueza global incluye el excedente del consumidor (por ejemplo, las ganancias derivadas de la transacción).

[28] T. J. Zywicki y A. B. Sanders (2008), *op. cit.*

[29] G. S. Becker (1976), *The Economic Approach to Human Behavior*, The Chicago University Press, Chicago.

humanas[30]. En consecuencia, el análisis económico podría utilizarse en la evaluación de impacto aun cuando la norma no se refiera directamente a la regulación del mercado.

Estas consideraciones, sin duda, van más allá de las relaciones entre el análisis económico del Derecho y sus evoluciones teóricas, de un lado y, de otro, los métodos de evaluación de impacto. Sin embargo, si tenemos en cuenta que las relaciones entre el Derecho y la Economía, y, más en concreto, el análisis económico del Derecho, se inscriben en el fundamental propósito de evaluar la influencia de las normas jurídicas en el proceso económico y tal vez de diseñar normas óptimas para lograr un determinado objetivo de una política (óptimo en términos de maximización del bienestar), parece que esta lógica se halla indisociablemente unida a la filosofía de la evaluación de impacto.

En ese sentido, el propósito de los métodos de evaluación de impacto se podría resumir en el objetivo que R. Posner propusiera en el *Journal of Legal Study* en 1972, en respuesta a la búsqueda de una teoría sobre la adopción de decisiones jurídicas[31]. La participación cada vez mayor del economista en el diseño de las normas jurídicas, a través de la evaluación preliminar de impacto *ex ante*, responde a la conciencia de la importancia de tales normas en el proceso económico. En la medida en que los economistas han dejado de ver las normas jurídicas como algo que viene dado, para contemplarlas como objeto de análisis, podrán utilizarlas como variables de la acción para mejorar la eficiencia económica.

---

[30] La economía «es el estudio de la distribución de medios escasos para satisfacer fines competitivos».

[31] R. POSNER (1972), «An Afterword», *Journal of Legal Studies*, vol. 1, n° 2, pp. 437-440.

CAPÍTULO TERCERO

EVALUACIÓN DE IMPACTO Y ANÁLISIS COSTE-BENEFICIO: ¿QUÉ ES LO QUE IMPLICAN PARA LA FORMULACIÓN DE POLÍTICAS Y REFORMA DEL DERECHO?

SUSAN ROSE-ACKERMAN[*]

[*] Henry R. Luce Professor of Jurisprudence (Law and Political Science), Yale University. El presente capítulo fue preparado para la conferencia en el *Workshop on Regulatory Impact Assessments* organizado por Jean-Bernard Auby en Sciences Po, París. Para un mayor abundamiento del análisis coste-beneficio, véase el artículo de la autora: «Putting Cost-Benefit Analysis in Its Place: Rethinking Regulatory Review», *U. Miami L. Rev.* (2011).

ÍNDICE

Traducción realizada por Alicia Saavedra Bazaga.

I. INTRODUCCIÓN

L A evaluación de impacto constituye ya un mandato legal en Francia[1], como ya se ha observado. Ahora bien, ¿qué

---

[1] A propósito del control del procedimiento legislativo y la preocupación por legislar mejor, ha de tenerse en cuenta, en efecto, la reforma constitucional francesa del art. 39, operada en 2008: «ARTICULO 39(1). La iniciativa legislativa pertenece conjuntamente al primer ministro y a los miembros del Parlamento. Los proyectos de ley serán deliberados en Consejo de Ministros previo dictamen del Consejo de Estado y presentados ante la Mesa de una de las dos Cámaras. Los proyectos de leyes de Presupuestos y de leyes de financiación de la Seguridad Social serán sometidos en primer lugar a la Asamblea Nacional. Sin perjuicio del párrafo 1 del artículo 44, los proyectos de ley cuya finalidad principal sea la organización de las entidades territoriales serán previamente sometidos al Senado. La presentación de los proyectos de ley ante la Asamblea Nacional o el Senado cumplirá las condiciones fijadas por una ley orgánica. Los proyectos de ley no podrán inscribirse en el orden del día, si la Conferencia de los Presidentes de la primera Cámara solicitada consta que no se han observado las normas fijadas por la ley orgánica. En caso de desacuerdo entre la Conferencia de los Presidentes y el Gobierno, el Presidente de la Cámara correspondiente o el primer ministro podrá elevar consulta al Consejo Constitucional, que se pronunciará en el plazo de ocho días. En las condiciones previstas por la ley, el Presidente de una Cámara podrá someter al dictamen del Consejo de Estado, antes del examen en comisión, una proposición de ley presentada por uno de los miembros de dicha Cámara, excepto si este último se opone». La Ley Orgánica a que hace referencia en el citado art. 39 fue aprobada el 15 de abril de 2009: nº 2009-403 (Loi organique nº 2009-403 du 15 avril 2009 relative à l'application des articles 34-1, 39 et 44 de la Constitution) y en ella se establece que la evaluación de impacto ha de acompañar al proyecto de ley para su examen en el seno del Consejo de Estado (una explicación en la OCDE: www.oecd.org/dataoecd/30/7/45706697.pdf, p. 39). El procedimiento –aquí, de carácter legislativo– permite un mayor control tanto de las Cámaras, como del Consejo de Estado y, en su caso, del Consejo Constitucional. En el debate constitucional, se

supone eso en la realidad?[2] Sobre este tema, desde luego, la última palabra la tiene el Consejo Constitucional, puesto que se encuentra implicado en ese proceso. Mientras tanto, los políticos y los analistas políticos necesitarían confrontar las expectativas y las ambigüedades del nuevo sistema. La función básica y fundamental de la evaluación de impacto consiste en realizar políticas públicas que sean capaces de generar beneficios netos, al mismo tiempo que mejoren el control y rendición de cuentas de los poderes públicos e incorporen en el proceso otros valores relevantes[3]. En la Unión Europea y en la OCDE, se vislumbra el inicio de una corriente a favor de la evaluación de impacto. Ello no obstante, la evaluación de impacto requiere de un examen crítico antes de tenerla por consolidada[4]. En ese contexto, mi contribución crítica se con-

---

ha planteado el principio de buena elaboración y la necesidad de que el Derecho sea claro, accesible y comprensible [Nota del editor].

[2] Véase, además de la nota anterior, el capítulo primero [Nota del traductor].

[3] Sobre evaluación de impacto en los estados miembros de la Unión Europea, véase Andrea RENDA, *Impact Assessment in the EU* (2006); Jonathan B. WIENER, «Better Regulation in Europe», 59 *Current Legal Probs.* 447 (2006). Para material sobre la iniciativa de evaluación de impacto de la Unión Europea consúltese *Evaluación de Impacto–Documentos Clave*, Comisión Europea, http://ec.europa.eu/governance/impact/key_docs/key_docs_en.htm (última actualización: 28 de septiembre de 2010).

[4] Para argumentos que sostienen que el coste-beneficio ya se ha convertido en, y debe seguir siendo, una herramienta rutinaria en la formulación de políticas, véase Richard L. REVESZ & Michael A. LIVERMORE, *Retaking Rationality: How Cost-Benefit Analysis Can Better Protect the Environment and Our Health* (2008); Cass R. SUNSTEIN, *The Cost-Benefit State: The Future of Regulatory Protection* (2002); John D. GRAHAM, «Saving Lives Through Administrative Law and Economics», 157 *U. Pa. L. Rev.* 395, 456-83 (2008) en 515-16. Pero véase a Frank ACKERMAN & Lisa HEINZERLING, *Priceless: On Knowing the Price of Everything and the Value of Nothing* (2004); Sidney A. SHAPIRO & Robert L. GLICKSMAN, *Risk Regulation at Risk: Restoring a Pragmatic Approach* (2003). Sobre la calidad del análisis coste-beneficio del Gobierno véase Robert W.

creta en la comparación entre la nueva evaluación de impacto en Francia, de un lado y, de otro, el debate sobre el papel que ha de asumir el análisis coste-beneficio (CBA en sus siglas en inglés), tanto en la realización de políticas públicas, como en la política regulatoria[5], en los EE. UU.

Una enmienda de la Constitución francesa, de 23 de Julio de 2008, ha dispuesto que mediante ley orgánica se ha de regular el procedimiento de presentación de los proyectos de ley en la Asamblea Nacional o en el Senado. «Cuando no se cumpla tal requisito, los proyectos no se incluirán en el orden del día. En caso de desacuerdo entre la Conferencia de los Presidentes y el Gobierno, el Presidente de la Cámara correspondiente o el primer ministro podrá elevar consulta al Consejo Constitucional» (Artículo 39). Este genérico requisito fue concretado en la Ley Orgánica de 15 de abril de 2009, que entró en vigor en el otoño de 2009[6], y en cuya virtud resulta obligado someter a evaluación de impacto cualquier proyecto de ley que el Gobierno presente al legislador. Tal evaluación de impacto debe acometerse antes de que el proyecto sea sometido a dictamen del Consejo de Estado. Una vez evacuado éste, la evaluación se adjunta al proyecto de ley que se envía al Parlamento, como documento público accesible a cualquiera que desee consultarlo, dentro o fuera de las cámaras legislativas. La asamblea dispone de diez días

---

HAHN & Patrick M. DUDLEY, «How Well Does the U.S. Government Do Benefit-Cost Analysis», 1 *Rev. Envtl. Econ. & Pol'y* 192 (2007).

[5] Sobre el concepto de política o reforma regulatoria, hemos de remitirnos a la OCDE y a los estudios y propuestas que se publican bajo sus auspicios, tanto en papel como en la página web oficial [Nota del editor].

[6] Loi Organique relative à l'application des articles 34-1, 39 et 44 de la Constitution, n° 2009-403, article 8.

para determinar si la evaluación de impacto resulta adecuada (artículo 9 de la Ley Orgánica) y puede decidir, discrecionalmente, si las enmiendas de los miembros del Parlamento tienen que someterse a su vez a una evaluación previa a su debate (artículo 15 de la Ley Orgánica).

La Ley explica lo que una evaluación de impacto debe contener. Según su artículo 8, la evaluación de impacto ha de detallar en concreto los siguientes puntos:

- En qué forma la ley resulta conforme con la legislación de la Unión Europea en vigor o en preparación, y cuál es su impacto en el sistema jurídico interno;
- el estado en que se encuentra la aplicación de la ley a nivel nacional en las áreas o ámbitos que contempla el proyecto de ley;
- las cuestiones de Derecho transitorio que la medida depara;
- las condiciones de aplicación a nivel de las autoridades locales y de los territorios de Ultramar;
- la evaluación de los impactos económico, financiero, de empleo y medioambiental y los costes financieros, así como de beneficios esperados de las disposiciones previstas para cada categoría de Administración pública y personas naturales y legales afectadas, indicando el método de cálculo utilizado;
- la evaluación de las consecuencias de las medidas previstas sobre el sector de empleo público;
- las consultas llevadas a cabo antes del dictamen del Consejo de Estado; y
- la lista provisional de la implementación de la legislación necesaria[7].

---

[7] Loi organique n° 2009-403 du 15 avril 2009 relative à l'application des articles 34-1, 39 et 44 de la Constitution, article 8. La traducción se toma de la OCDE, *Legislar Mejor en Europa: Francia*, 2010, pp. 109-110. Véase también el trabajo de Jean Maïa en el presente volumen.

Para un observador norteamericano, esta reforma resulta sorprendente y será de sumo interés comprobar en qué forma la evaluación de impacto regulatorio realmente afectará al proceso legislativo. En Francia, pese a que a la evaluación de impacto es un concepto todavía poco arraigado, en un solo paso se ha adquirido el compromiso de una aplicación generalizada de esta técnica, en un «momento procesal» de alto nivel político, cual es la elaboración de los anteproyectos de ley. Esto contrasta notablemente con lo que ocurre en Estados Unidos. Aunque cualquier Administración norteamericana podría respaldar sus propuestas con datos y argumentos, y aunque el Congreso cuente con unos recursos personales superiores a los de la mayoría de los parlamentos, el proceso de presentación, discusión y aprobación de las leyes en los EE. UU. No se rige por normas legales vinculantes más allá de la necesidad de que ambas cámaras aprueben un proyecto de ley por mayoría de votos y que lo firme el presidente (o que el voto de dos tercios en cada cámara le hagan superar su veto) antes de que se convierta en ley.

Aunque la Ley Orgánica francesa nominalmente sea procedimental, sus requisitos tienen implicaciones sustantivas. El Gobierno debe evaluar los impactos de carácter económico, financiero, laboral y ambiental, así como calcular los costes y beneficios financieros. Y debe hacerlo de forma transparente aun cuando sus métodos de cálculo puedan cuestionarse. El Consejo de Estado ya no es el único ni el principal árbitro de la calidad legislativa; no obstante conserva la posición preeminente de revisar los borradores antes de que se presenten al Parlamento. La diferencia estriba en que el proyecto que se envía al Parlamento es susceptible de críticas más inteligentes, tanto dentro como fuera de las cámaras en virtud de la evaluación de impacto y de la información que proporciona el Gobierno. Los grupos de representación de intereses y los ciudadanos interesados no están legitimados para impugnar la calidad de los análisis de impacto; sólo los presidentes de las cámaras pueden cuestionar el análisis de la evaluación de impacto regulatorio ante el Consejo Constitucional para que se pronuncie sobre su idoneidad. Esta opción debería proporcionar un control limitado sobre el Gobierno, aunque el Consejo Constitucional pueda no estar bien equipado para una tarea de revisión que requiere conocimiento experto en ciencias económicas y sociales.

En cualquier caso, resulta importante observar el proceso de aplicación y cumplimiento de la precitada Ley orgánica. Se trata de un estudio complicado, por la confusión sustancial de lo que supone llevar a cabo una evaluación de impacto. Esas incertidumbres, con todo, han de despejarse de manera resuelta, puesto que, de lo contrario –si para cada caso se define de un modo diferente–, quedaría bloqueada la entera práctica de la evaluación de impacto regulatorio. La OCDE, que ha sido una firme defensora de la evaluación de impacto, aquí no nos sirve de mucha ayuda, puesto que se limita a hacer una lista de los diferentes objetivos de una evaluación de impacto sin hacer frente a los conflictos que podrían plantearse en el caso concreto. Su informe de la primavera de 2010 sobre los progresos realizados en Francia constituye un documento muy útil que analiza y critica las acciones del Estado francés, pero descuida las tensiones que se producen en el corazón de la evaluación de impacto[8].

Es necesario resolver éstas tensiones, pero no pretendo ser yo quien lo haga en tan breve ensayo. Más bien lo que se pretende no es más que describir los diversos aspectos de la evaluación de impacto, mostrar cómo pueden entrar en con-

---

[8] OECD, *Legislar Mejor en Europa: Francia* (2010).

flicto, para luego centrarme en los puntos fuertes y débiles del análisis coste-beneficio de carácter formal, de modo que sirva para enmarcar la orientación de la evaluación de impacto en Europa. Mi objetivo es proporcionar cierto equilibrio y ponderación al debate sobre el análisis coste-beneficio, que suele llevarse a cabo en ambos lados del Atlántico de una manera excesivamente ideológica.

II. CRITERIOS PARA EVALUAR IMPACTOS Y EL RESPETO AL PRINCIPIO DEL ANÁLISIS FUNCIONAL

En esencia, la evaluación de impacto resulta indicativa de la preocupación por la eficacia funcional del Derecho. El Estado debe evaluar las leyes y los reglamentos para determinar qué efectos tendrán sobre el comportamiento humano y si lograrán beneficios públicos. Tema éste que en sí no parece cuestionable. La evaluación de impacto no se concentra en las propiedades formales del Derecho, sino en lo que éste hace, consigue o genera. El orden, la certidumbre, la claridad en los proyectos y la coherencia tienen valor en cuanto medio para un fin, no como fines en sí mismos. La mayoría de los estudios sobre evaluación de impacto incluyen tanto disposiciones conducentes a lograr la transparencia y la participación pública previas a la proposición de nuevas normas jurídicas, como a la evaluación *ex post*. Pero, ¿qué criterios han de tenerse en cuenta para evaluar los impactos? He ahí la controversia.

Algunos análisis coste-beneficio, como sucede en Estados Unidos, obedecen a las preocupaciones de la comunidad empresarial, cuyo interés fundamental consiste en la reducción de la burocracia y de las cargas administrativas. Por ejemplo, el informe de la OCDE sobre Francia pone de manifiesto el problema de la superposición normativa en detrimento de las necesidades de simplificación y de racionalización del Derecho en beneficio de las empresas[9]. La clasificación de los informes del *World Bank's Doing Business* se ha diseñado explícitamente para que las calificaciones altas las obtengan aquellos procedimientos que sean económicos y rápidos, con independencia de los beneficios sociales que deriven de esas normas[10]. Ésta es la evaluación de impacto como reflejo de una filosofía liberal que entiende que menos es más con respecto a la acción del Estado. En efecto, puede ser que Francia tenga muchas normas jurídicas que sirven de poco, pero sería demasiado pretencioso afirmarlo de forma absoluta y unilateral cuando sólo se ha analizado desde un punto de vista. Por lo tanto, habría que adoptar una posición más responsable, defendiendo la evaluación del coste-beneficio tanto de las normas existentes como de las propuestas, de tal manera que se pudiera comprobar si los beneficios superan los costes. Pero no debe darse por hecho que los beneficios vayan a ser pequeños sólo porque los costes sean gravosos.

Sea como fuere, desde el momento en que se plantea llevar a cabo el balance coste-beneficio, surge el problema de cómo medir unos y otros. En efecto, ¿cómo se debe valo-

---

[9] *Ibíd.* Capítulo 5, las páginas 120-141 se ocupan de la simplificación de la legislación.

[10] Banco Mundial, «Doing Business Report» de 2011, disponible en el siguiente enlace http://www.doingbusiness.org/.

rar la salud y la vida? ¿Cómo podría descontarse el futuro? ¿Cómo se deben medir valores intangibles, como los culturales y los estéticos? Además, ¿cómo se sumarían los beneficios y los costes que provengan de diferentes personas y empresas? ¿Se debería tener en cuenta la distribución de los beneficios y costes? La ley francesa le exige al Gobierno que calcule los beneficios y costes «para cada categoría de la Administración pública, y para las personas físicas y jurídicas afectadas». Pero, ¿qué significa eso? La Ley no requiere un análisis coste-beneficio formal que busque maximizar los beneficios netos. No obstante, el uso del término «coste-beneficio» parecería sugerir o evocar algo en tal sentido. La Ley, sin embargo, no proporciona ninguna orientación sobre cómo proceder. La controversia sobre qué papel ha de corresponderle al análisis coste-beneficio en la formulación de políticas públicas pone de manifiesto las profundas tensiones existentes entre los valores económicos y los políticos.

Tanto en la Ley Orgánica como en los debates sobre «Regular Mejor» (*Better Regulation*) de la OCDE se suscitan igualmente otros tres temas que se resuelven en diferentes direcciones.

En primer lugar, los estudios en los que se discute la evaluación de impacto se refieren con frecuencia a la relevancia de la consulta pública, y la Ley exige que se acredite que el Gobierno ha emprendido amplias consultas, que se garantice la participación del público en general, y que se evite al mismo tiempo la captura por parte de los intereses sectoriales o particulares[11]. Si bien una mayor apertura y participación están en consonancia con los va-

---

[11] Loi Organique, *supra* nota 6, artículo 8; OCDE *supra* nota 7, capítulo 3, en 68-85.

lores democráticos, también pueden entrar en colisión con el uso de técnicas basadas en datos y el conocimiento técnico, cuando los participantes resultan estar mal informados o la muestra tomada de la población es sesgada, o se dan ambas cosas.

En segundo lugar, la evaluación de impacto a veces se confunde con la nueva gestión pública (*new public management*), a la que se hace referencia en otros capítulos, esto es, una técnica para realizar programas públicos que trata de adaptar valores del sector privado en la burocracia estatal mediante la introducción de prácticas tales como la gestión por resultados y el pago de incentivos para los funcionarios públicos, así como la externalización de determinados servicios mediante la contratación pública[12].

En tercer lugar, en ocasiones se traen a la evaluación ciertos valores jurídicos puramente formales, sobre todo cuando se les confía el seguimiento y su implementación a los abogados tradicionales. El documento de la OCDE eventualmente refleja este último conjunto de valores, pese a que, en la práctica, pueden estar en abierta tensión con el análisis funcional del Derecho, principio fundamental de la evaluación de impacto[13].

III. IMPLICACIONES DEL ANÁLISIS COSTE-BENE-FICIO EN EL CONTEXTO DE LA EVALUACIÓN DE IMPACTO REGULATORIO

En el presente capítulo, no pretendo resolver estas tensiones, sino más bien ayudar a los operadores jurídicos y académicos a entender las implicaciones que conllevaría

---

[12] Loi Organique, *supra* nota 6, artículo 8; OECD *supra* nota 7, capítulo 5, donde se describe el trabajo del Director General para la Modernización del Estado (DHME).

[13] OCDE, *supra* nota 7, capítulo 5, en 120-141.

adoptar el análisis coste-beneficio como parte de la evaluación de impacto. Es cierto que la Ley Orgánica sólo exige que los costes y beneficios se calculen, no establece un método particular para la agregación de datos. No obstante, una vez calculado el valor monetario de costes y beneficios, parece natural la identificación de la política que maximice los beneficios netos. Por tanto, es importante que analistas y políticos entiendan las implicaciones de llevar a cabo tal ejercicio. Ello supone en el fondo un compromiso de carácter «normativo», es decir, sobre lo que ha de hacerse o no, sobre el «deber ser», a menudo defendible, aunque en otros contextos puede colisionar con importantes valores públicos. La evaluación de impacto tiene la ventaja de llevar el pensamiento jurídico más allá de una preocupación por el carácter puramente formal del Derecho, abriendo así un debate en el Derecho Público sobre cómo juzgar la calidad de las leyes y las normas reglamentarias. El test del coste-beneficio de la maximización de los beneficios netos constituye uno de los criterios, pero no es el único, incluso en los casos en los que los datos sobre costes y beneficios pueden calcularse con seguridad.

En Estados Unidos los análisis coste-beneficio se realizan rutinariamente para todo tipo de políticas. Una Orden Ejecutiva, a la que se ha hecho alusión en el presente volumen[14], ha establecido la obligación de tales análisis previos para todas aquellas normas de mayor calado o importancia dictadas por las agencias más relevantes y de las que se espere un impacto en la economía de al menos cien millones de dólares al año. La Oficina de Asuntos de Información y Re-

---

[14] Entre otros, en el capítulo primero.

gulación (*The Office of Information and Regulation*, OIRA en adelante, por sus siglas en inglés), dependiente de la Oficina Ejecutiva del Presidente, es la encargada de examinar esos informes y consultar con las autoridades y personal responsables de la regulación las formas para mejorar el análisis y hacer una política que refleje estos principios, de conformidad con la ley[15]. Aunque el nombramiento del director de la OIRA ha de ser confirmado en el Senado, la obligación del análisis coste-beneficio en sí se encuentra en la Orden Ejecutiva mencionada, que, como tal, podría ser unilateralmente revocada o modificada en cualquier momento por el Presidente de los EE. UU. Además, la Orden Ejecutiva sólo requiere de un estudio. Lo que no puede exigir es que una Administración o agencia apruebe una norma que maximice los beneficios netos, si ello fuera incompatible con el respec-

---

[15] Véase Orden Ejecutiva n º 12.866 § § 3 (d) - (e), 3 (f) (1), 6 (a) (3) (C), 3 C.F.R 638, 641, 645-46 (1993), reimpreso en su versión modificada en 5 U.S.C. § 601 (2006). Estas secciones de la orden ejecutiva requieren que las agencias realicen un análisis de coste-beneficio para todas aquellas reglas propuestas y definitivas que tengan «un efecto anual sobre la economía de al menos 100 millones de dólares o un efecto desfavorable significativo para la economía en general, un sector de la economía, la productividad, la competencia, el empleo, el medio ambiente, la salud o la seguridad pública, o para el Estado, Gobiernos locales, o Gobiernos o comunidades tribales». *Id.* § 3 (f)(1). Para el seguimiento de las actividades actuales de la OIRA, consúltese *Office of Information and Regulatory Affairs*, Whitehouse.gov, http://www.whitehouse. gov/omb/inforeg_default (última visita: 7 de octubre de 2010). La orden ejecutiva no se aplica a las agencias independientes, como la Comisión Federal de Comercio o la Comisión Federal de Comunicaciones, pero muchas de ellas han creado oficinas de análisis de políticas para revisar regulaciones y otras políticas. Véase también Thomas O. McGarity, *Reinventing Rationality: The Role of Regulatory Analysis in the Federal Bureaucracy* 18 (1991); Steven Croley, «White House Review of Agency Rulemaking: An Empirical Investigation», 70 *U. Chi. L. Rev.* 821, 824–30 (2003); Sidney A. Shapiro & Christopher H. Schroeder, «Beyond Cost-Benefit Analysis: A Pragmatic Reorientation», 32 *Harv. Envtl. L. Rev.* 433, 446-47 (2008); Graham, *supra* nota 4, en 456-83.

tivo mandato legal de esa Administración o agencia, que es lo que a menudo sucede. Esta Orden Ejecutiva no se aplica a los programas de gasto, a menos que se administren mediante normas, ni a las normas dictadas por agencias independientes, como la Comisión Federal de Comunicaciones o la Comisión de Bolsa y Valores. A diferencia de la situación actual en Francia, los proyectos de leyes presentados por el Ejecutivo al Congreso no necesitan incluir una evaluación de impacto. Por tanto, el análisis coste-beneficio se ha institucionalizado en EE. UU., al menos para las normas más importantes, pero, más allá de unos pocos textos legales, no cuenta con un sustento jurídico formal.

¿Cuándo constituye el análisis coste-beneficio una herramienta apropiada para la evaluación de políticas públicas? En este capítulo sostengo que el análisis coste-beneficio representa una técnica valiosa para los responsables de elaborar las políticas públicas en EE. UU. y en Francia y la Unión Europea, por ceñirnos a los casos de estudio más detallado, pero que hay una serie de problemas actuales que no encajan bien en el modelo del análisis coste-beneficio. En particular, el cambio climático, los riesgos de accidentes nucleares, y la preservación de la biodiversidad pueden tener efectos catastróficos e irreversibles a muy largo plazo. El análisis coste-beneficio es adecuado para muchas cuestiones convencionales de política pública que tienen un efecto limitado pero significativo en la sociedad a corto y medio plazo. La mejor analogía sería la de las decisiones que toman las grandes empresas cuando planean cómo invertir para maximizar los beneficios en el tiempo. En tales casos, tanto las agencias públicas como las empresas tratan de maximizar el valor esperado de las ganancias netas, manteniéndose constantes las condiciones en el resto del mundo[16]. Sin embargo, no sería una

[16] Para una introducción clásica al análisis de coste-beneficio, véase E. J. Mishan, *Cost Benefit Analysis* (edición nueva y ampliada de 1976); E. J. Mishan

analogía adecuada para las políticas públicas con un impacto global significativo. Por tanto, la práctica de la evaluación de impacto en Francia no debe suponer la importación del análisis coste-beneficio al por mayor para todos los proyectos de leyes; si estamos o no ante una técnica apropiada, dependerá de la naturaleza que subyace al problema de cada política pública.

Yo abogo por un papel limitado del análisis coste-beneficio por dos razones. En primer lugar, el análisis coste-beneficio debe usarse para evaluar unas específicas políticas y no todas, e incluso en estos casos debe complementarse con opciones sustantivas o elección de valores que no derivan ni son dictados por la economía del bienestar. En segundo lugar, el análisis coste-beneficio presenta un marco empobrecido en lo que hace a la dimensión normativa, respecto de aquellas opciones políticas que no entran en esa primera categoría. En tales casos, la política pública debe llevarse a cabo por otros motivos y razones, a pesar de que la consideración de los costes y beneficios de un programa sea, obviamente, un requisito para la sana formulación de políticas públicas.

No quiero que se me malinterprete. No estoy argumentando en favor del retorno a una visión estricta y formal del Derecho. Más bien estoy en favor de un análisis tecnocrático –esto es, basado en un conocimiento experto–, como el que dispone la Ley Orgánica francesa, que mide los costes y beneficios de la manera más precisa posible, y que establece la utilización de estos datos para la adopción de decisiones

& Euston Quah, *Cost Benefit Analysis* (5ª ed., 2007) (1976). Para la consulta de un texto más utilizado en las escuelas de política, en que se presentan los aspectos básicos, véase David L. Weimer & Aidan R. Vining, *Policy Analysis* (5ª ed., 2011).

inteligentes de política pública[17]. Sin embargo, los problemas surgen cuando en la búsqueda de *la* única y «mejor» política pública posible, los analistas se ven obligados a hacer suposiciones controvertidas simplemente con el objetivo de generar una respuesta que «maximice» el bienestar social. El debate a menudo confunde dos problemas que se encuentran relacionados. Primero, los analistas han de dar respuesta a un conjunto de cuestiones conceptuales difíciles de resolver aun cuando esta técnica resulte adecuada porque se proyecte sobre ámbitos donde cabe hacer planteamientos de carácter prescriptivo. Y, en segundo lugar, en un plano de mayor dificultad aún, se sitúa el conjunto de problemas que afecta al núcleo de la técnica y la convierte en un indicador inadecuado para el análisis de algunas cuestiones de política pública.

En primer lugar, pues, hay problemas aun en los supuestos en que la maximización del beneficio neto constituya un objetivo público plausible. Es decir, en el mejor de los casos para la perspectiva del análisis coste-beneficio, el programa trata de corregir un fallo en los mercados privados, y las consecuencias distributivas de la ley no constituyen una preocupación prioritaria. En términos globales, los efectos distributivos serían pequeños, y aún en el caso de que fueran grandes, se orientan hacia una dirección igualitaria, como cuando una normativa limita el poder de monopolio de las grandes empresas. Aquí, los principales problemas residen en las dificultades de medición, que son de tal entidad a veces que ni el mejor análisis o consulta con los expertos pueden resolverlos. Me

---

[17] Véase, por ejemplo, mi defensa del análisis coste-beneficio como norma de fondo para ser aplicada por los tribunales a la revisión de las regulaciones diseñadas para corregir un fallo de mercado en Susan ROSE-ACKERMAN, *Rethinking the Progressive Agenda: The Reform of the American Regulatory State* (1992). Sunstein afirma que, aunque de forma más débil y modificada, esto es lo que los tribunales ya vienen haciendo (SUNSTEIN, *supra* nota 4, en 31-89).

refiero sobre todo a los debates sobre la tasa de descuento apropiada para los beneficios y costes futuros; los esfuerzos para tener en cuenta las actitudes ante el riesgo; o los problemas acuciantes de la medición del valor de la vida humana, de los beneficios estéticos y culturales, y del daño para el mundo natural. Las disputas sobre estos temas desembocan en profundas cuestiones filosóficas (por ejemplo, la valoración de las generaciones futuras *versus* el equilibrio del capital y del trabajo en la producción de bienes y servicios; el reconocimiento del valor de más años de vida frente a la «vida» en sí misma; las preferencias en materia de riesgo; el espacio que han de tener la cultura, los ecosistemas o los bienes naturales). Estas cuestiones no tienen respuestas «correctas» a la luz del análisis económico. Quedarían oscurecidas si se situaran bajo la rúbrica del análisis coste-beneficio. Las autoridades y personal responsable deben resolverlos de manera transparente y en términos políticos.

A veces, una determinada política pública puede considerarse mucho mejor que otras a la luz de una serie de criterios y premisas. Los tests de sensibilidad pueden explorar esta posibilidad. No hay necesidad de resolver los difíciles problemas conceptuales y filosóficos que estas cuestiones encierran, si el resultado pretendido no depende de la elección de una tasa de descuento o del valor dado a la vida humana. Tales tests deberían formar parte de la rutina y de la caja de herramientas del análisis y de las opciones presentadas a los responsables finales de elaborar las políticas públicas.

En segundo término, muchas políticas plantean importantes cuestiones de justicia distributiva, de derechos fundamentales y de equidad, especialmente entre generaciones. Hablar de «maximización de beneficio neto» no es de mucha ayuda a la hora de arrojar luz sobre aquéllas. Estas cuestiones suscitan de entrada problemas de medición, si bien las dificultades respecto del análisis coste-beneficio son más profundas. Aun en el supuesto de que todo fuera susceptible de una medición precisa, el análisis coste-beneficio no sería un indicador adecuado. No resultan muy acertados los intentos de agregar cargas distributivas al análisis coste-beneficio, ya que esta idea presupone que los expertos, sobre todo los economistas, pueden resolver cuestiones de justicia distributiva[18]. Las consecuencias distributivas de las políticas deberían formar parte del debate público sobre las políticas públicas, con la ayuda, eso sí, del conocimiento experto para enmarcar las consecuencias distributivas de las distintas políticas. El principal problema analítico resulta familiar para los estudiosos del impacto de los impuestos. El portador de un coste nominal puede pasar algunos de los costes a otros. Los impactos distributivos normalmente son difíciles de medir y de trazar.

En esta segunda categoría se incluyen cuestiones de política pública de gran impacto, tanto para la sociedad actual, como para las generaciones futuras. Las decisiones que hoy se tomen pueden resultar irreversibles, o muy difíciles de cambiar, transfiriendo el riesgo a las generaciones venideras de padecer las consecuencias negativas que de ahí deriven. En estos casos, el marginal, marco micro-analítico característico del análisis coste-beneficio, ni siquiera es apropiado aunque uno se sitúe en un contexto utilitarista. Los problemas, como el cambio climático, los riesgos del almacenamiento de residuos nucleares o la pérdida de la biodiversidad, por poner algunos ejemplos, pueden ocasionar grandes impactos de cara al futuro, conllevando posibles, cuando no probables, catástrofes. De estas cuestiones emergen grandes

---

[18] Para ver un intento reciente de revivir el concepto de función de bienestar social (SWF) ponderada hacia aquéllos con bajos niveles de utilidad, consúltese Matthew D. ADLER, «Future Generations: A Prioritarian View», 77 *Geo. Wash. L. Rev.* 1478 (2009) (en adelante, Adler, *Future Generations*), véase también Matthew D. ADLER, «Risk Equity: A New Proposal», 32 *Harv. Envtl. L. Rev.* 1 (2008) (en adelante Adler, *Risk Equity*). Adler, sin embargo, no explica cómo debe ser construida una SWF, sólo que debería ser estrictamente creciente y cóncava en utilidades, y defiende que la SWF resultante, sin embargo derivada, debe ser sólo un factor en el proceso de decisión política.

temas económicos y sociales que requieren de un enfoque normativo diferente.

Voy a comenzar con aquellas situaciones en las que los criterios de coste-beneficio no parecen presentar problemas (al menos para aquéllos con algún tipo de formación en finanzas públicas), es decir, los esfuerzos del Gobierno para corregir las deficiencias del mercado causadas por factores tales como las externalidades o el poder monopolístico. A continuación, aludiré a programas cuyos objetivos van más allá de la eficiencia económica, y en los que la agencia u organismo regulador, si bien puede buscar soluciones rentables (*cost-efficient*), no puede reducir los fines de la política de que se trate a un mero ejercicio de maximización del beneficio neto. Por último, con base en estas críticas concluiré con propuestas para el uso moderado de criterios de coste-beneficio y de técnicas de análisis de política pública.

1. PRIMER CASO: CORREGIR FALLOS DEL MERCADO

Los mercados no siempre son eficientes. Así lo demuestra la tradición económica. Las externalidades, como la contaminación del aire y el agua, imponen costes que una empresa que maximiza el beneficio no tendría en cuenta, si no fuera porque está legalmente obligada a ello o por la amenaza de que, de no cumplir, incurriría en responsabilidad. Las empresas pueden tratar de ejercer el poder de monopolio, y las grandes barreras de entrada pueden imposibilitar la idea de la competencia. La información sobre riesgos y daños, o no suele estar disponible, o no es la adecuada al no haber sido procesada por personas expertas en la materia. Uno puede observar las leyes que tratan de corregir estos fallos del mercado a través de la lente de la eficiencia económica; se trata de leyes que pretenden corregir los problemas de mercados y sectores concretos no son aptas, en cambio, para hacer grandes consideraciones de justicia distributiva, que de ordinario conllevan una distribución global de los ingresos, riqueza y oportunidades económicas. Es cierto que algunas políticas pueden generar un impacto particularmente grave sobre un colectivo concreto, pero se trata de cuestiones colaterales que pueden ser resueltas. El análisis coste-beneficio se aplicó por primera vez a los proyectos de infraestructuras públicas en los Estados Unidos, y estos supuestos siguen siendo buenos candidatos hoy día para el análisis coste-beneficio, ya que cubren el vacío (o *gap*) que deja el mercado privado, al tiempo que se espera que contribuya a un funcionamiento eficiente de la sociedad.

Para estas políticas públicas, el objetivo consistente en hallar la solución económicamente más eficiente parece relativamente sencillo. El problema reside en la medición, no es una cuestión de principio o de base. Y, sin embargo, también aquí surgen cuestiones de principio, cuando se buscan los criterios de medición adecuados. En el nivel más básico, el objetivo se localiza en maximizar los beneficios netos de una política; ahora bien, ¿cómo se deben medir los beneficios y costes de tal manera que sean calculados en unidades que permitan la comparación? Jeremy Bentham, el máximo exponente del test coste-beneficio, pensaba que la utilidad individual se puede medir en cardinales, unidades interpersonales que sumadas conseguirían «la mayor felicidad del mayor número»[19]. Supongamos que los beneficios marginales caen a medida que aumenta la escala de la política y que se elevan los costes marginales. Ello significa que el bienestar alcanza su máximo donde los beneficios marginales de la política pública igualan los costes marginales. Dejando a un lado los debates sobre las implicaciones de este principio para la política sobre la población, el problema clave en la formulación de Bentham es que nadie sabe cómo medir la utilidad con el fin de permitir las comparaciones interpersonales. La utilidad no es una esencia que se puede medir en unidades como kilos y centímetros, y compararse entre personas[20]. Afortunadamente, la *Marginalist Revolution* de fines del siglo XIX, impulsada por las escuelas que desarrollaron las teorías de la utilidad marginal, pudo demostrar que era posible obtener los resultados clave en teoría económica prescindiendo de las comparaciones de la utilidad interpersonal cardinal, y presuponiendo que la gente podía elegir entre las opciones disponibles de manera coherente. Por su parte, la teoría de la preferencia revelada (*revealed-preference theory*), desarrollada en la microeconomía, pudo mostrar la consistencia de las relaciones de preferencia a partir del estudio de las opciones reales que los individuos eligen en el

---

[19] Jeremy BENTHAM, *An Introduction to the Principles of Morals and Legislation* 5 nº 1 (edición facsímil, 1907) (1823).

[20] Van Neumann y Morgenstern desarrollaron una manera de producir una escala de utilidad cardinal para las personas según sus preferencias reveladas sobre loterías, pero ésta no permite comparaciones interpersonales. Véase John VON NEUMANN & Oskar MORGENSTERN, *Theory of Games and Economic Behavior* (3ª ed., 1953). Para consultar críticas a este enfoque, véase Ken BINMORE, *Rational Decisions* 58-59 (2009).

mercado[21]. Sin embargo, esa revolución, elegante e importante como fue, dejó fuera de su consideración el análisis normativo de la política pública desde la perspectiva de la utilidad. ¿Cómo puede uno saber si una política es mejor que otra si no se pueden comparar los costes y beneficios obtenidos por personas diferentes en una única métrica? La eficiencia paretiana parecía ser lo único que quedaba, es decir, un conjunto de resultados posibles donde nadie puede mejorar sin que alguien más empeore. Todas las sociedades cuentan con muchos de esos supuestos, y en los que aunque no se malgasten recursos, la forma de asignación entre individuos resulta diferente. Se pueden identificar fallos de mercado que sitúen a la sociedad por debajo de la frontera de la eficiencia, aunque ello no impide un margen de posibles formas de avanzar hacia un resultado eficiente que pueda imponer costes a algunos y beneficios a otros.

Muchos resultados óptimos conforme al criterio de Pareto, no son desde esta perspectiva superiores al *status quo*; es decir, son eficientes, pero lograrlo impone costes para algunos y beneficios para otros. Sin embargo, limitar la política pública sólo a las opciones superiores en la escala de Pareto entraña un enorme peso normativo sobre el *status quo* de la distribución de recursos. Se tendría que argumentar que el *status quo* es tan justo y equitativo que nadie debería empeorar su situación para proporcionar beneficios sociales a la sociedad.

Los economistas llenaron ese vacío en la segunda mitad del siglo XX con el postulado de la «función de bienestar

---

[21] *Véase* Paul Anthony SAMUELSON, *Foundations of Economic Analysis* 90-124 (1948).

social» (*social- welfare function*) para representar la forma en que la sociedad de alguna manera habría decidido ponderar o equilibrar el bienestar de sus ciudadanos. Los responsables de la elaboración de políticas públicas han de aprovechar al máximo esta función sometida a la frontera de eficiencia de Pareto para producir la mejor opción posible, dados unos recursos limitados; un resultado llamado por algunos analistas económicos extrañamente «el punto óptimo de satisfacción» (*the bliss point*)[22]. El teorema de la imposibilidad de Kenneth Arrow demostró que tal función no existía en condiciones mínimas, algo que puede no haber sorprendido a los politólogos y a los políticos con experiencia en conflictos de intereses privados[23]. Los profesionales de la economía parecían retroceder hacia atrás en el tiempo para conformarse con la simple afirmación de que la política pública podría servir para corregir las fallas de mercado, pero con muy poco que decir sobre cuál podría ser la mejor opción[24].

El análisis coste-beneficio apareció justamente para llenar ese hueco (*gap*), en primer lugar, para la construcción de presas por el Cuerpo de Ingenieros del Ejército y luego para una más amplia gama de políticas públicas, entre las que ahora se incluyen las políticas regulatorias[25]. La idea bá-

---

[22] Véase *id.* en 219-28; Abram BERGSON, «A Reformation of Certain Aspects of Welfare Economics», 52 *Q.J. Econ.* 310 (1938).

[23] Véase Kenneth J. ARROW, *Social Choice and Individual Values* (1951).

[24] Un intento reciente de revivir el concepto por parte de Matthew Adler no ha resuelto el problema de las comparaciones interpersonales de una manera convincente. *Véase* Adler, *Future Generations, supra* nota 14; Adler, *Risk Equity, supra* nota 14.

[25] Sobre la historia temprana del análisis coste-beneficio en el Gobierno federal, véase *Public Expenditures and Policy Analysis* (Robert H. HAVEMAN & Julius MARGOLIS –Eds.–, 1970), donde se evalúa el estado del análisis de po-

sica era ceñirse al cálculo utilitarista de Bentham, aunque usando dólares o euros, como la unidad común de medida, en lugar de utilidades. Así y todo, hay un conocido problema con el dinero. Y es que no guarda una relación de uno a uno en relación con la utilidad o la felicidad. Una persona rica puede estar dispuesta a pagar más por un beneficio o evitar un coste, que una persona más pobre, simplemente porque tiene más dinero que gastar. Sin embargo, si el programa es pequeño en relación con el conjunto de la economía y no está especialmente orientado hacia, o fuera de, uno u otro grupo de ingresos, los precios de mercado constituyen una representación razonable del coste de oportunidad de los recursos utilizados para llevar a cabo la política. Podemos pensar en la política pública como si fuera un cambio marginal hacia la frontera de Pareto, enfatizando las consecuencias relevantes de carácter distributivo y tratando una y otra dimensión por separado[26].

Supongamos que ya hemos eliminado los temores y que estamos listos para llevar a cabo un análisis coste-beneficio que aísle los costes de oportunidad de un programa y cuantifique los beneficios. En otras palabras, se trata de ir más allá de los costes presupuestarios del Gobierno para cuestionar si hay otros costes sociales, y calcular los beneficios sociales. La primera tarea resulta poco problemática y consiste

---

líticas como técnica, utilizada en el Gobierno federal bajo el llamado sistema de planificación de la programación presupuestaria. Para ver una recopilación temprana de los estudios de coste-beneficio, consúltese *Measuring Benefits of Government Investments* (Robert Dorfman –Ed.–, 1965). La primera mención de balance de coste-beneficio se hizo en el «Flood Control Act» de 1936 (PL 74-738) que requería que «los beneficios que se devengaran excedieran los costes».

[26] *Véase* MISHAN & QUAH, *supra* nota 16; WEIMER & VINING, *supra* nota 16.

en detallar los costes y beneficios cualesquiera que sean las unidades disponibles, ya sean en dólares, cantidad de vidas que se esperaba salvar o perder, efectos sobre la salud, o beneficios para la naturaleza y respecto de objetos históricos o culturales. Estos beneficios y costes deben ser cuantificados anualmente de cara al futuro sin incertidumbres notables. Estos son los pilares fundamentales, y aunque resulta difícil criticar los esfuerzos realizados para acumular tal información, sí debe señalarse que la escasez de tiempo y dinero pueden limitar la calidad y la cantidad de estos datos.

Los casos más sencillos son aquéllos en los que hay un mercado razonablemente competitivo para que los analistas puedan utilizar precios de mercado a fin de medir los costes de oportunidad desde la premisa de que la política en sí misma no afecta a los precios de mercado. Por ejemplo, cuando el Cuerpo de Ingenieros de los EE. UU. considera si construir o no una presa, puede utilizar los precios de mercado del cemento, de la arena y de la mano de obra para estimar los costes. Los agricultores se benefician de agua de riego más barata. Ello puede traducirse en mayores rendimientos en los beneficios, medidos por el incremento de las ventas de productos agrícolas, dando por hecho que el proyecto no tiene impactos en el mercado global. El Cuerpo puede descontar el flujo de beneficios con respecto al presente, utilizando una tasa de descuento que refleje el coste de oportunidad del capital. Cabría criticar el limitado análisis, por cuanto centrado en la productividad agrícola y los costes tangibles, pero dada esta visión de los costes y beneficios relevantes, el Cuerpo puede confiar en el sistema de mercado para determinar los costes de oportunidad y los beneficios del proyecto.

Nótese la facilidad con la que surgen los problemas de medición en las áreas de regulación que no siguen el simple caso descrito anteriormente. Los precios de mercado no están disponibles para muchos beneficios y costes regulatorios, y los ingeniosos intentos de imitar el mercado están plagados de incertidumbre. Una posible tasa de descuento es el coste de oportunidad del capital, pero otros abogan por la tasa de los consumidores de preferencia temporal; tasas que, en nuestro mundo imperfecto, no necesitan ser equivalentes. Usando el coste de oportunidad del capital se asegura una proporción capital-trabajo para los programas del Gobierno en línea con los incentivos de inversión privada, de tal manera que el capital no esté sobre- o infrautilizado por el Gobierno. En la Unión Soviética surgió un problema similar, el de la naturaleza demasiado intensiva del capital en los proyectos de inversión, porque el capital, en la teoría marxista, no tenía ningún valor y, por lo tanto, se sobreutilizaba. Por otro lado, el uso de la tasa de preferencia temporal requiere que se conozca cómo los ciudadanos equilibran beneficios y costes presentes y futuros. Si los mercados de capitales tienen imperfecciones, estas tasas no necesitan ser iguales[27].

Si los beneficios que derivan de la corrección de las fallas del mercado se proyectan mucho hacia el futuro, la política pública deberá incorporar las preferencias de las generaciones futuras. La lógica del descuento significa que a estas preferencias se les da poco peso más allá de cincuenta años aproximadamente en relación a cualquier tasa de descuento cercana a la tasa a largo plazo de retorno de capital. Para la

---

[27] Para diferentes perspectivas articuladas en los artículos recogidos en un simposio de la *Revista de Derecho de la Universidad de Chicago* sobre la equidad intergeneracional y el descuento, consúltese Geoffrey HEAL, «Discounting: A Review of Basic Economics», 74 *U. Chi. L. Rev.* 59 (2007); Louis KAPLOW, «Discounting Dollars, Discounting Lives: Intergenerational Distributive Justice and Efficiency», 74 *U. Chi. L. Rev.* 79 (2007); Douglas A. KYSAR, «Discounting... on Stilts», 74 *U. Chi. L. Rev.* 119 (2007); Dexter SAMIDA & David A. WEISBACH, «Paretian Intergenerational Discounting», 74 *U. Chi. L. Rev.* 145 (2007); Cass R. SUNSTEIN & Arden ROWELL, «On Discounting Regulatory Benefits: Risk, Money, and Intergenerational Equity», 74 *U. Chi. L. Rev.* 171 (2007); W. KIP VISCUSI, «Rational Discounting for Regulatory Analysis», 74 *U. Chi. L. Rev.* 209 (2007).

mayoría de los programas regulatorios y de gasto convencionales, esto no plantea ningún problema especial. Las políticas públicas corrigen los fallos de mercado que benefician a las personas a relativamente corto plazo, y, lo que es más importante, no se generan situaciones irreversibles. Los efectos no amenazan a las generaciones futuras con catástrofes o con la posibilidad de malos resultados macroeconómicos. En términos generales, cabe presumir que las políticas públicas que hacen que la economía sea más eficiente y esté menos sujeta a externalidades negativas, en definitiva, serán políticas que las generaciones futuras querrán mantener. Sin embargo, las futuras generaciones podrán decidir si realmente continúan o no con tal política. Por ello, es necesario establecer una tasa de descuento o, al menos, llevar a cabo un análisis de sensibilidad usando una gama de tasas plausibles, pero el problema surge de las imperfecciones del mercado, no de controversias filosóficas profundas. Una condición clave es que la política pública sea reversible en el futuro, si los representantes así lo deciden. Los responsables de la elaboración de políticas públicas de hoy no están bloqueando futuros Gobiernos, ni sometiendo a las generaciones futuras a riesgos catastróficos irreversibles.

Una segunda cuestión de medición consiste en la gestión del riesgo. Muchas políticas, especialmente en el área de salud y seguridad, obtienen beneficios inciertos. Reducen el riesgo de cáncer o de enfermedad pulmonar por ejemplo, pero hay un gran margen de error en las estimaciones. Y aun en el supuesto en que se sepa el número real de casos con un alto grado de certeza, nadie puede saber *ex ante* quién va a enfermar en realidad. Estos dos tipos de riesgo plantean cuestiones de medición diferentes aunque relacionadas:

El caso más sencillo se produce cuando el riesgo se distribuye de forma general o amplia, y por igual, a toda la población, y la regulación reduce el riesgo de todos en igual medida. En tal caso, el beneficio esperado sería la disminución del riesgo multiplicado por el nivel medio de daño. Si el daño resulta cuantificable, el único problema aquí es la posibilidad de que las personas tengan diferentes actitudes hacia el riesgo. ¿Debemos usar valores esperados, que asuman la neutralidad del riesgo, o considerar que por lo general la gente tiene aversión al riesgo? Es éste un tema que se mueve entre la predicción de preferencias y la argumentación en favor de que el Gobierno adopte una actitud concreta ante el riesgo, al margen de la percepción estimada de lo que los ciudadanos puedan pensar.

Los casos más difíciles se presentan cuando la ciencia no proporciona una buena estimación del riesgo evitado mediante una determinada política pública. En tal hipótesis, el riesgo no se limita a la identificación de las víctimas, sino que incluye la incertidumbre acerca del nivel real de daño evitado[28]. ¿Cuál es el nivel de prevención que la regulación ha de alcanzar cuando hay posibilidades de que el daño evitado sea bastante pequeño? ¿Debe depender ese nivel de las estimaciones de la aversión al riesgo o, alternativamente, del miedo que las potenciales víctimas tendrían de salir perjudicadas?

Paradójicamente, puede ser más difícil aún realizar una política determinada en este contexto, si el Estado conoce las identidades de las víctimas, algunas de las cuales pueden salvarse dependiendo de rigor y ajuste de la política propuesta. Aquí, la mayoría no recibe ningún beneficio, y unos pocos reciben beneficios muy grandes,

---

[28] Véase, por ejemplo, el debate sobre la regulación de la Agencia de Protección Ambiental de arsénico en el agua potable. *Véase* ACKERMAN & HEINZERLING, *supra* nota 4, en 91-98, 111-14; Jason K. BURNETT & Robert W. HAHN, «A Costly Benefit: Economic Analysis Does Not Support EPA's New Arsenic Rule», *Reg.*, otoño de 2001, en 44; Lisa HEINZERLING, «Markets for Arsenic», 90 *Geo. L.J.* 2311 (2002); Cass R. SUNSTEIN, «The Arithmetic of Arsenic», 90 *Geo. L.J.* 2255 (2002); Richard WILSON, «Underestimating Arsenic's Risk: The Latest Science Supports Tighter Standards», *Reg.*, otoño de 2001, en 50.

que se traducen en más años de vida o en una mejor calidad de vida. No hay ninguna razón para pensar que las personas valoran la vida y la salud de una forma lineal. Quizás usted pagará una pequeña cantidad para mejorar la seguridad de su vehículo de manera que el riesgo de un fatal accidente automovilístico se reduzca, digamos, de un dos por ciento al uno por ciento, pero no se puede multiplicar ese número por cien para determinar la cantidad que tendría usted que pagar para morir con certeza. Probablemente, las curvas que relacionan la disposición a pagar y la probabilidad de muerte o lesiones graves no son lineales. Ello plantea el conocido dilema en la formulación de políticas públicas, de acuerdo con el cual la sociedad gasta grandes cantidades para rescatar a los individuos atrapados en minas de carbón o bajo los escombros tras un terremoto, pero no gasta tanto para prevenir este tipo de accidentes.

Por último, y más allá de los intentos de medir el valor la vida y la morbilidad, el mercado tampoco fija el precio de otros beneficios y costes. Tal es el caso del valor de los objetos naturales, de los monumentos y tradiciones históricas y culturales. Estudios a través del tiempo pueden representar beneficios recreacionales, mientras que exista un cierto paralelismo entre los sitios más lejanos y los más cercanos a los centros de población, recientemente disponibles. El crecimiento o grado de valor de la propiedad puede aproximarse al valor del aire limpio. Las encuestas ayudan a dar un valor a la protección de la vida silvestre. Todos estos métodos tienen sus puntos débiles, aunque, al menos, reconocen que el beneficio nunca es cero[29]. No obstante, estos estudios con

[29] Ejemplos: véase Marion CLAWSON & Jack L. KNETSCH, *Economics of Outdoor Recreation* (1966) (donde se discute sobre gastos de viaje); Peter A. DIAMOND & Jerry A. HAUSMAN, «Contingent Valuation: Is Some Number Better Than No Number?», 8 *J. Econ. Persp.*, otoño de 1994, en 45 (donde se analiza

frecuencia suponen un considerable esfuerzo de introducir con calzador beneficios subjetivos, un tanto impresionistas, en categorías objetivas, de modo que no cabe estar seguro de lo que se ha ganado, pese al trabajo hercúleo de sentar unas premisas que permitan representar los beneficios en dólares. Jonathan Wiener distingue entre el análisis «frío» y el «caliente». El primero sólo incluye los costes y beneficios que pueden cuantificarse en términos de dólares, sin dificultad o controversia alguna. El segundo intenta incluir también el tipo de beneficios y costes antes descritos. Wiener rechaza el análisis coste-beneficio «frío», pero ello parece una elección fácil[30]. Incluso para los más comprometidos con el coste-beneficio, el análisis «frío» no es más que un análisis incompleto, que no satisface los requisitos de la técnica. La única cuestión conceptual importante surgida de estos factores difíciles de medir no es la falta de buenas estimaciones en dólares, sino la cuestión de si se deben incluir o no aquellos beneficios y costes que no sean los experimentados por humanos.

Por lo tanto, aun cuando uno pueda justificar el análisis coste-beneficio desde una perspectiva normativa o prescriptiva, el análisis coste-beneficio se enfrenta al menos a cuatro desafíos: 1) la relación problemática entre los totales en dólares y la utilidad global o los beneficios netos; 2) la elección de una tasa de descuento; 3) el tratamiento del riesgo y de la incertidumbre; y 4) la cuantificación de la vida, la

---

la valoración contingente); V. KERRY SMITH & Ju-Chin HUANG, «Can Markets Value Air Quality? A Meta-Analysis of Hedonic Property Value Models», 103 *J. Pol. Econ.* 209 (1995) (donde se analizan los valores de la propiedad).

[30] *Véase* WIENER, *supra* nota 3, en 483-89.

salud y otros valores no mercantilizables ni monetarizables en dólares. Los expertos en economía podrán ilustrar acerca de cuál sea el camino erróneo para hacer frente a estos difíciles problemas, pero lo que no pueden hacer en última instancia es resolver tales problemas exclusivamente desde el paradigma de la economía del bienestar. Sin embargo, si los analistas económicos admiten esas dificultades y llevan a cabo análisis de sensibilidad para determinar si la elección de la tasa de descuento o el uso de parámetros que representen los valores de materias ajenas al mercado afectan al resultado final, en tal caso el marco de coste-beneficio puede ayudar a estructurar el debate político. Y podrán ponerse de relieve cuáles son las áreas en las que sería conveniente introducir elementos de juicio ajenos a la economía del bienestar, con el fin de adoptar una decisión final.

2. SEGUNDO CASO: OTROS VALORES EN LA POLÍTICA REGULATORIA

Naturalmente, numerosas regulaciones y políticas públicas se elaboran teniendo en cuenta valores que van más allá de la eficiencia económica. En ellas se establecen programas de transferencias, tales como los relativos a la Seguridad Social, la discapacidad, o el bienestar. O se integran, por ejemplo, en programas que contiene incentivos o subvenciones, como los que, en los EE. UU., establece el Departamento (o Ministerio) de Agricultura (USDA, por sus siglas en inglés). Se trata de actuaciones administrativas que tienen por objeto la justicia y la equidad de los mercados, como pretenden los reglamentos de la Comisión de Igualdad de Oportunidades en el Empleo (EEOC), ciertas normas dictadas por el Departamento de Trabajo de EE. UU. o la Comisión de Bolsa y Valores. Abordan cuestiones que podríamos denominar de carácter moral, como hace la Comisión Federal de Comunicaciones (FCC) respecto de la libertad de expresión y los medios de comunicación[31]. Un simple test de coste-beneficio, que ignore la dimensión distributiva, de justicia y de naturaleza procedimental, no serviría para comprender los objetivos de esas leyes. Las transferencias de contribuyentes a los beneficiarios no se conciben en el análisis coste-beneficio. Ahora bien, el análisis económico sí puede contribuir a seleccionar las diversas opciones en términos de coste-eficiencia e impulsar a las agencias a que encuentren modos de incentivar a las empresas reguladas a fin de que tengan en cuenta estos otros valores. Además, se pueden complementar las reformas de la Administración pública tradicional mediante incentivos económicos en la realización de las tareas administrativas. Sin embargo, para tales programas, el análisis coste-beneficio como tal no puede constituir el criterio o parámetro que sirva para elegir una política regulatoria o la extensión o escala de una política ya establecida mediante ley.

Toda esta temática podría englobarse bajo el epígrafe de los beneficios y costes que hay que tener en cuenta en la elaboración de una política determinada. Un acérrimo utilitarista, en la línea de Bentham, no omitiría ninguna ganancia o pérdida, incluyendo aquéllas experimentadas por quienes sufren. Sin embargo, al igual que algunos quieren incluir una amplia gama de beneficios y costes deficientemente cuantificables, otros abogan por la exclusión de los beneficios y costes experimentados por las personas a resultas de su comportamiento violento o de actividades fraudulentas. Una posible guía puede ser el Derecho Penal. Se podría decir que si el

---

[31] Véase, por ejemplo, la reciente controversia sobre la regulación de la FCC sobre los «improperios fugaces», que ya ha pasado una vez por la Corte Suprema de los EE. UU. por razones de Derecho Administrativo y puede volver bajo un desafío constitucional de la libertad de expresión. Véase *FCC contra Fox Television Stations, Inc.*, 129 S. Ct. 1800 (2009), *rev'g* 489 F.3d 444 (2d Cir. 2007). En prisión preventiva, el Segundo Circuito concedió la petición de Fox para la revisión de la orden de la FCC. *Fox Television Stations, Inc., contra FCC*, 613 F.3d 317 (2d Cir. 2010).

Estado califica una acción como delito, las ganancias para el autor no deben tenerse en cuenta en el cálculo social[32]. En la misma línea, Matthew Adler y Eric Posner, en su esfuerzo por ofrecerle al análisis coste-beneficio una base nueva y distinta, abogan por «lavar» o «blanquear las preferencias» (*laundering preferences*), de tal manera que sólo las idealizadas cuenten en el cálculo del coste-beneficio[33]. Hacen hincapié en los errores cognitivos y en las distorsiones de las percepciones de las decisiones individuales. Sin embargo, una alternativa basada en decisiones políticas reales se serviría del Derecho Penal para medir la voluntad de la sociedad a la hora de incluir ciertos beneficios en el cálculo del bienestar. Una de las respuestas en tales casos es requerir el análisis coste-eficacia y ayudar a las agencias a diseñar programas innovadores que basen la consecución de objetivos de futuros programas en incentivos individuales.

3. TERCER CASO: PROBLEMAS MULTIGENERACIONALES A GRAN ESCALA: SITUACIONES IRREVERSIBLES Y CATÁSTROFES

Los economistas del bienestar a menudo estudian políticas macroeconómicas a largo plazo en las que no se mantiene nada constante. La finalidad tradicional del marco normativo ha consistido en maximizar la tasa sostenible de crecimiento económico, una posición de política pública que exige, obviamente, a la generación actual que renuncie al consumo en

---

[32] La aplicación coherente de este criterio, por supuesto, podría llevar a abogar por la despenalización de algunos delitos.

[33] Véase Matthew D. ADLER & Eric A. POSNER, *New Foundations of Cost-Benefit Analysis* (2006) en 36-38, 124-53.

beneficio de ese objetivo[34]. Otros han señalado que no hay ningún motivo filosófico razonable para favorecer el futuro sobre el presente, de manera que lo que habría que hacer es maximizar el nivel de ingreso *per capita* a lo largo del tiempo[35]. Estos modelos dan por hecho una civilización infinitamente longeva que puede ahorrar e invertir en diferentes tasas a lo largo del tiempo. Si sumamos la posibilidad de que el presente puede imponer grandes costes, irreversibles y posiblemente catastróficos en un futuro lejano, ello plantea la cuestión de las obligaciones entre generaciones.

Para comprender mejor el problema, consideremos el asunto del cambio climático. La sociedad experimentará muchos de los beneficios de la política de cambio climático en un futuro lejano. Utilizando incluso una tasa de descuento final baja, digamos del 5%, ello implica que el beneficio de 1 dólar obtenido en 50 años en el futuro tendría un valor actual de 9 centavos. Al 3%, el valor ac-

---

[34] Véase, por ejemplo, Edmund Phelps, «The Golden Rule of Accumulation: A Fable for Growthmen», 51 *Am. Econ. R.* 638 (1961), véase también Heal, *supra* nota 27, en 67 (distinguiendo, como yo, entre los proyectos pequeños y aquéllos que tienen consecuencias en toda la economía). Para los proyectos pequeños, el índice de preferencia temporal de los consumidores o el rendimiento del capital es apropiado, como se defendió anteriormente. Para los proyectos con repercusiones en toda la economía, Heal argumenta que la tasa pura de preferencia temporal se debería utilizar para descontar la utilidad, tasa que no depende de la rentabilidad histórica del capital. Su análisis se basa en la investigación sobre el crecimiento económico y asume una función de bienestar social (SWF) utilitaria, no una opción obvia fuera de la economía. Él no considera explícitamente irreversibilidades, como las que pueden surgir con el calentamiento global. Tanto Heal como Kysar argumentan que para políticas a largo plazo, la tasa de descuento no es exógena, sino que es una función de las opciones políticas. Véase Kysar, *supra* nota 27, en 128. Una vez más la distinción entre el análisis de equilibrio parcial y general es importante. Pero *véase* Viscusi, *supra* nota 27 (donde se argumenta que no debe hacerse ninguna distinción).

[35] Véase, por ejemplo, Samida & Weisbach, *supra* nota 27.

tual sería de 23 centavos y al 6% de 5 centavos. Supongamos, para simplificar las cosas, que todos los beneficios se acumulan en el año 50 y que serán de 5 billones de dólares. Al 5%, el actual valor de descuento de estos beneficios sería de 450.000 dólares, pero podría ser mucho más alto o más bajo dependiendo de la tasa de descuento elegida. ¿Esa elección debe determinar la política global del cambio climático?

Incluso los que defienden el igual valor de todas las generaciones aceptan una tasa positiva de crecimiento a largo plazo como un hecho de la historia de la humanidad, a pesar de lo que se duda de esta afirmación debido al cambio climático u otros riesgos sistémicos. En otras palabras, dan por hecho que el mercado generará una tasa de interés positiva. Y es esa presunción precisamente la que causa gran parte de la agonía por la tasa social de descuento. Algunos afirman que las vidas de futuras generaciones deben contar igual que las vidas presentes y que ello implica una tasa de descuento cero por las vidas salvadas o sacrificios que deriven de alguna política pública[36]. Con una tasa positiva de retorno sobre el capital, sin embargo, tal compromiso filosófico con la equidad implicaría que, en virtud del test coste-beneficio, lo óptimo siempre será aceptar riesgos presentes para la vida que reduzcan riesgos futuros en una cantidad pequeña[37].

En cambio, si se tiene en cuenta el bienestar de las generaciones futuras, y no sólo el número de personas vivas, entonces se puede evitar este resultado extremo. Como Sa-

---

[36] Véase, por ejemplo, Richard L. Revesz, «Environmental Regulation, Cost-Benefit Analysis, and the Discounting of Human Lives», 99 *Colum. L. Rev.* 941 (1999).

[37] John Graham proporciona un ejemplo de los disparates que pueden resultar. *Véase* Graham, *supra* nota 5, en 442-47.

mida y Weisbach señalan, valorar de igual manera a todas las generaciones no es lo mismo que reservar la misma cantidad de dinero en el presente para todas las generaciones[38]. La generación actual sólo debe reservar lo suficiente como para que el interés compuesto produzca una cantidad igual a lo que se ha guardado para sí misma. Una cosa es valorar de la misma manera todas las generaciones en el cálculo del bienestar social y otra, muy distinta, es utilizar una tasa de descuento de cero cuando se evalúa el valor de las vidas salvadas y la morbilidad. Lo primero supone un objetivo de política pública y reclama al Estado que lo logre mediante decisiones que tengan en cuenta el coste de oportunidad del capital para los inversores. Lo segundo opta por una tasa de descuento para reflejar los valores sociales de beneficios y costes que ocurren en diferentes momentos. Si presumimos una civilización de duración infinita (o al menos de varios siglos), sin vínculos irreversibles entre los riesgos de catástrofe y las políticas de hoy, entonces los intereses del futuro se reflejan en las tasas de descuento que existen en el presente. Sin embargo, subsisten dos problemas: la conversión del bienestar en una métrica que pueda medirse y compararse, y hacer frente a la posibilidad de riesgos catastróficos irreversibles.

En cuanto al primer problema, Louis Kaplow ha tratado de solucionarlo presuponiendo que la utilidad en cualquier momento se puede convertir en dólares, actualizada de acuerdo con el coste de oportunidad del capital, y luego comparada con un valor monetarizado similar para las vidas presentes[39]. Esa técnica es coherente

---

[38] *Véase* SAMIDA & WEISBACH, *supra* nota 27, en 145.
[39] *Véase* Kaplow, *supra* nota 27, en 79.

con el enfoque de Samida y Weisbach, pero minimiza el problema de llevar a cabo la conversión requerida. No habría ninguna dificultad, si pudiéramos entender que las diferentes generaciones son esencialmente similares en promedio; que sólo nos preocupamos por el promedio; y que las distorsiones introducidas para la medición del bienestar mediante el uso de un indicador monetario no son tan graves como para de verdad sesgar la clasificación de las posibles opciones. Además, no tienen que darse situaciones irreversibles importantes que amenacen el bienestar general de una manera que no pueda equilibrarse con otras medidas compensatorias. Lamentablemente, aunque las otras premisas se sostengan, el problema del cambio climático y el de otros riesgos a gran escala no cumplen la condición de la irreversibilidad. Para tales cuestiones, no debemos perder el tiempo preocupándonos por problemas que sólo se dan en el análisis de políticas públicas comunes.

Si los daños catastróficos e irreversibles son posibles, el análisis coste-beneficio convencional no representa una herramienta adecuada. Si nuestras acciones de hoy incrementan las posibilidades de un desastre global, tal comportamiento aparecerá en la tasa de interés a largo plazo. La tasa de las inversiones a largo plazo debería aumentar para reflejar ese riesgo de manera que los equivalentes de certeza de las diferentes inversiones se mantengan en línea. La oferta de fondos debería reducirse para proyectos que sólo darían sus frutos en un futuro lejano. Esos cambios podrían ser suficientes para convencer al Gobierno de poner en marcha políticas públicas que limiten esos riesgos, pero téngase en cuenta que, a resultas de la lógica del descuento, los daños a muy largo plazo tendrán poco impacto en los mercados actuales. El debate no debiera encerrarse en el marco de la tasa de descuento[40]. Afecta más bien a las obligaciones del presente con respecto al futuro. Algunos analistas económicos han olvidado esta preocupación sobre la base de que las

---

[40] Así ocurre en muchas de las contribuciones al simposio de la *Revista de Derecho de la Universidad de Chicago* sobre la equidad intergeneracional y el descuento. Véase, por ejemplo, SUNSTEIN & ROWELL, *supra* nota 27, en 171; VISCUSI, *supra* nota 27, en 209.

generaciones futuras serán más ricas que nosotros y por lo tanto no tenemos que preocuparnos por ellas, más allá de los incentivos para el ahorro y la inversión que ofrecen las tasas de interés de mercado y el afecto intrafamiliar.

Hoy en día, el terreno ha cambiado en la medida en que el cambio climático y otros riesgos parecen amenazar la prosperidad que se espera para las futuras generaciones. Aunque todavía podemos usar la economía para debatir los análisis coste-efectividad para hacer frente al cambio climático, ello no resolverá el problema de base.

IV. CONCLUSIÓN

La controversia sobre el uso del análisis coste-beneficio para elaborar y evaluar la política regulatoria ha generado un acalorado debate en los Estados Unidos. Entre los participantes del debate se cruzan acusaciones de falta de lógica, de elitismo, carencia de ética y de compasión. Las dificultades políticas para la formulación de políticas públicas en sectores o ámbitos que afectan directamente a la morbilidad y mortalidad se utilizan, bien para justificar el rechazo del análisis económico, o bien para defender la fiabilidad de expertos imparciales, que ocupen el lugar de la mera retórica política. El análisis coste-beneficio se ve minado por quienes afirman que se utiliza distorsionadamente en favor de los más ricos y de las empresas. No faltan tampoco quienes argumentan que el análisis puede contrarrestar el impacto de intereses sectoriales mediante la incorporación de una lista completa de costes y beneficios. Esta controversia puede repetirse en Francia y en cualquier otro país tan pronto como se haga extensiva la práctica de la evaluación de impacto para los proyectos de ley y se comience a valorar de forma sistemática los costes y los beneficios que de ellos puedan derivarse

El debate suele oscurecer el fundamento normativo del análisis coste-beneficio, una técnica para la elección de «proyectos» en el sector público que busca hacer una analogía entre tales elecciones y las realizadas por las empresas de negocios con proyectos rentables. La diferencia estriba en que, en lugar de beneficios, el criterio de elección reside en el beneficio social global neto, pero el principio es el mismo. Se deberán descontar todos los futuros beneficios y costes de los programas en cuestión y los gastos que corrigen los fallos de mercado a corto y medio plazo. Como exige la Ley Orgánica francesa, el Gobierno debe ser transparente respecto a la elección de los criterios de medición y de los modelos que utiliza; utilizar un análisis de sensibilidad para determinar si las decisiones relativas a estas variables influyen en el resultado final. Los temas de medición y evaluación se suscitan al aplicar el criterio del beneficio neto, pero tales problemas no cuestionan la idoneidad de base del análisis coste-beneficio como principio normativo.

Sin embargo, si la elección social no puede caracterizarse como un «proyecto» o como una política cuyas consecuencias sean pequeñas en relación con el conjunto de la sociedad, el análisis coste-beneficio no constituye una herramienta adecuada. No se ha de forzar el análisis coste-beneficio para que cumpla funciones para las que en principio no está ideado. Entre ellas se incluyen las políticas que sirven a otros objetivos, tales como la equidad, la protección de los derechos fundamentales, o reducción de la pobreza, y las que tienen consecuencias macroeconómicas de gran alcance, multi-generacionales, y potencialmente irreversibles. En tales casos, los analistas económicos pueden ayudar a enmarcar los estudios de rentabilidad y a asegurar que los políticos incluyan todos los costes de oportunidad y beneficios secundarios. Sin embargo, las elecciones definitivas de políticas deben hacerse con otras bases. Todos los costes y beneficios del sistema que se acumulan con el tiempo pueden cambiar el carácter fundamental de la sociedad; los precios y otras condiciones de fondo no pueden considerarse como algo establecido. En tal caso, el análisis de políticas entra en el terreno del análisis del crecimiento económico y de la filosofía política. Se debe confrontar el futuro de una sociedad de cara a un largo período de tiempo. El debate sobre la política del cambio climático y su interacción con el análisis del crecimiento económico ha puesto de relieve la necesidad de adoptar esta perspectiva. Debido a que el cambio climático podría producir situaciones irreversibles y catastróficas donde los ganadores de la inacción en el presente no pueden compensar a los perdedores en el futuro, los intentos ordinarios de incorporar el futuro a través de las tasas de interés y descuento no captan la esencia del problema. La lógica del descuento, de acuerdo con la cual una pequeña inversión hoy crece mediante interés compuesto hasta convertirse en una suma masiva en siglos, resulta irrelevante si hay pocas personas que puedan disfrutar de esos beneficios. Si esa posibilidad simplemente se acepta como algo que nos viene dado en la generación actual, el valor de la inversión caerá eventualmente, y la generación actual, cuando vea la catástrofe inminente para sus hijos y nietos, no podrá ahorrar e invertir. Ésta puede ser una profecía autocumplida para aquellos riesgos de amplio espectro social que podrían aparecer en el horizonte ante la falta de acción en un futuro relativamente cercano.

Los esfuerzos franceses, a los que se ha hecho antes referencia, en pro de una mejor orientación del proceso legislativo y normativo hacia una dirección más funcional, basados en análisis cuantitativos, constituyen desde luego una evolución positiva. Sin embargo, ha de avanzarse con la clara idea de que hay una diferencia fundamental entre aquellas reformas que no son problemáticas, y las opciones controvertidas, con implicaciones de carácter normativo o prescriptivo. La simple tarea de señalar los beneficios y costes de una nueva política pública parece un avance que no plantea problemas, aunque el método, por supuesto, resaltará la falta de criterios cuantitativos para algunas políticas públicas. La mayoría de los impactos de una nueva organización del mercado de la energía o de la reforma del sistema de pensiones se pueden cuantificar, pero no es posible cuantificar los de una ley que restrinja el uso del burka[41]. Los

---

[41] Las evaluaciones de impacto francesas están disponibles en: http://www. legifrance.gouv.fr/html/etudes_impact/accueil.html. La evaluación de impacto de la ley de pensiones es «Project de loi organique relative à la limite d'âge des magistrats de l'ordre judiciare: Etude d'impact», julio 2010, disponible en: http://www.assemblee-nationale.fr/13/projets/pl2760-ei.asp. La evaluación de impacto de la ley del burka es «Project d'loi interdisant la dissimulation du visage dans l'espace public: Etude d'impact», mayo 2010, disponible en: http://www.legifrance.gouv.fr/html/actualite/actualite_legislative/evaluación_de_impacto_dissimulation_visage.pdf. Su idoneidad fue cuestionada, pero fue finalmente confirmada por el Consejo Constitucional. La evaluación de impacto del mercado de la energía es «Project d'loi portant nouvelle organization du marché de l'électricité (NOME): Etude d'impact», abril 2010, disponible en: http://www.assemblee-nationale.fr/13/projets/pl2451-ei.asp.

analistas externos al Gobierno pueden criticar la calidad de una evaluación de impacto cuantitativa mediante un nuevo análisis de los datos, como ocurrió para la reorganización del mercado de la energía.[42] Para un tema no adecuado para la evaluación de los expertos, el debate político debe darse en otras dimensiones y terrenos. Cuando los datos de los que se dispone son buenos, su agregación al proceso, a fin de hallar la política pública que maximice el beneficio neto, implica un compromiso normativo con la eficiencia económica, en relación con un área concreta de política pública, como, por ejemplo, la defensa de la competencia, la lucha contra las externalidades de la contaminación, o la política de regulación de los monopolios naturales. En otras áreas de política pública como aquéllas que se ocupan de la redistribución del ingreso, ayuda a los necesitados, protección de derechos o beneficios para futuras generaciones, la norma maximizadora del beneficio neto resulta controvertida e incluso puede no estar bien definida. Incluso en tales casos la evaluación de impacto, como requiere la Ley Orgánica, puede representar una ayuda para la elaboración racional de políticas públicas, aunque ello simplemente proporciona un marco. Constituye un complemento, no un sustituto para un criterio político bien informado.

---

[42] Para una crítica véase François Lévêque y Marcelo Saguan, «Analyse Critique de l'Etude d'Impact de la Loi NOME», *Working Paper* 2010-09, Cerna, Centre d'Éconmie Industrielle, MINES Paris Tech, junio de 2010: http://www.cerna.ensmp.fr/images/stories/CritiqueImpact.pdf.

CAPÍTULO CUARTO

PROGRESOS Y RETOS EN EL DESARROLLO Y USO DE LA EVALUACIÓN DE IMPACTO REGULATORIO EN DETERMINADOS PAÍSES DE LA OCDE Y DE LA UNIÓN EUROPEA

EDWARD DONELAN*

* Edward Donelan, M.A. Abogado, Kings Inn, Middle Temple, Londres, Consejero Senior, SIGMA (Iniciativa conjunta de la OCDE y de la Comisión Europea). Anteriormente, fue letrado parlamentario en Irlanda durante 25 años y ostentó diversos cargos en la Oficina del Fiscal General (Office of the Attorney General, Dublin), incluyendo el de Director de Revisión Legislativa. Las opiniones expresadas son personales. Este estudio es una versión más completa de una intervención realizada en Sciences Po, París, en el Seminario de Análisis Económico del Derecho y de las Políticas Públicas (24/11/2010).

ÍNDICE

Traducción realizada por Clara Velasco Rico.

E L objetivo de este estudio reside en compartir algunas observaciones y experiencias recopiladas durante la última década, fruto de trabajar en políticas de «mejor regulación» (*better regulation*) en Irlanda, y en los nuevos Estados miembros de la Unión Europea (Unión Europea), candidatos y potenciales candidatos a la Unión Europea a los que se aplica su Política de Vecindad.

El estudio ofrece una visión panorámica sobre el desarrollo de políticas para mejorar la calidad de la regulación gubernamental, el desarrollo de la política de *better regulation* (ahora *smart regulation*) de la Unión Europea, y en particular, se centra en el uso de las herramientas de la mejor regulación, una de las cuales es la evaluación de impacto. Además, describe el origen de la evaluación de impacto e ilustra sobre por qué ésta ha sido adoptada en tantos países y acerca de cuáles han sido los procesos para su adopción. Finalmente, concluye con algunas cuestiones clave que deben ser tenidas en cuenta por los países en vías de desarrollo y en transición al adoptar y usar la evaluación de impacto como política instrumental.

I. POLÍTICAS DESARROLLADAS INTERNACIONALMENTE PARA MEJORAR LA CALIDAD DE LA REGULACIÓN GUBERNAMENTAL

En marzo de 1995, el Consejo de la OCDE adoptó la *Recomendación sobre la mejora de la calidad de la Regulación Gubernamental,* que se refería al uso de la evaluación de impacto regulatorio. En 1997, los dirigentes de los países miembros de la OCDE refrendaron el *Informe de la OCDE sobre la Re-*

forma Normativa, que recomendaba que los Gobiernos «integraran la evaluación de impacto regulatorio en el desarrollo, revisión y reforma de las normas».

Los orígenes de la evaluación de impacto regulatorio nos conducen hacia los Estados Unidos. Desde 1981, la Oficina de Información y Asuntos Normativos (ORIA, en inglés), radicada en la Casa Blanca, había venido revisando importantes proyectos normativos y reglamentarios ya adoptados a la luz de los tests o análisis coste-beneficio. Amparada en una serie de normas presidenciales (*executive orders*), dicha Oficina ha desarrollado esa labor a lo largo de diversas presidencias, de distinto signo político[1].

La adopción de la evaluación de impacto regulatorio nació como respuesta a la percepción de que existía una creciente carga normativa, asociada al surgimiento de las actividades normativas desde mediados de los años sesenta. Esta percepción se vio acompañada de una preocupación sobre el incremento de la regulación y las presiones inflacionistas que éste generaba[2]. Desde 1995, se ha solicitado a la Oficina de Gestión y Presupuesto (*Office of Management and Budget*, OMB) un informe sobre los costes y beneficios de las distin-

---

[1] En el capítulo tercero de la presente obra, la prof. Susan Rose-Ackermann cuestiona las limitaciones del análisis coste-beneficio. Sus observaciones constituyen una llamada de atención a la presunción de que el análisis de impacto es una cura para todos los males de las políticas públicas.

[2] Véase J. E. ANDERSON (1998), «The Struggle to Reform Regulatory Procedures, 1978-1998», *Political Studies Journal* 26 (3) 482-98. Véase también para una buena panorámica de estos temas, C. KIRKPATRICK y D. PARKER, *Regulatory Impact Assessment: Towards Better Regulation* (2007); C. GEORGE y C. KIRKPATRICK, *Impact Assessment and Sustainable Development* (2007).

tas normas gubernamentales. Este proceso se ha mejorado de forma constante pero todavía se halla en evolución[3].

II. PANORÁMICA DE LA EVOLUCIÓN DE LA INICIATIVA «REGULAR MEJOR» (AHORA «INTELIGENTE»[4]) DE LA UNIÓN EUROPEA

La iniciativa sobre «mejor regulación» o «regular mejor» (*better regulation*) de la Unión Europea ha sido el resultado del convencimiento de los Estados de la Unión de que era necesario contar con un buen entorno normativo para incrementar la competitividad, mejorar la asistencia social y proteger el medio ambiente. Una regulación eficaz y eficiente resulta esencial para corregir los fallos de los mercados, para incrementar la competencia y para proteger a los

---

[3] Para profundizar en este punto véanse los trabajos de la prof. Rose-Ackermann y del prof. Ogus. La web de la ORIA contiene información relevante y útil para las Agencias de cara a la elaboración de informes de evaluación e impacto regulatorio, tal y como se requiere para toda regulación «económicamente significativa» en la Orden Ejecutiva 12866 y por la Circular A-4 de la OMB. La lista de comprobación de ningún modo altera, añade o varía los requerimientos existentes; sin embargo, sí provee de un corto y más sencillo resumen de esos requerimientos. *Vid.* sobre este extremo los capítulos primero y segundo del presente trabajo.

[4] Véase COM (2010) 543, *Comunicación final de la Comisión sobre la Regulación Inteligente en la Unión Europea*, que ahora se focaliza en mejorar el bagaje regulatorio de la EU: simplificar la legislación de la Unión Europea y reducir las cargas administrativas; evaluar los beneficios de la legislación existente; procurar que la nueva legislación sea la mejor posible; mejorar la implementación de la legislación de la Unión Europea; hacer la legislación más clara y más accesible; mejorar las formas de participación y de consulta.

ciudadanos, consumidores y trabajadores, así como al medio ambiente.

Actualmente es bien sabido que una mala regulación genera cargas innecesarias sobre los sujetos regulados y puede crear barreras para lograr mercados eficientes. Ello, a su vez, tiene impactos negativos en la competencia y en la innovación y, en muchos casos, puede conducir hacia una injusta retribución y un mal reparto de la riqueza. Una regulación mal diseñada puede resultar impracticable, lo que comporta un incumplimiento por parte de los sujetos regulados y una pérdida de credibilidad de las autoridades públicas regulatorias.

En la última década, las instituciones de la Unión Europea han perseguido tres objetivos esenciales. El primero de ellos fue la modernización de las economías europeas para reforzar la competitividad. Esto llevó a la Estrategia de Lisboa, que trató de simplificar el entorno normativo y racionalizar la transposición de la legislación comunitaria. El segundo objetivo consistió en la consecución de un desarrollo sostenible. El tercero se resolvió en observar una buena gobernanza para alcanzar una mayor legitimidad, eficiencia y credibilidad de la acción comunitaria. Todo ello desembocó en una serie de iniciativas que incluyeron la creación de un grupo de expertos, cuyo objetivo reside en desarrollar una política de mejor regulación[5].

El Consejo Europeo de Göteborg (junio de 2001) y el Consejo Europeo de Laeken (diciembre de 2001) introdujeron dos componentes políticos:

- Evaluar los efectos de las políticas propuestas en sus dimensiones sociales, económicas y medioambientales; y
- Simplificar y mejorar el entorno regulatorio en la Unión Europea.

---

[5] Así, el Grupo Mandelkern, llamado así por su presidente.

Como se acordó en Göteborg y en Laeken, la Comisión estableció un nuevo método de evaluación de impacto, en 2002, que integró y reemplazó las evaluaciones de carácter sectorial que antes se habían utilizado. Este método comporta un enfoque integral, que evalúa los potenciales impactos de una nueva legislación o de una nueva política pública, en los ámbitos económico, social y medioambiental.

Este nuevo sistema de evaluación de impacto constituye una actuación prevista en el Plan de Actuación sobre Mejor Regulación y en la Estrategia Europea para un Desarrollo Sostenible y después en la Estrategia de Lisboa para el Crecimiento y el Empleo (2005)[6].

Dicho sistema consiste en una valoración equilibrada de todos los impactos y se basa en un análisis regido por el principio de proporcionalidad, por medio del cual la profundidad y el alcance de una evaluación de impacto, y por tanto, de los recursos que se le dedican, han de ser proporcionales a la naturaleza del proyecto y a la de sus previsibles impactos. Una amplia consulta a las partes interesadas representa una parte integral del procedimiento de evaluación de impacto.

La evaluación de impacto en la Comisión Europea está sujeta a un proceso de revisión y mejora continua. Las directrices para preparar la evaluación de impacto fueron revisadas en 2009[7] basándose en los siguientes criterios:

- La experiencia de los servicios de la Comisión en la preparación de evaluaciones de impacto.
- La experiencia de la Junta independiente de Evaluación de Impacto, desde que fue creada a finales de 2006.
- Las consideraciones del Grupo de Alto Nivel de Expertos Nacionales en Mejor Regulación.

---

[6] www.ec.europa.eu/governance/impact/index_en.htm.

[7] Estas directrices reemplazaron las directrices previas de 2005 y también a la actualización de 2006.

– La evaluación externa del sistema de evaluación de impacto de la Comisión en 2006/2007.

– La consulta pública sobre los principios-guía relativos a la evaluación de impacto que tuvo lugar a mediados de 2008.

III. EL USO DE LAS HERRAMIENTAS DE LA «MEJOR REGULACIÓN» (LA EVALUACIÓN DE IMPACTO)

La evaluación de impacto constituye una herramienta internacionalmente reconocida y usada en muchos países de la OCDE y de la Unión Europea[8] para ayudar a las autoridades a mejorar el proceso de adopción de decisiones, proveyendo de un marco y de una metodología para la evaluación de las diversas opciones y alternativas relativas a una determinada política pública, en términos de costes, beneficios y riesgos. La motivación primaria que justifica la práctica de la evaluación de impacto reside en la necesidad de contar con datos e información suficiente durante el proceso de elaboración de las políticas públicas.

La evaluación de impacto regulatorio es, pues, un instrumento que tiene por objeto estructurar la pluralidad de opciones o alternativas ante una medida pública. Se utiliza cuando una o varias de esas opciones pueden desembocar en una nueva regulación, o bien terminan en una reforma de la misma; asimismo este método facilita el análisis y la consideración de alternativas distintas a la regulación tradicional y el recurso a modalidades más flexibles de regulación. Exige

---

[8] También se usa por la Comisión de la Unión Europea.

además un análisis detallado para determinar si las diferentes opciones, incluyendo las normativas, van a tener el impacto o efecto deseado. Dicha evaluación ayuda a identificar cualquier posible efecto secundario o costes ocultos asociados con la regulación y a cuantificar los previsibles costes que comporta su cumplimiento por parte de los ciudadanos y de las empresas. Igualmente, ayuda a clarificar los costes de ejecución en los que incurrirá el Estado.

No existe un único y genérico modelo de evaluación de impacto regulatorio en el panorama comparado, pero las evaluaciones de impacto regulatorio tienden a incluir:

- Una clara identificación de los objetivos.
- Una amplia consulta formalizada de las partes interesadas.
- Un examen detallado de los impactos y una consideración del uso de las alternativas a la regulación.

IV. LA ESENCIA DEL MÉTODO DE LA EVALUACIÓN DE IMPACTO REGULATORIO

La evaluación de impacto regulatorio comporta en suma el análisis de una serie de cuestiones, una metodología adecuada para calcular costes y beneficios, unos criterios de selección de normas o borradores de normas para su evaluación de impacto, y unos parámetros de carácter político que sirvan para determinar qué impactos deben ser tenidos en cuenta (económico, social, medioambiental y otros). Algunas de las preguntas más características que se formulan son las siguientes:

- ¿Se ha definido el problema de forma correcta?
- ¿Se halla justificada la acción del Gobierno?
- ¿Es la norma la mejor forma de actuación?
- ¿Existe base legal para el dictado de la norma?
- ¿Cuál es el nivel de Gobierno más apropiado para actuar?
- ¿Los beneficios justifican los costes?
- ¿Se encuentra justificada la distribución de los efectos entre la sociedad?
- ¿Es la norma, clara, coherente, comprensible y accesible a los usuarios?
- ¿Han tenido todas las partes interesadas la oportunidad de expresar sus opiniones?
- ¿Cómo se asegura su cumplimiento?

El proceso de evaluación de impacto regulatorio incluye los costes y los beneficios de cada una de las opciones planteadas. A ello se añade que, en el proceso de elaboración de las políticas públicas, el análisis de impacto promueve que los responsables examinen cuestiones tales como los impactos medioambientales y sociales, como pueden ser, a título de ejemplo, las mejoras en la calidad de vida o en la salud. Igualmente, se han de evaluar los efectos en los ciudadanos, en las empresas y en los grupos sociales. La finalidad de la evaluación reside en facilitar una aproximación holística y comprensiva de los posibles efectos de una determinada propuesta.

Como regla general, la evaluación de impacto se articula en torno a diferentes estadios o fases, entre los que se pueden citar los siguientes:

- La evaluación de impacto *inicial* consiste en una evaluación preliminar que ayuda a detectar vacíos en el conocimiento y a recoger una información más completa y precisa. Aun cuando se trate de una fase interna en buena medida, el documento de trabajo inicial ofrece un marco adecuado para el debate y las consultas, si se llevan a cabo tempranamente sondeos iniciales con colegas de otros departamentos y contactos externos con los colectivos externos.

– La evaluación de impacto *parcial* contiene opciones más detalladas en cuanto a la política evaluada, estimando costes y beneficios, y también tomando en consideración cómo cada opción sería implementada y ejecutada para asegurar que la solución que se tome funcione. La evaluación de impacto regulatorio puede ser objeto de consultas públicas formales (participación activa y diálogo con el sector afectado y con los expertos).

– La evaluación de impacto *final* debería resumir y reflejar los resultados del proceso de consulta y hacer recomendaciones sobre las acciones subsiguientes. Debería ser enviada al Gobierno y después al Parlamento con el correspondiente anteproyecto de ley, ya que facilita un resumen muy útil sobre las cuestiones y conocimientos que apoyan la opción recomendada.

V. VENTAJAS DEL SISTEMA DE LA EVALUACIÓN DE IMPACTO REGULATORIO

El uso correcto de la evaluación de impacto regulatorio añade rigor al proceso de elaboración de las políticas públicas y aumenta la transparencia de dicho proceso mediante consultas más apropiadas. En cuanto a esta última consideración, la evaluación de impacto constituye una herramienta valiosa, puesto que permite:

– Describir y explicar los argumentos que motivan la intervención gubernamental.

– Obtener y procesar los datos y conocimientos que sirven de base para elaborar las propuestas.

– Facilitar las consultas públicas en el procedimiento de preparación de las políticas públicas.

La evaluación de impacto regulatorio también puede usarse para resumir los procesos de consulta que se hayan desarrollado en el ciclo de adopción de una determinada política pública, mostrando cómo éstos han influenciado la elección final[9].

VI. ¿POR QUÉ LA EVALUACIÓN DE IMPACTO REGULATORIO SE HA ADOPTADO EN TANTOS PAÍSES?

Podría argumentarse que la evaluación de impacto regulatorio se ha incorporado en tantos países como resultado de los sucesivos informes de la OCDE en materia de reforma regulatoria[10]. Estos informes, en efecto, han promovido la idea de la evaluación de impacto regulatorio y han argumen-

---

[9] Véase sigmaweb.org y diversas presentaciones (Croacia, Egipto, Georgia, Jordania y Turquía).

[10] En *OCDE Principles for Regulatory Quality and Performance* (OCDE, 2005) se insta a los países a «integrar la evaluación de impacto regulatorio en el desarrollo, revisión y actualización de aquellas normas más significativas», y también a «asegurar que la evaluación de impacto regulatorio juegue un papel clave en la mejora de la regulación y que se lleve a cabo a su tiempo, y de forma clara y transparente».

tado persuasivamente que su práctica comporta numerosos beneficios[11], entre los que podrían citarse los siguientes:

- La evaluación de impacto regulatorio requiere que las decisiones se tomen con un mayor rigor y mediante un proceso más transparente, que facilite la exigencia de responsabilidades. El planteamiento sistemático de cuestiones desde el principio del ciclo de las políticas públicas facilita la reflexión sobre la articulación y estructuración del proceso de toma de decisiones; la identificación de las relaciones de causa-efecto y las posibles consecuencias; la selección y la comparación o contraste de las distintas opciones políticas; y el análisis de los efectos no previstos. Todo ello contribuye a reducir el riesgo de fracasos normativos.
- La evaluación de impacto regulatorio permite una visión o análisis externos (ajenos al órgano responsable o competente para resolver). Si la evaluación se integra correctamente en un procedimiento participativo de consultas públicas y se publica anticipadamente y de forma ordenada, refuerza la posición de los operadores económicos y de los ciudadanos y satisface su derecho a conocer las razones que han motivado la elección de una determinada opción política. Ello contribuye a minimizar la captura normativa por parte del regulado. De ahí se derivan tres consecuencias inmediatas: una mayor y más estable aceptación general de las políticas públicas; mayor confianza en las autoridades públicas; mayor grado de cumplimiento de la norma.
- La evaluación de impacto regulatorio ayuda, en el proceso decisorio, a pasar de un enfoque jurídico-formal o legalista a uno basado en la mejor información disponible y en el co-

[11] De forma muy interesante, este tema se trata en otro lugar de esta publicación y Martina CONTICELLI (profesora ayudante de Derecho Público, Universidad de Roma Tor Vergata) explora la influencia de las organizaciones internacionales en su trabajo: *Assessing National Reforms through Global Indicators*.

nocimiento experto. La evaluación de impacto regulatorio facilita la coordinación entre diferentes políticas públicas, con el objetivo de identificar los intercambios y las sinergias. Ello ayuda a conseguir una mayor coherencia en las políticas públicas; supera los análisis o enfoques puramente sectoriales y promueve el pensamiento «horizontal», contribuyendo en consecuencia a limitar la inflación normativa[12].

VII. ¿ADOPTAR SUPONE IMPLEMENTAR?

Que la evaluación de impacto regulatorio se ha extendido enormemente se halla fuera de toda duda[13]. Sin embargo, adopción no significa sin más implementación. La experiencia demuestra que la evaluación de impacto regulatorio ha de recorrer un largo camino hasta que se integra plenamente en el proceso de elaboración de las políticas públicas de un país[14].

---

[12] «Panorámica sobre las prácticas europeas para evaluar los impactos de las políticas públicas», presentación en el Seminario: *Introduction to Regulatory Impact Assessment*, Tbilisi, 20 de julio de 2010, Lorenzo Allio (véase www. sigmaweb.org).

[13] OECD (2009), *Indicators of Regulatory Management Systems*, Paris.

[14] Por ejemplo, en julio de 2008, el Departamento de Taoiseach (primer ministro irlandés) publicó un estudio que había encargado sobre la implementación de la evaluación de impacto regulatorio en Irlanda (GOGGIN y LAUDER, 2008). El estudio examinó hasta qué punto los departamentos y las oficinas estaban cumpliendo con los requerimientos para realizar las evaluaciones y valoró la efectividad del apoyo disponible a los encargados de realizar los análisis. En términos generales, concluyó que, aunque se había avanzado mucho, era necesario un mayor trabajo para asegurar que, cuando las evaluaciones de impacto normativo se realicen, éstas contengan un análisis detallado y suficiente; que exista la suficiente participación pública (consultación), y que sean publicadas.

El éxito o el fracaso de la evaluación de impacto normativo en un país determinado depende de los acuerdos institucionales, del nivel de apoyo político que reciba, y de la manera en que la evaluación de impacto haya sido adoptada. En el estudio de SIGMA[15] sobre la capacidad de gestión regulatoria de los nuevos Estados miembros[16] se observó que muchos países habían aprobado leyes que obligaban a realizar la evaluación de impacto, pero, a la vez, pocos habían dispuesto las estructuras y el personal necesarios para hacerla correctamente.

Conclusiones similares se han alcanzado en otros estudios de la OCDE. Radaelli (2005) explica que existe una «difusión sin convergencia»[17]. Otro estudio sugiere que la motivación para alcanzar la eficiencia en la regulación del mercado no siempre constituye la razón de ser de la práctica de la evaluación de impacto regulatorio. Los Gobiernos incorporan la evaluación de impacto regulatorio (o alguna de sus variantes o especies) impulsados por factores heterogéneos, como pueden ser el control político y la legitimación social, y no en motivos de eficiencia[18]. A ello puede añadirse la experiencia de la evaluación de impacto regulatorio en Irlanda, después del estudio realizado por la OCDE sobre la rea-

---

[15] *SIGMA («Support for Improvement in Governance and Management»)* es una iniciativa conjunta de la Unión Europea y la OCDE. Hemos estado trabajando con los países en el fortalecimiento de los sistemas de gobernanza pública y las capacidades de la administración pública durante más de 20 años.

[16] Los nuevos Estados miembros son aquéllos que se han incorporado a partir del 1 de mayo de 2004 o después. Véase el *paper* SIGMA nº 42 (www.sigmaweb.org).

[17] C. M. RADAELLI (2005), «Diffusion without Convergence: How Political Context Shapes the Adoption of Regulatory Impact Assessment», en *Journal of European Public Policy*, vol. 12/5, pp. 924-943.

[18] EVIA (2008*), Improving the Practice of Impact Assessment, Policy Paper.* Febrero.

lidad de la reforma regulatoria en aquel país: aun cuando no había ninguna demanda interna para utilizar esta herramienta, el factor principal que propició su adopción fue el informe de la OCDE y la opinión de determinados altos funcionarios de que la práctica de la evaluación de impacto sería beneficiosa.

Un reconocido experto en la materia[19] agrega un argumento que va más lejos y que razona la existencia de numerosas dificultades para implementar la evaluación de impacto regulatorio. De acuerdo con esta opinión, la utilización de la evaluación de impacto no sigue una tendencia lineal ascendente, sino que, de hecho, describe una curva en forma de U. En los primeros años, se realizaban relativamente pocas evaluaciones de impacto normativo, pero se llevaba a cabo bajo la supervisión de un pequeño grupo de expertos en el tema. A medida que la evaluación de impacto regulatorio se ha integrado en los procesos generales de toma de decisiones, ha sido llevada a cabo por un cada vez mayor grupo de gente con menor preparación. Durante el período de expansión, la calidad de la evaluación de impacto regulatorio parece declinar. En algún momento –en la fase de consolidación–, la formación y otros mecanismos de control de calidad se unen a la expansión, y la calidad de las evaluaciones de impacto normativo vuelve a mejorar.

VIII. EVOLUCIÓN VARIABLE O AMBIVALENTE EN LA IMPLEMENTACIÓN. EL EJEMPLO DE POLONIA

Es éste un patrón que sirve para medir la adopción, aunque no la implementación, y fue observado por SIGMA en su análisis

---

[19] Véase S. JACOBS (2006), *Current Trends in Regulatory Impact Analysis: The Challenges of Mainstreaming Regulation Impact Analysis into Policy-making, Jacobs and Associates*, Washington.

de la situación en los nuevos Estados miembros[20]. Desde entonces, estos países han avanzado para integrar la evaluación de impacto regulatorio de una forma más efectiva. El progreso se alterna con fases menos brillantes y será necesaria su revisión. Para supervisar la evolución de esta técnica, se utiliza también la colaboración del sector privado. Así, por ejemplo, la Dirección General de Política Interior del Parlamento Europeo contrató una consultora para llevar a cabo un estudio sobre el propósito, alcance y procedimientos de evaluación de impacto regulatorio desarrollados en los Estados miembros de la Unión Europea. Por lo demás, el reto para el desarrollo de la evaluación de impacto regulatorio en países emergentes y en desarrollo radica, desde luego, en los recursos humanos y materiales.

En Polonia, por ejemplo, el departamento de la Secretaría del Primer Ministro, responsable del control de la calidad de las evaluaciones de impacto, no cuenta con el personal necesario, y éste se limita a verificar aspectos meramente formales del proceso de evaluación.

En Polonia, la implementación de la evaluación de impacto regulatorio se inició a finales del 2011. Desde entonces ha sido obligatorio llevar a cabo evaluaciones de impacto regulatorio respecto de todas las actuaciones normativas del Gobierno. El sistema de evaluación de impacto regulatorio cubre tanto la aprobación de leyes como de reglamentos.

Por mandato legal[21], la evaluación de impacto regulatorio es obligatoria y además requiere que el resumen ejecutivo de la evaluación se adjunte a las notas explicativas y memorias que acompañan al texto legal. El informe de evaluación de impacto regulatorio habrá de identificar las partes afectadas por la norma; presentar los resultados del proceso de participación pública; determinar los

---

[20] SIGMA *Paper n° 42 Regulatory Management in New EU Member States*, E. Donelan (www.sigmaweb.org).

[21] Decreto núm. 49, del Consejo de Ministros del 19 de marzo de 2002. Normas de procedimiento del Consejo de Ministros.

efectos que la regulación tendrá en las finanzas públicas, incluyendo los presupuestos centrales y locales, el mercado de trabajo, la competitividad interna y externa, el desarrollo de las regiones, así como indicar las fuentes de financiación. La estructura del informe final de evaluación de impacto regulatorio, de acuerdo con las Instrucciones preparadas por el Ministerio de Economía, habrá de comprender, entre otros, los siguientes elementos:

- El análisis de los problemas, con una breve descripción de los temas.
- El objetivo, los efectos y las circunstancias relativas a la finalidad de la normativa propuesta, así como una información sobre el marco legal vigente y la justificación del cambio; incluirá además una evaluación del riesgo.
- Las diversas alternativas, con una breve descripción de las opciones disponibles, que irán desde la renuncia a emprender una acción, hasta las medidas que habrían de seguir a la aprobación de una ley.
- Consultas públicas, con una breve descripción acerca de cómo se programaron y se llevaron a efecto, así como la forma y la medida en que los resultados de las consultas han sido tenidos en cuenta en la evaluación de impacto.
- Los costes y los beneficios.
- Los sujetos afectados por la regulación prevista.
- El análisis detallado de los costes y de los beneficios resultantes de las diferentes opciones, presentados en una tabla de costes y beneficios en relación con los sujetos y las distintas áreas de las finanzas públicas, el mercado de trabajo, la competitividad y el espíritu emprendedor y también debe reflejar los impactos para desarrollo regional y ambiental.
- La implementación, la ejecución y el seguimiento;
- La opción recomendada;
- El plan de implementación.

En Polonia, la evaluación de impacto resulta exigible en todos los proyectos normativos, cualquiera que sea su naturaleza e impacto, siempre que estén sujetos a publicación obligatoria en los boletines oficiales polacos. Sin embargo, la evaluación de impacto regulatorio no se aplica a la normativa de la Unión Europea (con la excepción de la transposición de las Directivas de la Unión, la evaluación de impacto regulatorio no tiene lugar cuando se trata de una propuesta normativa de la Unión Europea que se está discutiendo en el seno de las instituciones europeas).

Por recomendación del informe de SIGMA sobre la capacidad de gestión normativa de los nuevos Estados miembros, el Consejo de Ministros aprobó unas nuevas directrices sobre la evaluación de impacto regulatorio, en 2006. En ese mismo año, se llevó a cabo una reorganización institucional para fortalecer el mecanismo de las evaluaciones de impacto, lo que comportó que se trasladara la responsabilidad de desarrollar dichas evaluaciones del Centro Gubernamental para la Legislación (*Government Legislation Centre*), donde estuvo hasta julio de 2006, al Ministerio de la Presidencia. Actualmente, el Ministerio de la Presidencia resuelve si el alcance de la evaluación resulta adecuado y selecciona los elementos que el Ministerio debería tener en cuenta para ampliar la evaluación y hacerla lo más completa posible. El Ministerio no tiene derecho de veto respecto de los proyectos que no contienen una evaluación de impacto regulatorio suficiente.

IX. CONCLUSIONES GENERALES

La evaluación de impacto regulatorio constituye un procedimiento diseñado para tener en cuenta las implicaciones de una propuesta normativa sobre las personas y su entorno, mientras todavía existe la oportunidad para modificarla (e incluso para abandonarla). Resulta aplicable a todos los niveles de Gobierno y a toda clase de decisiones, desde la elaboración de políticas públicas generales, hasta la aprobación de un proyecto concreto y específico. El proceso implica la identificación y caracterización de los impactos de la normativa previstos (previsión/predicción de impactos) y una evaluación de la importancia social de los mismos (evaluación de impacto).

El uso de la evaluación de impacto regulatorio obedece a la mayor conciencia de la necesidad de mejorar la gobernanza y la calidad de la elaboración de las políticas y del Derecho, que ha prendido en los países miembros de la OCDE, de la UE y en el seno de las mismas instituciones de la UE. El proceso de adopción e implementación ha sido lento y no existe un modelo único que funcione tan bien que pueda servir en todos los países en transición o en desarrollo. Cada país debe verificar qué se ha hecho en otros lugares y desarrollar el proceso y la estructuración institucional que mejor se adapte a sus propias circunstancias.

X. CONCLUSIONES PARTICULARES. OTROS EJEMPLOS NACIONALES DE PAÍSES EN TRANSICIÓN O EN VÍAS DE DESARROLLO

SIGMA realiza proyectos con numerosos países (Croacia, Egipto, Georgia, Jordania, etc.).

De esos y otros proyectos, podrían extraerse algunas conclusiones respecto de los países en transición o en vías de desarrollo, si pretenden adoptar la evaluación de impacto como herramienta:

– El apoyo político resulta esencial, no sólo para el establecimiento de esta técnica, sino también para su desarrollo y mejora continua.

- La selección de un buen equipo para iniciar el proyecto es igualmente crucial. El equipo ha de ser multidisciplinar (funcionarios, políticos, juristas y economistas...) en su núcleo duro para proveer a los Ministerios de apoyo y para revisar la calidad de las evaluaciones de impacto cuando éstas estén finalizadas.
- Han de destinarse los recursos adecuados.
- Conviene que existan lazos con la Universidad y con los expertos.
- Todos los implicados han de estar abiertos a un proceso de mejora y debe de dedicarse tiempo a la formación y a difundir el mensaje de que la evaluación de impacto regulatorio ayuda a crear mejores políticas.

CAPÍTULO QUINTO

EVALUACIÓN DE LAS REFORMAS NACIONALES MEDIANTE INDICADORES GLOBALES. ESTUDIO DE CASO

MARTINA CONTICELLI*

* Profesora Ayudante de Derecho Público, Universidad de Roma Tor Vergata.

ÍNDICE

Traducción realizada por Clara Velasco Rico.

I. EL OBJETO Y EL PROPÓSITO DE ESTE ESTUDIO

E STE trabajo tiene por objeto la dimensión supraestatal de las políticas de evaluación de impacto, situando el eje en la valoración de las políticas nacionales en materia de reforma de la Administración[1].

Como muchas otras funciones públicas, las políticas de evaluación han dejado de poseer un carácter puramente nacional. A diferencia de otros campos de intervención, sin embargo, en este caso las implicaciones de la globalización no son tan evidentes. Por un lado, ello se debe a la percepción según la cual la globalización no afectaría a los sistemas administrativos, ni tampoco deberían tener efectos las decisiones de las instituciones globales sobre las Administraciones nacionales. Por otro, obedece, como una consecuencia natural, a que la evaluación de impacto global implica considerar a los sistemas administrativos como bienes económicos o servicios.

---

[1] Para ver una panorámica del uso de los indicadores en el sistema legal global, pueden consultarse los trabajos presentados en el *Institute for International Law and Justice* durante la Conferencia sobre *Indicators as a Technology of Global Governance*, 13 y 14 de septiembre de 2010. Para una perspectiva italiana sobre el impacto de la regulación global en los proyectos de reforma administrativa, véase M. D'ALBERTI, «Riforme amministrative e sistema economico, Relazione presentata al Convegno su Il sistema amministrativo a dieci anni dalla riforma Bassanini», Roma, 30 de enero de 2008. Trabajo mecanografiado.

Entendemos, sin embargo, que el objeto de este estudio constituye un campo de investigación privilegiado para cuestionar ambas visiones. Su estudio no sólo permite conocer la dimensión global de la Administración y de su actividad, sino también la comprensión de la globalización en sus dos vertientes, la legal y la económica.

Comencemos este análisis con la premisa de que existe una compleja relación entre la globalización y las políticas públicas de reforma administrativa. Estos dos fenómenos contemporáneos tienen mucho en común. Para empezar, ambos se han desarrollado en el siglo XX. La globalización surge inmediatamente después de la Segunda Guerra Mundial, se desarrolla antes de fin de siglo, y finalmente se convierte, a principios del siglo XXI, en una de las características principales del mundo contemporáneo. Una evolución similar puede trazarse respecto a las reformas administrativas, que tal y como ha subrayado la doctrina[2], se desarrollaron en siglo XX, y al final del mismo, excepto en supuestos puntuales, se independizaron definitivamente de otras políticas públicas.

Constituye un lugar común afirmar que, gracias a la globalización, las Administraciones nacionales entraron en contacto con otros actores globales, tanto públicos como privados. No cabe duda tampoco de que, merced al estímulo de la intervención de los Gobiernos nacionales, la globali-

---

[2] En los términos utilizados con referencia a las reformas administrativas nacionales por S. Cassese, «L'età delle riforme amministrative», *Riv. trim. dir. pubbl.*, 2001, p. 80.

zación ha adquirido un efecto proactivo sobre las reformas iniciadas en muchas áreas del Derecho Administrativo[3].

Lo que resulta menos claro, y lo que ha atraído nuestra atención hasta aquí, es el interés de los poderes globales por el impacto real que se produce en dicho proceso. Esta temática puede debatirse mediante el examen de todo el procedimiento de evaluación, que puede ser considerado no únicamente desde una perspectiva procedimental (como el proceso de monitorización y consiguiente evaluación de las reformas administrativas nacionales por parte de los actores globales)[4], sino que también puede ser analizado en términos de relevancia sustantiva, tanto en los ordenamientos nacionales, como en los ordenamientos globales[5].

Partiendo de esa premisa, se requiere una estimación del impacto real de la evaluación global sobre las políticas de reforma de las Administraciones nacionales, al objeto de sentar una serie de cuestiones previas.

---

[3] Véase S. CASSESE y M. SAVINO, *The Global Economy, Accountable Governance, and Administrative Reform*, discussion paper for the 6th Global Forum on Reinventing Government Towards Participatory and Transparent Governance, Seoul, 2004, p. 3.

[4] Con este fin tomamos en consideración como objeto de estudio políticas de reforma general de las Administraciones nacionales: no hacemos referencia únicamente a las italianas, sino que abordamos las reformas nacionales desde una perspectiva más amplia. No hemos investigado las reformas administrativas que atañen a la estructura organizativa y al trabajo de las organizaciones internacionales.

[5] Para un examen más profundo de este debate véase: *Note e commenti sul sistema amministrativo italiano in contesto internazionale*, editado por G. PENNELLA (Formez); M. ASCIONE y V. RUSSO, *Misura della performance amministrativa in un contesto internazionale di cooperazione e competizione, Relazione al seminario di studio su Innovazione amministrativa, contesto internazionale e crescita*, Bologna, 15 gennaio 2008; S. SALVI, M. SALVATORE y A. ZULIANI, *L'amministrazione pubblica italiana nel contesto competitivo europeo*, Mipa.

La primera cuestión se refiere a las organizaciones que operan más allá del Estado; esto es, se refiere a las instituciones globales y en el área que les concierne. ¿Quién, en el ámbito global, ha de preocuparse por las reformas administrativas nacionales? Y ¿hasta qué punto o en qué medida las instituciones globales habrían de interesarse por la actividad y el trabajo de las Administraciones nacionales?

El segundo grupo de cuestiones posee una dimensión funcional. ¿Por qué las instituciones más allá del Estado habrían de concentrarse en las reformas administrativas nacionales?

La tercera cuestión a debate concierne justamente al sentido y significado del proceso de evaluación global en el ámbito global. ¿Cuán relevante es esta función? ¿Cómo se obtienen los datos, se monitorizan los procesos y se evalúan las decisiones que se implementan? ¿A quién se dirigen?

La última afecta a las opciones metodológicas. ¿Qué tipo de evaluación llevan a cabo las instituciones globales? ¿Sobre la base de qué indicadores y en qué método de cálculo fundamentan sus evaluaciones? ¿En qué reformas de la actuación administrativa y en qué áreas de los ordenamientos jurídicos están más interesados?

En una primera impresión, la relación entre la globalización y la reforma de las políticas administrativas parece unidireccional, puesto que podría pensarse que sólo la primera es la que ejerce influencia sobre las segundas. Sin embargo, con el estudio de los mecanismos de evaluación global que seguidamente se emprende pretendemos ofrecer una visión alternativa, y llegar a una conclusión parcialmente distinta, al demostrar que la globalización y las políticas de reforma administrativa se influencian mutuamente.

II. INSTITUCIONES GLOBALES CONCERNIDAS POR LAS POLÍTICAS DE REFORMA ADMINISTRATIVA NACIONALES

Muchas organizaciones internacionales están atentas a las políticas de reforma administrativa nacionales: la mayoría monitorizan y supervisan su desarrollo y llevan a cabo informes de evaluación. Por ello, únicamente vamos a considerar sólo algunos de ellos, por ejemplo:

- La OCDE publica informes habituales sobre las reformas administrativas en los países miembros, algunos de los cuales aparecen anualmente[6].
- El Fondo Monetario Internacional (FMI) convoca cada año una reunión, no sólo para debatir sobre el estado de la economía nacional, sino también para verificar la evolución de las políticas de reforma administrativa[7], mientras que el Banco Mundial (BM), en determinadas ocasiones, envía a la Federación Rusa sus informes sobre reformas administrativas experimentadas en otros países[8].
- La Organización Mundial del Comercio (OMC) actualmente supervisa, por ejemplo, el proceso de reformas administrativas en la República China (y también en otros países).
- A través de su departamento de asuntos sociales y económicos, la ONU recoge información sobre las reformas admi-

---

[6] Así, desde 2005, la aparición de *Economic Policy Reforms: Going for Growth*, y en 2009 *Goverments at a Glance*.

[7] Véase *Imf San Marino - Consultazioni ai sensi dell'articolo IV*, en www.finanze.sm y, para Suiza, véase: http://www.efv.admin.ch/i/themen/iwf/iwf_politik.php. En lo tocante a Italia, véase *Italy - 2006, Imf Article IV Consultation Preliminary Conclusions of the Mission November 13, 2006*.

[8] Véase N. Manning y N. Parison, *International Public Administration Reform. Implications for the Russian Federation*, Washington, 2003.

nistrativas en todo el mundo, y actualiza y sistematiza los datos estadísticos.

– El Foro Económico Mundial (FEM) y la Unidad de Inteligencia Económica (UIE) evalúan la competitividad de los países regularmente, basando sus apreciaciones en indicadores referidos al marco legal y al contexto institucional: el *Global Competitiveness Report* 2010/2011, concretamente, sitúa, por ejemplo, a Italia en el puesto cuarenta y ocho en términos de competitividad referida al sistema administrativo, denominado *Public Institutions Index*; el mismo país se sitúa en una posición ligeramente mejor en el *Business Environment Ranking*.

La preocupación, pues, por el impacto de las políticas nacionales de reforma administrativa se halla muy extendido actualmente entre los actores globales y ello queda probado por el hecho de que el resultado es de común interés para muchas instituciones –como las que se han enumerado–, cuya estructura y organización, y cuyos objetivos, Estados miembros y funciones, difieren notablemente. Y la lista completa de los actores involucrados podría ser aún más larga.

Con todo, la muestra de casos que se han seleccionado aquí es suficiente y pueden explicar muchas cosas, puesto que son representativos de las diversas situaciones. En efecto, a través de ellos, se alude a actores de distinta naturaleza: cuatro de ellos son instituciones internacionales públicas; algunos son organizaciones privadas, como FEM y la UIE; o instituciones «débiles», como la OCDE, mientras que otros, como el FMI y la OMC, tienen un papel protagonista en los asuntos internacionales; algunos de ellos son organizaciones intergubernamentales para el mantenimiento de la paz y el comercio, mientras que otros son actores no gubernamentales, cuyo mandato está perfectamente definido y limitado a la elaboración de información, por ejemplo, de forma consultiva con el Consejo Económico y Social, ECOSOC, de Naciones Unidas.

III. LAS RAZONES QUE EXPLICAN EL INTERÉS GLOBAL SOBRE LOS FENÓMENOS NACIONALES

Una vez esbozada la extensa atención que despiertan a nivel global las políticas nacionales de reforma administrativa, es necesario abordar seguidamente la razón de ser, esto es, la finalidad de tal proceso en el plano global. En este sentido, por lo menos merecen atención dos cuestiones, y para responderlas necesitamos referirnos de nuevo a los ejemplos mencionados más arriba. ¿Por qué preocuparse de las reformas nacionales? Y más aún: ¿por qué precisamente de las administrativas?

a) Los informes de la OCDE cubren el sistema legal de cualquier Estado miembro; sin embargo, el análisis se restringe a aquellas reformas administrativas que tienen un impacto directo en el desarrollo económico. Pese a este enfoque tan específico, estos informes ofrecen una perspectiva bastante amplia del sistema administrativo que se examina, abordando temas como la persistencia de barreras regulatorias y de trabas a la competitividad; la organización; la gestión; y la prestación educativa de tercer ciclo; y las reformas de la presión fiscal sobre las rentas del trabajo. Y ello se explica porque la reforma del marco regulatorio nacional, en este caso, afecta directamente a los ámbitos que incumben a la OCDE, cuyo interés se justifica por –y también se limita a– la implementación de la labor que se le ha asignado. Tal es la razón por la que el procedimiento de supervisión en este caso va acompañado de una evaluación.

b) Más complejo resulta el proceso de evaluación del FMI y del BM. De entrada, por contraste con la OCDE, los datos se obtienen y se analizan separadamente por países. Además, y en cuanto al objeto de evaluación, el procedimiento de valoración del FMI se limita a examinar aquellas reformas administrativas que tienen un impacto en la estabilidad económica y en el crecimiento, con una atención especial a las políticas fiscales y las reformas estructurales, pero también a las de liberalización y desregulación[9], mientras que el BM toma en consideración sólo aquéllas que pueden afectar a la eficiencia de la actividad administrativa, con especial énfasis en la gestión del gasto público, de personal y de la función pública, de la estructura organizativa del Ejecutivo, y de las políticas del Gobierno local[10].

Consideramos que los diferentes propósitos de las dos principales instituciones financieras a nivel global tienen influencia no sólo en la recogida de datos, sino también en el resultado del proceso de evaluación y en el retorno final. Es por ello que precisamos dedicarles algunas líneas.

---

[9] Véase, sobre el contexto italiano: *Italy - 2006 IMF Article IV Consultation, Preliminary Conclusions of the Mission*, November 13, 2006, where: «[g]rowth is picking up, some progress has already been achieved on the structural reform agenda, and buoyant revenues are helping the fiscal out turn. This is the most propitious economic environment in years to unshackle Italy's growth potential by putting the fiscal accounts in order, enhancing domestic competition, and improving the business environment. If not now, when?».

[10] En el informe sobre la Federación Rusa, el Banco Mundial tomó en consideración 14 países cuyas reformas estaban relacionadas con el tema objeto de estudio: gasto público; acuerdos de gestión pública y de función pública; cambios en las estructuras organizativas del ejecutivo, papel y políticas desarrolladas por los Gobiernos locales. Véase *International Public Administration Reform. Implications for the Russian Federation*, editado por N. MANNING y N. PARISON, World Bank, Washington, 2003.

En el primer caso, está en juego la pertenencia a la organización: así, el procedimiento de evaluación tiene por objeto verificar que se respeten los exigentes requerimientos impuestos a los miembros, que deben probar que han adoptado aquellas medidas que garanticen un control sobre la competitividad de sus sistemas administrativos (esto es particularmente evidente en las consultas anuales del FMI a los Estados miembros)[11].

El proceso de evaluación del Banco Mundial posee un objetivo distinto: la evaluación del sistema administrativo de un país revela el interés del acreedor respecto de la sostenibilidad del compromiso del deudor. Surge además otro propósito, más allá del objetivo meramente informativo y de la petición de cumplimiento de los requisitos de los Estados miembros. Nos referimos a los préstamos facilitados por el Banco Mundial a los países en vías de desarrollo, y al mecanismo condicional, según el cual una evaluación positiva o negativa de una política de reforma administrativa nacional tiene consecuencias prácticas.

c) El interés de la OMC sobre la reforma de la Administración depende en esencia de si la reforma objeto de examen es de un Estado ya miembro, o bien de un Estado que aspira a ingresar en su seno. En el primer caso, la reforma de la política administrativa resulta relevante sólo si se trata de una cuestión previa a la liberalización misma y, además, en la medida en que la reforma tenga influencia sobre las barreras comerciales[12], mientras que, en

---

[11] Estas consultas forman parte del mandato establecido en el Artículo IV del Convenio del FMI. Se integran en la función de vigilancia general que pretende mantener la estabilidad política, económica y financiera de los países miembros bajo control. Ésta se considera condición esencial para formar parte de la institución. En caso de que un Estado fuera evaluado negativamente, se analiza y se prepara un plan de reformas, que se verificará en ulteriores consultas.

[12] Véase *WTO News: 2004 Press Releases, Press/385*, 16 September 2004, *World Trade Report*, donde con especial referencia al llamado «Impact of Domestic Policies on Trade the Focus of 2004» se lee que: «[b]enefits from good trade policy may be attenuated or even undermined if governments pursue

el segundo caso, la misma política se toma en consideración simplemente para evaluar las condiciones de admisibilidad de un nuevo miembro de la Organización[13].

d) Una perspectiva completamente diferente debe adoptarse para explicar el caso de la ONU. Aquí la supervisión parece inicialmente prevista para facilitar información. A primera vista, en efecto, el interés en la obtención de datos no se ve afectada por otros objetivos, como acontece en los sistemas estadísticos que funcionan a nivel nacional: sin embargo, la información resulta útil para destacar las mejores prácticas en los sistemas administrativos de todo el mundo. En otras palabras, aquí destaca una finalidad comparativa, lo que trae nuevos elementos para su evaluación. Ello no obstante, el interés de la ONU no está constreñido a un propósito normativo: por el contrario, en este caso, esta organización internacional provee a los Estados miembros de un foro de debate. Es un hecho que se incentiva el intercambio de experiencias y modelos entre los Estados, lo que contribuye a estimular ulteriores reformas, sin que sea necesario requerir o imponer ningún cambio específico o adicional a los ordenamientos jurídicos de los Estados miembros.

e) El interés de las agencias de evaluación del crédito respecto de las políticas de reforma administrativa nacionales no responde a

---

deficient policies in other areas of economic activity, according to the 2004 World Trade Report published by the WTO Secretariat», disponible en el enlace: http://www.wto.org/english/news_e/pres04_e/pr385_e.htm.

[13] Véase: *WTO, General Council Meeting: 7 November 2006, Accession of Viet Nam – Report of the Working Party (WT/ACC/VNM/48 and Add. 1 and 2)*, donde se explica: «[t]o achieve this target, Viet Nam would speed up its economic reforms, complete a full market mechanism, improve administrative management capacity, and accelerate administrative reform and corruption eradication. Viet Nam aimed to strictly implement its WTO commitments and actively contribute to the common tasks of the WTO; it was also resolved to be a responsible and reliable Member and to contribute to a mutually beneficial, fair and balanced multilateral trading system».

ninguno de los propósitos apuntados hasta ahora. En su evaluación de las economías nacionales, las agencias de *rating*, o de evaluación del crédito, se ocupan de las opciones de inversión de otros actores, ya sean públicos o privados. Por tanto, toman en consideración sólo indicadores específicos como –por citar sólo aquéllos referidos al contexto socio-político e institucional– el marco legal, la disponibilidad de capital humano, el grado de desarrollo en infraestructuras y la eficiencia del sistema administrativo[14].

Algunas conclusiones pueden derivarse de lo examinado hasta ahora en este estudio de caso. En primer término, el interés que muestra cada institución global por las reformas administrativas nacionales y su conexión con la función que tienen asignada, pone de relieve que la supervisión y vigilancia obedece a múltiples propósitos. En segundo lugar, cabe afirmar que ello tiene implicaciones relevantes en lo que hace al procedimiento adoptado para la evaluación; esto es, en función del caso, después de una fase de monitorización, puede llevarse a cabo una fase de auditoría. La tercera observación es la siguiente: las consecuencias de todo el proceso de evaluación usualmente afectan sólo y específicamente a la relación entre el Estado miembro y la organización, excepto en el caso de las agencias de evaluación del crédito, puesto que aquí los resultados de su evaluación tienen un peso específico en las decisiones de terceros en materia de inversión.

---

[14] Nos referimos a A. Zuliani y S. Salvi, en *Note e commenti sul sistema amministrativo italiano in contesto internazionale*, Formez, pp. 24-25.

IV. LA PERSPECTIVA ORGANIZATIVA

A primera vista, las burocracias internacionales deberían dedicarse mayoritariamente a la obtención de datos y de información. Ello es ciertamente así, si nos referimos a la información en general. Ahora bien, una parte de su actividad se centra en las políticas nacionales relativas a la reforma administrativa. Y en estos casos, sin embargo, sólo en algunos casos la tarea de obtención de información se delimita y define con claridad, y se le atribuye a un departamento o una unidad específica.

Tomemos como ejemplo las instituciones que hemos citado. Estas entidades han adoptado diversas medidas organizativas para elaborar la evaluación final. A nuestro juicio, cuanto más involucrada se encuentre la institución global en la implementación de esta función, mayor desarrollo tendrá su estructura organizativa.

a) Entre las que hemos tratado aquí, la OCDE se encuentra involucrada en las políticas de reforma administrativa, acaso más que otras organizaciones, debido a la estrecha relación que existe entre la innovación, el crecimiento y el desarrollo. Las funciones principales se concentran en una única y específica unidad, como es el *Public Governance and Territorial Development Directorate*.

b) El mismo ámbito de trabajo se reparte entre tres unidades del FMI. Los departamentos que recopilan y tratan datos son el *Policy Development and Review Department*, el *Research Department* y el *Statistics Department*. Comparten esta responsabilidad con otros departamentos. En lo concerniente al Banco Mundial, además del *Information Officer*, las labores de seguimiento se llevan a cabo a través de otras unidades instrumentales, en función de su respectivo ámbito de competencias.

c) En la estructura de la OMC, la mayoría de las tareas de seguimiento e información sobre datos estadísticos de las Administraciones nacionales corresponden a la *Economic Research and Statistic Division*, que forma parte del Secretariado y se halla bajo el mando del director general[15]. Además, otras unidades obtienen información y elaboran informes como una forma de implementar la asistencia técnica; en este supuesto, la actividad informativa posee un carácter claramente instrumental a fin de cumplir con las responsabilidades atribuidas. Tal es el caso del *Institute for Training and Technical Cooperation*, cuya competencia consiste en ayudar a los países en vías de desarrollo, a los menos desarrollados y a las economías de bajos ingresos y en transición al comercio global en sus planes y estrategias de desarrollo económico, mediante la publicación de estudios periódicos.

d) La estructura organizativa de las Naciones Unidas presta una especial atención al seguimiento de las reformas administrativas nacionales; en este caso, la tarea es responsabilidad de una unidad especial, subordinada a la *Division for Public Administration and Development Management* del *Department of Economic and Social Affairs*, el llamado *United Nations Online Network in Public Administration and Finance* (UNPAN).

e) En el caso de la evaluación que realiza el *Global Competitiviness Report* del Foro Económico Mundial, por el contrario, los datos sobre las Administraciones nacionales se obtienen en el *Centre for Global Competitiveness and Performance*. Esta unidad trabaja codo con codo con expertos y economistas y académicos de primer nivel, quienes son llamados en ocasiones a cooperar bajo la dirección de esta organización no gubernamental. Además de estos profesionales, también se pide información a los Gobiernos nacionales, a las

---

[15] Esta unidad es la tercera en dimensiones, recursos y empleados, únicamente precedida por la División de Lenguas, Documentación y Gestión de la Información, y por la División General de Servicios.

Administraciones públicas y a los actores privados involucrados en el proceso de evaluación.

Las diferentes atribuciones de responsabilidad en lo que hace a la evaluación en el seno de las estructuras organizativas de las instituciones globales examinadas nos sugiere cuán diferente es el peso que tiene en cada organización la evaluación de las políticas nacionales de reforma administrativa. Cuando el propósito de ofrecer información prevalece respecto de otros objetivos de interés público, las labores de seguimiento y de estudio están claramente identificadas y generalmente caen bajo la responsabilidad de unidades especiales, sobre una base funcional. Al contrario, cuando la publicación de estudios y, en general, el proceso de evaluación tiene otros objetivos e implicaciones (como sucede en los mecanismos condicionales), o cuando la información es previa al cumplimiento de otros fines dentro de las funciones de la institución misma, dicha labor se asigna a aquellas unidades responsables en función del tipo de información, respondiendo esta asignación a un criterio instrumental.

Debemos añadir una última consideración, en relación con la participación de expertos externos a la organización. La necesidad de experiencia externa y de conocimiento experto depende de si el resultado ha de ser presentado a terceros e influye la percepción de éstos, en lugar de limitarse a la propia organización. En consecuencia, la participación se justifica en la necesidad de legitimación, puesto que en tal caso las consecuencias del proceso de evaluación de un país afectan a la opinión general, independientemente de la relación que el país tenga con la organización.

V. EL MÉTODO, EL OBJETO Y LAS PRIORIDADES EN LA EVALUACIÓN GLOBAL DE LAS POLÍTICAS DE REFORMA ADMINISTRATIVA NACIONALES

De acuerdo con las conclusiones a las que hemos llegado hasta ahora, tanto la selección de lo que se considere relevante para los estudios, como la elección del método más apropiado de análisis de datos, se hallan en función del interés y de las prioridades de cada institución. Se han identificado ya algunas pruebas y elementos de juicio en tal sentido, cuando hemos hablado de la preocupación dominante de los actores globales en las políticas relativas a la reforma administrativa de carácter nacional. Algunas consideraciones generales pueden añadirse ahora.

En lo relativo a la selección de la información relevante para la evaluación, excepto en el caso de Naciones Unidas y, en pocos casos, del Banco Mundial, el análisis que prevalece a nivel global es de tipo sectorial: el área que se evalúa de la política pública se encuentra estrechamente relacionado con el desarrollo en el caso de la OCDE; con la disminución de las barreras y el estímulo del crecimiento económico en el caso de la OMC; y con la estabilidad económica nacional, en cuanto al FMI y al FEM. Aunque ello se justifique por las responsabilidades y competencias que tengan encomendadas cada una de ellas, este tipo de análisis provee a la institución global de una visión parcial de los ordenamientos jurídico-administrativos; los límites de una evaluación de esta clase, pues, resultan evidentes, puesto que el área o ámbito a evaluar no permite una consideración integral de las múltiples relaciones existentes entre los diferentes sectores de las Administraciones públicas[16] e impide que la institución evalúe los cambios que se producen en los sistemas como parte de un proyecto de reforma mucho más complejo[17].

De forma análoga, cabe adoptar una actitud crítica frente a los métodos que se siguen para la obtención de la información necesaria, el análisis y su procesamiento: no sólo cada institución selecciona la información y las áreas a investigar, sino que al afrontar el estudio de una misma área, cada una de ellas pone el énfasis en sus propios criterios de evaluación y adopta su propia metodología de estudio. Como resultado surgen notables divergencias, que afectan al resultado final, y que no son precisamente secundarias en términos de relevancia[18]. Para adelantarse a las críticas, en algunos casos, las instituciones debaten en profundidad sus elecciones metodológicas con representantes de los Gobiernos nacionales y con expertos, como muestra el estudio de la OCDE denominado *Towards Better Measurement of Governments*[19] y *Towards Governments at a Glance*[20].

Al margen de estas observaciones y cautelas, cabe igualmente cuestionar las fuentes de donde provienen los datos. En la medida

---

[16] Algunos aspectos se sobredimensionan respecto de otros, de forma similar a lo que sucede a nivel nacional, pero con implicaciones más problemáticas, dada la aproximación sesgada que se produce a nivel global. Para una explicación de este mecanismo en el contexto interno, con especial énfasis en el ámbito laboral respecto a otras cuestiones funcionales, véase C. Franchini, «La riforma amministrativa in Italia», en S. Cassese y C. Franchini, *Tendenze recenti della riforma amministrativa in Europa*, Bologna, Il Mulino, 1989, p. 172.

[17] Sobre las bondades de la evaluación global de cualquier proyecto de reforma, con referencia al caso italiano y al *Rapporto Giannini* véase C. Franchini, «La riforma amministrativa in Italia», en S. Cassese y C. Franchini, *Tendenze recenti della riforma amministrativa in Europa*, Bologna, Il Mulino, 1989, pp. 167 y ss.

[18] Para una visión crítica sobre lo aquí apuntado, véase A. Zuliani, «Competizione internazionale e pubbliche amministrazioni italiane», en *Note e commenti sul sistema amministrativo italiano in contesto internazionale*, editado por G. Pennella, Formez, 2006, pp. 77 y ss.

[19] http://www.oecd.org/dataoecd/11/61/38134037.pdf.

[20] http://www.oecd.org/gov/governmentataglance2011.htm.

en que no cuentan con fuentes directas de información, las instituciones globales seleccionan un interlocutor *ad hoc* entre expertos provenientes del mundo empresarial, del sector privado, de la función pública o de los representantes del Gobierno nacional. Son obvias las implicaciones que esta selección puede tener en el resultado final de los estudios.

VI. CONSIDERACIONES FINALES

¿Qué conclusiones pueden extraerse de este análisis? En primer lugar y ante todo, también desde las instituciones globales se ejercen fuertes presiones sobre las políticas de reforma administrativa a nivel nacional, así como en el proceso de evaluación. La necesidad de cambio en los sistemas administrativos, inspirada en cuestiones políticas, ideológicas e incluso económicas[21], y el interés y preocupación por la evaluación de las políticas públicas, no surgen ya del Gobierno central, de los Gobiernos locales o de las propias Administraciones, ni tampoco del sector público. Por el contrario, cada vez se hallan más influenciados por los actores globales, que no son sólo instituciones públicas, sino también privadas. La evaluación se encuentra especialmente implicada en este proceso, en tanto que las reformas políticas tienen efectos reales no sólo para las instancias nacionales, sino también para los actores que operan fueran de las fronteras nacionales.

---

[21] Véanse Y. Meny y V. Wright, «Introduzione. Le burocrazie e la sfida del cambiamento», en *La riforma amministrativa in Europa*, editado por Y. Meny y V. Wright, Il Mulino, Bologna, p. 1994.

En segundo lugar, deben destacarse las razones que motivan un cambio en el sistema administrativo. Es necesario conocerlas, puesto que únicamente sobre ellas pueden evaluarse las reformas y su coherencia interna.

No es sorprendente que las razones fundamentales que impulsan las reformas, generalmente explicitadas y enumeradas por académicos y expertos, resulten reforzadas por el análisis de lo que sucede a nivel global y se confirmen en cada uno de los casos estudiados (pese a que sean consideradas bajo un prisma sectorial, como hemos podido mostrar).

Esta consideración tiene su importancia no sólo respecto de las limitaciones o imposiciones internas, como podría ser la necesidad de racionalización del aparato administrativo, o de restricción del gasto público, o la exigencia de una mayor eficiencia en la actuación de las Administraciones públicas, sino también, y quizás ello sea aún más importante, respecto de las presiones externas y de los incentivos, como el deseo de mejorar las relaciones cotidianas con los ciudadanos, la promoción de la transparencia y el acceso a la información de las decisiones administrativas. A ello se añade que, a nivel global, se suman otros requerimientos, como los que exigen las instituciones financieras para otorgar un préstamo, o para conseguir una buena cualificación en los informes de las agencias de evaluación del crédito, o para cumplir con los compromisos internacionales con el fin de convertirse en miembro de una institución global.

En tercer lugar, lo que es más interesante del fenómeno que aquí analizamos no se debe tanto al hecho de que durante las dos últimas décadas las instituciones globales hayan mostrado un interés creciente en las políticas nacionales de reforma administrativa[22], como a la circunstancia de que su interés forma parte de un mecanismo condicional, que tiene implicaciones concretas en las relaciones entre los ordenamientos jurídicos globales y los nacionales.

Por un lado, puede decirse que hay un gran interés y preocupación por analizar y evaluar los sistemas administrativos[23]; y, sin embargo, la información y los datos estadísticos sobre la Administración pública parecen no gozar de un reconocimiento oficial en el plano del ordenamiento jurídico global.

Considerada la obtención de información y su valoración como una de las principales funciones tradicionales de los ordenamientos jurídicos internos, en los que se asignan tales funciones a unidades *ad hoc*, sin embargo, no ocurre lo mismo en el ámbito global, y ello pese a que información y los datos sobre las Administraciones públicas deberían tener una mayor importancia, ya que el ordenamiento jurídico global no cuenta con una base o herencia común de información.

A ninguna institución global se le ha encomendado oficialmente la labor de obtención y tratamiento de los datos. Por un lado, puede decirse que se ha minusvalorado no sólo la dimensión real de este fenómeno, sino también la necesidad de información. Por otro lado, ello exigiría un mayor grado de desarrollo en la división del trabajo, lo que es no es común más allá de las fronteras nacionales, si se tiene en cuenta el carácter todavía embrionario del marco legal global.

[22] F. BASSANINI, *The dynamics of public sector reform, Second quality Conference for public administration*, Copenague, 2-4 octubre de 2002, disponible en: http://www.giustizia-amministrativa.it/.

[23] Véase S. CASSESE, «Che cosa vuol dire 'amministrazione di risultati'?», *Giorn. Dir. Amm.*, 2004, p. 941.

Al mismo tiempo, se ha podido constatar que numerosas instituciones globales llevan a cabo estas funciones sin haber recibido ningún mandato específico, ni siquiera de manera informal. La mayoría de ellas toma en cuenta los mismos datos y los interpreta desde perspectivas diferentes.

Los resultados difieren notablemente. Baste pensar, por ejemplo, en que sólo en el área de las evaluaciones de competitividad se publican cuatro informes: el *Global Competitiveness Report* del FEM, el *World Competitiveness Yearbook* de la *IMD Business School*, el *Index of Economic Freedom* de la *Heritage Foundation* y el *Doing Business Project* del Banco Mundial. Además, en la mayoría de los casos se ofrece una visión parcial de los sistemas administrativos analizados; en muchos otros, se realiza una evaluación en consonancia y a la luz de las responsabilidades y tareas que cada institución tiene atribuidas. En consecuencia, el mismo sistema legal puede ser clasificado de forma distinta. Ello podría aceptarse, si no fuera por las diversas implicaciones prácticas que puede tener la evaluación.

Por otro lado, el objeto del análisis resulta más complicado en el plano global, en tanto que aquí se da la circunstancia de que no sólo compiten los actores privados, sino también los sistemas nacionales, sujetos a examen o control. Tal es la razón por la que la medición de las reformas administrativas dentro de cada país se ha erigido en uno de los parámetros principales para evaluar el ordenamiento jurídico interno en su conjunto. Una buena evaluación a nivel global atrae inversores y mano de obra extranjera, estimula los intercambios internacionales y tiene efectos positivos sobre el crecimiento económico interno. Al mismo tiempo, por las razones antes mencionadas, una buena evaluación a nivel global actúa como factor incentivador para la búsqueda de una mayor eficiencia, y espolea la mejora de cada uno de los marcos normativos nacionales[24].

Ello significa que la actuación administrativa, el buen hacer de la Administración, no es sólo un valor *per se*, ni es ya un factor neutral a nivel global, ni su valor se reduce a las implicaciones que tienen unas buenas relaciones entre la Administración y los ciudadanos, desde una perspectiva institucional. La actuación administrativa es además un elemento, pese a su naturaleza jurídica originaria, cuyo carácter adquiere ahora importantes connotaciones sobre todo desde una perspectiva económica.

Por otra parte, la obtención, selección y procesamiento de la información tendente a valorar la acción administrativa tampoco es neutral en sí misma, ya que, como ya he manifestado en los casos estudiados, cada institución global adopta un enfoque particular o preferente, y estudia cada sistema administrativo en un conjunto.

Una vez puesto de manifiesto que el resultado de la evaluación de cada política nacional en materia de reforma administrativa depende en buena medida de la función o responsabilidad que la institución global tenga encomendada, se plantean algunos interrogantes: ¿Habríamos de abandonar la búsqueda de principios comunes a los que deberían res-

---

[24] En referencia a la última hipótesis, se observa algo similar a lo que sucede con el «vínculo externo» con el ordenamiento jurídico exterior. Este concepto se utiliza para describir un fenómeno según el cual, cuando los Gobiernos no consiguen algo por presiones internas o por falta de medios, en general acostumbran a lograrlo arguyendo los compromisos europeos o internacionales. Este mecanismo es capaz de iniciar un círculo virtuoso, puesto que se estimula a un país a mejorar su ordenamiento jurídico debido a las mejoras introducidas en otro país: ¿puede funcionar esto respecto de la actuación administrativa? Véase S. Cassese, «L'evoluzione recente dello Stato italiano», en *Giorn. Dir. Amm.*, 2004, p. 673.

ponder todos los sistemas administrativos nacionales? ¿Participan los indicadores globales de algo en común los unos con los otros? ¿Se está fraguando una idea común acerca de lo que ha de entenderse por eficiencia en un sistema administrativo? ¿Existen políticas de reforma administrativas que pueden ser mejor diseñadas en el nivel global?

La respuesta a estas cuestiones no puede ser sino negativa. Sin embargo, el análisis pone de manifiesto algunos puntos de convergencia. Las instituciones globales que aquí se han tenido en cuenta comparten algo en común, cuando menos en lo que hace a las prioridades. Y es que, dentro de los sectores especiales del Derecho Administrativo, es el Derecho Público económico el que despierta mayor interés, tanto desde el punto de vista de la información, como desde el ángulo de los mecanismos condicionales. Y respecto de las políticas públicas se da una importancia destacable a la desregulación y a la liberalización, seguidas de la privatización, y de las propuestas de reducción del gasto público, de control de la deuda y de la inflación, así como de políticas orientadas al desarrollo en el mercado de trabajo.

Pese a que la función de evaluación a nivel global ha dado prioridad a específicos ámbitos de reforma, poniendo el acento en algunos aspectos particulares, todas las instituciones aquí consideradas se han centrado principalmente en tres tipos de políticas: la desregulación, la liberalización y la privatización. En consecuencia, se puede afirmar que, en términos generales, se ha llevado a cabo una buena evaluación respecto de la eficiencia de los sistemas administrativos nacionales mediante el examen de la calidad regulatoria, con especial énfasis en la simplificación de las cargas administrativas a nivel nacional[25], como factores más relevantes que la evaluación de las instituciones globales ha tenido en cuenta.

Ello no resulta sorprendente, si se considera que las reformas administrativas citadas son las que más sirven de estímulo para el crecimiento y el desarrollo de la economía a escala global. De ahí que cualquier cosa que no sirva a este propósito se considera secundaria[26].

A lo que ya notábamos al inicio del capítulo en punto a la dimensión de incentivo o estímulo que la globalización ejerce sobre la reforma administrativa en el plano nacional, ahora cabe añadir que, en el nivel global, las únicas reformas administrativas que importan son aquéllas que, con un enfoque sectorial, más favorecen a la globalización misma.

Ello no obstante, sería deseable alcanzar un cierto equilibrio o grado de uniformidad en lo que hace a la evaluación de impacto, con un análisis atento a la diversa naturaleza de cada reforma administrativa y al entorno en el que se desarrolla. Si, como parece previsible, esta tendencia desembocara en un mayor peso de la dimensión económica, habría que tener en cuenta, sin embargo, que no es posible una evaluación de las reformas administrativas en clave unidimensional, sin un acervo común de principios, y una visión de conjunto del entero sistema socio-económico.

---

[25] Sobre ello, en términos de «concepción minimalista del Estado» véase S. SALVI, M. SALVATORE y A. ZULIANI, *L'amministrazione pubblica italiana nel contesto competitivo europeo*, Documento Mipa, Roma, p. 9.

[26] Sobre la importancia secundaria de este aspecto véase, M. D'ALBERTI, *Poteri pubblici, mercati e globalizzazione*, Il Mulino, Bologna, 2008.

CAPÍTULO SEXTO

PANORÁMICA SOBRE LA PRÁCTICA FRANCESA DE LOS ESTUDIOS DE IMPACTO PREPARATORIOS DE LOS PROYECTOS DE LEY, DESPUÉS DE LA ENTRADA EN VIGOR DE SU NUEVO MARCO CONSTITUCIONAL Y ORGÁNICO

JEAN MAÏA*

* Jefe del Servicio de Legislación y de Calidad del Derecho, Secretaría General del Gobierno, Francia.

ÍNDICE

Traducción realizada por Clara Velasco Rico.

L<small>A</small> perspectiva que aquí se adopta es empírica a partir de la experiencia adquirida en la puesta en marcha de nuevas reglas constitucionales y orgánicas que han renovado profundamente la forma de desarrollar los estudios de impacto preparatorios de las reformas legislativas en Francia, en los últimos años.

Así pues, me propongo presentar las características relativamente originales del dispositivo institucional que se ha organizado en Francia desde la reforma y de los recursos en los que se apoya la realización de los estudios de impacto elaborados por el Gobierno (I).

Desde esa perspectiva práctica, haré referencia a las consideraciones críticas que se han formulado sobre este proceder y, también, a las dificultades metodológicas con las que se encuentran habitualmente los profesionales, centrándome de forma particular en las cuestiones de análisis económico (II).

Concluiré con una reflexión sobre cómo se incardina el trámite del estudio de impacto en el procedimiento de toma de decisiones y la aportación que se puede esperar en términos de mejora de la calidad regulatoria y, más concretamente, de la eficacia del Derecho.

I. EL NUEVO MARCO INSTITUCIONAL FRANCÉS DE LAS EVALUACIONES PREVIAS A LAS REFORMAS LEGISLATIVAS

1. EL MECANISMO DE CONTROL DE LA PRÁCTICA DE LA EVALUACIÓN DE IMPACTO REGULATORIO ES DOBLE: POLÍTICO Y JURISDICCIONAL

La aproximación francesa al tema es singular, si se compara con la mayoría de los países occidentales en lo tocante a la revisión de la Constitución, llevada a cabo en 2008, para introducir una obligación de rango constitucional sobre la evaluación previa de los proyectos de ley, cuyo alcance fue precisado en una Ley Orgánica de 2009. Esta obligación recae sobre el Gobierno y lleva aparejado un doble mecanismo de control, de naturaleza política y de naturaleza jurisdiccional.

El tercer epígrafe, nuevo, del artículo 39 de la Constitución[1], dispone que la presentación de los proyectos de ley ante la Asamblea Nacional o el Senado está sujeta a las condiciones que se fijen mediante una Ley Orgánica[2].

La obligación de realizar un estudio de impacto se aplica a partir de la reforma a todas las leyes, incluidas las leyes presupuestarias y de financiación de la seguridad social, con excepción de sus tablas de «cifras». Por el contrario, no se aplica ni a las reformas constitucionales, ni a una eventual prórroga legislativa de un estado de crisis, ni a las proposiciones de ley presentadas por uno o más parlamentarios.

La Ley Orgánica número 2009-43, de 15 de abril de 2009[3], define con precisión en su artículo 8 las exigencias de contenido

---

[1] http://www.legifrance.gouv.fr/html/constitution/constitution2.htm#titre5.

[2] Sobre el tema, véanse los capítulos primero y tercero de esta obra.

[3] http://www.legifrance.gouv.fr/html/constitution/constitution2.htm#titre5

que deben satisfacer estos estudios[4]. También fija una serie de líneas maestras en consonancia con los estándares internacionales (diagnóstico, definición de los objetivos, examen de las opciones posibles, análisis de impacto). Pone el acento en la cuantificación de los análisis e impone al Gobierno la obligación de explicitar los métodos de cálculo utilizados[5].

Otro aspecto que cabe destacar es que, del mismo modo que en el caso de sistema de evaluación previa europeo, ésta se inscribe en el marco del desarrollo sostenible y exige el análisis de los impactos tanto sociales y ambientales, como económicos y financieros. Ello revela una preferencia política, ciertamente madurada por el Gobierno y el Parlamento, que atribuye al trámite una finalidad concreta, y ello tiene, naturalmente, una incidencia en la metodología del análisis, como se esboza más adelante.

El mecanismo de control político previsto en el cuarto epígrafe del artículo 39 de la Constitución consiste en la posibilidad, otorgada a la Conferencia de Presidentes de la primera asamblea ante la que se presente el texto, de rechazar que el proyecto de ley sea incluido en su orden del día, si se constata que se han obviado las normas relativas al estudio de impacto previstas en la Ley Orgánica[6].

El mecanismo de control jurisdiccional previsto en el mismo precepto constitucional consiste en que en caso de desacuerdo entre la Conferencia de Presidentes y el Gobierno, el presidente de la asamblea o el primer ministro pueden

---

[4] Sobre el tema, véanse los capítulos primero y tercero de esta obra.

[5] Sobre esta temática, veánse los capítulos segundo y tercero de esta obra.

[6] Este mecanismo se ha utilizado por primera vez en agosto de 2010 en la Asamblea nacional, en la que la Conferencia de presidentes discutió sobre la calidad del estudio de impacto del proyecto de ley sobre la reforma de las jubilaciones y admitió su inclusión en el orden del día.

acudir al Consejo Constitucional, quien debe decidir sobre la cuestión en un plazo de ocho días[7].

Otras dos características del dispositivo merecen mencionarse aquí:

La primera es que el estudio de impacto acompaña al proyecto de ley para su dictamen ante el Consejo de Estado, con carácter previo a la remisión al Consejo de Ministros y después al Parlamento. Como órgano consultivo del Gobierno, el Consejo de Estado debe apreciar la conformidad del estudio de impacto con las exigencias de la Ley Orgánica. La segunda es el carácter público del estudio de impacto. Tanto las asambleas como el Gobierno[8] deben publicar *on-line* el estudio de impacto desde que se registra el proyecto de ley en el Parlamento. Esta publicidad se prolonga durante la organización de los debates parlamentarios y del debate público.

Con ocasión de la reforma del reglamento de la Asamblea Nacional en 2009, ésta ha decidido reforzar la información y las contribuciones del público en el procedimiento de examen de los proyectos de ley por parte de los diputados. En aplicación de este reglamento, se ofrece la posibilidad a los internautas de formular observaciones a estos documentos en la página de Internet de la Asamblea. Estas contribuciones se transmiten a los diputados responsables del informe que compila el examen del proyecto de ley. Éstos presentan dichas contribuciones a sus colegas en un anexo del informe. Ha de señalarse igualmente que, después de la entrada en vigor de las nuevas reglas, algunos de los estudios realizados han sido el germen de vivos debates en prensa y en Internet.

---

[7] Sobre el tema, véanse los capítulos primero y tercero de esta obra.

[8] http://www.legifrance.gouv.fr/html/etudes_impact/accueil.html.

2. BREVE REFERENCIA ACERCA DEL ORIGEN DEL NUEVO MARCO JURÍDICO Y DE LAS DIFICULTADES DE INTEGRAR LA EVALUACIÓN DE IMPACTO EN EL PROCESO DECISORIO

Por otro lado, resulta oportuno realizar un breve *excursus* sobre la génesis de este marco institucional, ciertamente original, para comprender bien cuáles han sido, hasta tiempos recientes, las dificultades de integrar el análisis de evaluación previa dentro del procedimiento de toma de decisiones.

La relación de Francia con los estudios de impacto ha sido durante largo tiempo un tanto paradójica. Si bien es cierto que Francia fue uno de los primeros países de la OCDE (casi diez años después de Estados Unidos, desde luego) en concienciarse de la necesidad realizar estudios de impacto a fin de luchar contra el exceso en la producción y la inestabilidad de las normas[9], no lo es menos, sin embargo, que las intenciones manifestadas estuvieron muy lejos y durante mucho tiempo de una concreción en la práctica, quedando inaplicadas una serie de circulares del primer ministro[10]. El informe del Consejo de Estado de 2006 sobre la complejidad del Derecho y la seguridad jurídica[11] sugirió que la única forma de asegurar la obligatoriedad de la evaluación de impacto regulatorio consistía en situar su exigencia al más alto nivel de la jerarquía normativa.

El Gobierno y el Parlamento tuvieron en cuenta esta recomendación durante el debate de la reforma constitucional de 23 de julio de 2008. Como fruto de ella el art. 39 ha dispuesto, como ya nos consta, la utilización de esta técnica, y, más específicamente y de forma detallada, la Ley de 15 de abril de 2009 la ha convertido en

---

[9] Dictamen del Consejo de Estado de 1991, *De la seguridad jurídica*; Informe Picq de 1994 sobre *El Estado en Francia – Servir a una nación abierta al mundo*.

[10] De los años 1995, 1998, 2003, etc.

[11] Sobre el tema, véase capítulo primero.

una pieza significativa del proceso legislativo y del procedimiento de elaboración de políticas públicas.

3. LA ORGANIZACIÓN ADMINISTRATIVA DE LA EVALUACIÓN DE IMPACTO NORMATIVO

Es preciso realizar algunas consideraciones sobre la puesta en práctica de estas reglas desde el punto de vista de la organización y del procedimiento que se han dispuesto para llevar a cabo los estudios de impacto.

Aunque corresponda al Ministerio que presenta la iniciativa la responsabilidad primaria de la elaboración del documento, el trabajo se organiza a nivel interministerial a través de la Secretaría General del Gobierno, a la que incumbe la doble función de suministrar un apoyo metodológico y de control de la calidad de los estudios. Puesto que el estudio final es un documento del Gobierno y no de un Ministerio, la Secretaría General del Gobierno organiza el trabajo entre los distintos servicios a los que se solicita su actuación para verificar la concordancia de los diferentes puntos de vista sobre los análisis que se han desarrollado. Estos trabajos se organizan en estrecha relación con los consejeros políticos del primer ministro.

La Secretaría General del Gobierno interviene, pues, en el proceso de elaboración del documento en cuatro momentos:

– Fase primera: se trata de elaborar el marco y sus primeras especificaciones:

- Tan pronto como sea posible, el departamento responsable le envía un documento inicial con las directrices oportunas a los servicios del primer ministro;
- Se elabora un borrador con requisitos en la reunión entre los servicios del Ministerio que inicia el proceso y la Secretaría General del Gobierno.
- Ese borrador pretende establecer un primer esquema del estudio de impacto; determinar los puntos que merecen una atención particular o un estudio complementario; indicar las contribuciones de otras Administraciones eventualmente necesarias; y fijar un calendario para la elaboración del estudio de impacto.
– Fase segunda: en la fase de elaboración del estudio de impacto, sobre la base de este borrador, la Secretaría General del Gobierno suministra un apoyo metodológico, basado en unas directrices y, asegura su difusión al conjunto de los Ministerios afectados, obtiene sus observaciones y preside las reuniones interministeriales con el fin de llegar a un consenso.
– Fase tercera: la Secretaría General del Gobierno adapta la evaluación de impacto a la luz de la evolución de la elaboración del anteproyecto; el estudio de impacto evoluciona junto con la definición de la reforma y la puesta a punto del proyecto de ley, sobre todo una vez que el resto de Ministerios formulan observaciones sobre el proyecto de estudio de impacto en la fase de consultas entre servicios.
– Fase cuarta: en el examen de la calidad del estudio de impacto, intervienen sucesivos controles:
- Control de la Secretaría General del Gobierno (control de calidad) junto con el Gabinete del Primer Ministro, antes de enviarlo al Consejo de Estado;
- Control del Consejo de Estado: la Secretaría General habrá de tener en cuenta los cambios propuestos por el Consejo de Estado, antes de su remisión al Consejo de Ministros.

- Control parlamentario: la cámara a la que en primera instancia se dirige el texto ha de controlar la calidad de la evaluación de impacto; control que se extiende a todo el proceso durante los trabajos parlamentarios.

II. UN PRIMER BALANCE DE LA PRÁCTICA FRANCESA DE LA EVALUACIÓN DE IMPACTO DESDE LA REFORMA DE 2008-2009. LA EVALUACIÓN CONTRIBUYE A REDUCIR LA INCERTIDUMBRE DURANTE EL PROCESO DECISORIO Y FORMENTA EL DEBATE PÚBLICO

1. DESDE UNA PERSPECTIVA PRÁCTICA, EL ÁMBITO Y ALCANCE DE LA EVALUACIÓN DE IMPACTO RESULTA NECESARIAMENTE AMPLIO A LA VISTA DE LAS EXIGENCIAS DEL MARCO JURÍDICO ESTABLECIDO DESDE 2008

Estas reflexiones provienen de las primeras evaluaciones de impacto presentadas ante el Parlamento en el primer año[12]. La opción escogida en Francia consiste en combinar el análisis económico con la dimensión social y la medioambiental. La amplitud de las cuestiones a tratar no debe desbordar su delimitación, concisión y manejabilidad. De hecho, los estudios rara vez tienen menos de cincuenta páginas, lo que podría ser ya un primer elemento de duda en

---

[12] 83 desde el 1 de septiembre de 2009 al 31 de agosto de 2010.

cuanto a la posibilidad de que sean efectivamente integrados en el proceso decisional.

En cuanto al análisis económico propiamente dicho y como disponen las directrices elaboradas en la Secretaría General del Gobierno y distribuidas a los Ministerios, ha de abordar:

a) El impacto macro-económico, con los efectos inducidos sobre:

- El entorno económico: dinamismo de la actividad económica, nivel de PIB, nivel de inflación;

- Competitividad de la economía francesa: competitividad global de las empresas francesas; equilibrio de la comercial, relaciones económicas exteriores, turismo, inversiones directas en el extranjero y en Francia;

- El funcionamiento de los mercados y las preferencias de los consumidores;

- El fortalecimiento o las distorsiones en la competencia;

- Los impactos territoriales: zonas geográficas de empleo; atracción y competitividad económica de los territorios;

- Investigación e innovación: progreso técnico y nuevas tecnologías, investigación académica y aplicada.

b) El impacto micro-económico o sectorial sobre cada una de las categorías de personas físicas o jurídicas afectadas:

- Impacto sobre las empresas en términos de carga administrativa, de fiscalidad, de incentivo o freno a la inversión; efectos según las características de la empresa (tamaño, sector, nivel de cualificación); aumento o reducción del acceso a los insumos esenciales (trabajo, materias primas, energía); efectos particulares sobre las micro y las pequeñas empresas;

- Impacto sobre los individuos en términos de cargas administrativas, de costes o de beneficios inducidos, del nivel de poder adquisitivo, de información y de protección de los consumidores.

Con el propósito de mejorar el análisis de las nuevas cargas administrativas que se imponen sobre las Administraciones, empresas e individuos, la Secretaría General de Gobierno ha elaborado un instrumento específico consistente en medir en términos económicos su impacto, y cuyo nombre es OSCAR (*Outil de Simulation de la Charge Administrative*: herramienta de simulación de la carga administrativa), sobre la base del modelo de costes completos (*standard cost model*) y de una metodología desarrollada conjuntamente con la DGME y el IGF, basándose en los datos recogidos por DGAFP, INSEE y DB[13].

OSCAR pretende calcular la complejidad de un trámite administrativo en términos de tiempo a emplear y de coste para el usuario y para la Administración. Permite que los defensores de las iniciativas tomen conciencia y se planteen los efectos de las obligaciones que un nuevo trámite genera para los usuarios y para la Administración. Este trabajo de proyección no se realizaba de forma espontánea en la Administración hasta el presente. Una vez se ha probado la utilidad de la herramienta, actualmente su mejora es objeto de reflexión y se pretende hacerlo aún más operacional.

A este programa se le añade la creación de un Comisariado en el seno de la Secretaría General de Gobierno de simplificación administrativa, nombrado por el primer ministro.

Una de sus principales misiones será velar por que el impacto de las normas aplicables a la actividad de las empresas sea eficazmente evaluado, sobre todo en el sector de la industria, y, en general, respecto de las pequeñas y medianas empresas.

Sin embargo, no todos estos elementos han de examinarse en cada proyecto de ley que prepare el Gobierno y en el mismo grado. El tiempo y los recursos que se destinan varían en función de lo

---

[13] DGFAP: Direction Générale de l'Administration et de la Fonction Publique; INSEE: Institut National de la Statistique et des Études Économiques; DB: Direction du Budget.

que esté en juego en cada proyecto, de acuerdo con el principio de proporcionalidad. No todos pueden ser analizados sistemáticamente en la profundidad que permite el análisis económico. Ningún análisis cuantitativo puede basarse por completo en claras e inequívocas hipótesis o parámetros. Téngase en cuenta, por ejemplo, que esos efectos pueden ser más o menos difusos; más o menos perceptibles a largo plazo; evolucionar y transformarse con el tiempo; resistirse a la monetarización; plantear serias dificultades metodológicas y cuestiones teóricas de difícil resolución; ser fruto de complejos sistemas; o afectar de modo muy diferente a los distintos individuos y colectivos.

A todo ello, a veces, deben añadirse dificultades para conseguir los datos o simulaciones pertinentes. Pese a que la Dirección General del Tesoro tiene una gran experiencia en Francia en materia de simulación, sobre todo, en materia de modelización macroeconómica, puede suceder que los resultados de estas simulaciones no sean más que parciales.

A resultas de cuanto antecede, puede decirse que la evaluación de impacto contribuye a reducir la incertidumbre durante el proceso decisorio, más que a medir científicamente los efectos económicos de la medida proyectada.

2. ESTUDIO DE IMPACTO, INCERTIDUMBRE Y DEBATE PÚBLICO: EL EJEMPLO DEL PROYECTO DE LEY «NOME» (SOBRE LA REORGANIZACIÓN DEL MERCADO ELÉCTRICO)

El hecho de que presente no pocas dificultades no significa que la evaluación de impacto regulatorio puede ser condenada o considerada como un instrumento inútil o poco significativo. Constituye un dato contrastado que contribuye a racionalizar y objetivar los parámetros que han de guiar la acción pública.

Un caso interesante, entre muchos otros, para apreciar las virtudes y los límites de un análisis de impacto regulatorio es el proyecto de ley NOME (sobre la reorganización del mercado eléctrico). Efectivamente, el mercado de la electricidad es algo muy complejo desde el punto de vista de la ciencia económica. Para poderlo comprender es necesario tener en cuenta numerosos parámetros, la mayor parte de los cuales son inciertos. El objetivo de la norma en cuestión residía en ajustar mejor los principios que rigen ese mercado. Partiendo de la constatación de que los precios observados en los mercados europeos del conjunto de la electricidad no reflejan las condiciones económicas del parque de producción eléctrica francés, debido a su componente nuclear, el objeto de este proyecto de ley residía en conciliar mejor la lógica de la renta y del servicio universal, sobre la base de las recomendaciones de un informe llamado *Champsaur* (abril de 2009)[14], y en el marco de una nueva organización del mercado eléctrico[15].

_____

[14] *Vid.* «Champsaur» report (April, 20009): http://lesrapports.ladocumentationfrancaise.fr/BRP/004001811/0000.pdf.

[15] Entre otras cosas, prentendía:
  – Asegurar a los proveedores de electricidad un acceso regulado a la electricidad de base de EDF en las mismas condiciones económicas que EDF;
  – Permitir que los consumidores escojan entre las ofertas competitivas e innovadoras de los diferentes proveedores (dominio de la demanda, servicios, etc.);
  – Reforzar la seguridad de aprovisionamiento de Francia, obligando a todos los proveedores a disponer, directa o indirectamente, de capacidad de producción o ampliación suficientes para aprovisionar en todo momento a sus clientes;
  – Evitar los efectos «ganga» garantizando mediante una cláusula de complemento de precio de la electricidad de base adquirida por el acceso regulado a la electricidad de base de los proveedores alternativos es estrictamente proporcionado a sus necesidades, en vista de su voluntad de ser competitivos respecto a EDF en el mercado doméstico francés;

Más allá de la complejidad de la materia, había una dificultad intrínseca para llevar a cabo la evaluación de impacto del proyecto de ley[16] al pretender definir un marco en el que, llegado el momento, quedarían todavía por tomar muchas decisiones cuya importancia será determinante en términos de impacto.

Con todo, la evaluación de impacto hizo una buena contribución por cuanto sirvió para dinamizar el entero proceso, generar interés y debate, señaladamente entre la comunidad de los expertos.

Por ejemplo, el Centro de economía industrial de Minas Paris-Tech (Cerna) publicó un estudio en 2010, en el que se destacaban los pros y contras de la evaluación de impacto. Entre las ventajas, señalaría el lenguaje comprensible, sobre todo para un público no experto; la claridad en exposición de las dificultades de conciliar los objetivos pretendidos y las consecuencias esperadas de la reforma; la riqueza en términos de datos fácticos y de cifras poco conocidas por el gran público; o la contribución al debate público. Y, entre las desventajas, criticaría afirmaciones poco o nada demostradas. El Cerna estima principalmente que la estabilidad normativa y jurídica de la Ley NOME no es necesariamente una garantía, puesto que, por un lado, todos los elementos del dispositivo que puedan tener un impacto sobre la estabilidad no son conocidos, y, por otro lado, la experiencia demuestra que los dispositivos complejos son aquéllos que conducen a un mayor número de cambios; y la falta de datos indispensables para una evaluación más precisa de los impactos.

Por otro lado, un *think tank* «medioambiental», el IEGRE (Instituto Europeo para la Gestión Sostenible del Medio Ambien-

---

– Finalmente, confirmar las tarifas reguladas de venta para los pequeños consumidores, pero permitir su extinción para los grandes, ya que el acceso regulado a los proveedores a la electricidad de base les permitirá proponer ofertas reflejando las condiciones económicas del parque de producción francés.

[16] http://www.legifrance.gouv.fr/html/actualite/actualite_legislative/eva-luación_de impacto_marche_electricite.pdf.

te) se interesó también en el estudio de impacto relativo al proyecto de ley NOME. El estudio de impacto fue calificado con un 6 sobre 10. El IEGRE explica haber bajado la nota al constatar que, lamentablemente, el informe *Champsaur*, inspirador del estudio de impacto, únicamente fue anexado al estudio y no integrado en el seno del mismo, lo que comportaba una pérdida de comprensión debido a la diferencia de estilo del estudio de impacto y del informe.

También debe señalarse que el examen del proyecto de ley en la Asamblea nacional comenzó en el seno de la comisión competente sobre el fondo mediante un debate sobre el estudio de impacto, alimentado por las contribuciones que éste había suscitado entre los internautas.

De todo ello puede desprenderse que los estudios de impacto, pese a sus limitaciones, poseen el mérito de no dejar indiferente a nadie y pueden, en todo caso, representar uno de los instrumentos adecuados para estimular la maduración de las reformas. El cuidado con el que se inserten en la organización institucional y su publicidad son, en este sentido, sin ninguna duda determinantes.

III. CONCLUSIÓN

El valor añadido de la evaluación de impacto consiste en la oportunidad que brinda para reducir la incertidumbre, no sólo porque ayuda a los responsables de la realización de las políticas públicas, sino porque facilita mayor información a los ciudadanos, habida cuenta el carácter público y transparente del procedimiento, máxime cuando, como sucede en Francia, acompaña al anteproyecto de ley que se remite al Parlamento.

El procedimiento de evaluación preliminar será siempre susceptible de mejora. Puede perfeccionarse continuamente, mediante el uso en las instituciones y la participación de los ciudadanos. En ese sentido, la relación entre evaluación *ex ante* y evaluación *ex post* puede resultar, en este punto, muy beneficiosa.

CAPÍTULO SÉPTIMO

¿SE LE PUEDEN ENSEÑAR AL VIEJO SISTEMA DE DERECHO PÚBLICO NUEVAS TÉCNICAS?

LA EXPERIENCIA GRIEGA SOBRE «REGULAR MEJOR» Y LA EVALUACIÓN DE IMPACTO: DE LA PARODIA A LA TRAGEDIA SIN RECURRIR (AÚN) A UN *DEUS EX MACHINA*

GEORGE DELLIS[*]

[*] Profesor de Derecho Público de la Facultad de Derecho de la Universidad de Atenas.

ÍNDICE

Traducción de Teresa Parejo Navajas.

I. EL MODELO DE EVALUACIÓN DE IMPACTO REGULATORIO: UN MODELO TAMBIÉN PARA GRECIA

1. UNA NORMA NACIONAL SIN TRADICIÓN EN LAS BUENAS PRÁCTICAS PARA REGULAR MEJOR

G RECIA posee un sistema jurídico continental. No instituye un Estado federal; su Constitución se basa en los principios del parlamentarismo y en una estricta separación de poderes[1]. La Administración forma parte del poder ejecutivo y se halla bajo la dirección del Gobierno. El paradigma francés ha impregnado fuertemente el Derecho Público griego. Y en ese sentido el Derecho Administrativo constituye un conjunto de normas claramente separadas del Derecho privado. Es, como en Francia, un Derecho de creación jurisprudencial, a cargo señaladamente del Consejo de Estado, igualmente construido a imagen y semejanza del francés[2].

Como consecuencia de sus orígenes en el Derecho continental, el sistema administrativo griego ha sido excesivamente «legalista» o formalista, como luego se insistirá[3]. La función de las autoridades

---

[1] SPYROPOULOS/FORTSAKIS, *Constitutional Law in Greece*, Kluwer International/Ant. Sakkoulas Publishing, Athens, 2009.

[2] SPILIOTOPOULOS, *Greek Administrative Law*, Ant. Sakkoulas Publishing, Athens 2004, SPILIOTOPOULOS/MAKRIDIMITRIS (Eds.), *L'administration publique en Grèce*, Hellenic Institute for Administrative Science, Ant. Sakkoulas Publishing, Athens, 2001.

[3] No es cuestión baladí el hecho de que el Parlamento griego esté formado mayoritariamente por abogados.

públicas se determina a través de conceptos legales y de posiciones «axiológicas», a veces un tanto utópicas por desconectadas de los hechos y de la realidad[4]. La Administración, se presume, no es «discriminatoria» y es «buena», aunque no sea «eficaz» ni «eficiente»; estas últimas cualidades no constituyen principios generales del Derecho Administrativo interno[5]. Más aún, es importante destacar que, a pesar del origen liberal del orden constitucional griego, la visión predominante acerca del papel que ha de cumplir el Estado en la sociedad y en el mercado se resuelve en un claro y fuerte intervencionismo. Todos los Gobiernos, sean de derechas o de izquierdas, han favorecido una concepción «paternalista» del Estado, principalmente en relación a la organización de la economía, que no ha sido cuestionada por los tribunales[6], ni por la propia sociedad[7], al menos hasta época reciente, y a pesar de la integración de Grecia en la Unión Europea.

Naturalmente, Grecia no ha prestado atención a los instrumentos de buena regulación, tales como la evaluación de impacto regulatorio antes de que ésta se «impusiera de forma consensuada» desde fuera, en un intento de presentar a Grecia –sin transformarla– como un «Estado europeo moderno». Habida cuenta de que el país había adoptado un modelo de Administración pesada y amplia,

---

[4] Por ejemplo, y según jurisprudencia consolidada, los ciudadanos pueden alegar un «acquis social» derivado de las provisiones incluidas en la Constitución que prohíben que el Parlamento apruebe leyes que disminuyan el actual nivel de protección social. No obstante, tal enfoque parece irrelevante, si no obsoleto, en un período de crisis financiera importante.

[5] En relación a la necesidad de un análisis más realista en materia de Derecho Administrativo, véase SHAPIRO, «Pragmatic Administrative Law», *Issues in Legal Scholarship 1*, 1 (2005).

[6] Los tribunales reconocen un relevante margen de discrecionalidad y libertad en beneficio del legislador y del Gobierno en la definición de «interés público económico». Habida cuenta de que se admite con naturalidad la restricción de las iniciativas económicas privadas por causas de interés general, el control judicial opera muy limitadamente.

[7] Los políticos genuinamente liberales juegan un papel marginal en la política griega.

marcadamente intervencionista, de la que, sin embargo, no se esperaba que fuera eficaz, la evaluación de los efectos de sus acciones resultaba irrelevante y quedaba fuera del control judicial. El sistema legal interno tradicionalmente había conocido únicamente algunas formas de evaluación normativa básicas y dirigidas a sectores de actividad específicos[8], tales como el informe de impacto presupuestario previsto constitucionalmente antes de la adopción de medidas legislativas de aumento de los gastos[9]. Por el contrario, la memoria o «informe explicativo» que debe acompañar a cualquier iniciativa legislativa, según lo establecido en el art. 74.1 de la Constitución griega (CG), constituye más bien un ensayo y no tanto un estudio científico de evaluación de impacto. Además, los procedimientos de consulta pública resultaban desconocidos, salvo en áreas concretas, como la referida al Derecho urbanístico[10], e incluso en este caso su importancia ha estado siempre infravalorada.

2. INTRODUCCIÓN AL MODELO DE «REGULAR MEJOR» EN GRECIA

El debate sobre la necesidad de poner en marcha los principios de buena regulación y una más eficaz estrategia de planificación[11]

---

[8] Como, por ejemplo, en relación con las áreas turísticas, por exigencias derivadas de la Organización Nacional del Turismo.

[9] Según el art. 75.1 de la Constitución griega (CG), todas las iniciativas legislativas que supongan un aumento de los gastos presupuestados deberán ir acompañadas de un informe elaborado por el Tribunal de Cuentas del Estado, que determine el coste exacto de la acción normativa propuesta.

[10] Los borradores de Planes urbanísticos se publican y exponen a información pública desde 1923.

[11] Sobre la relevancia de la planificación estratégica, véase BERRY, «Innovation in Public Management: The Adoption of Strategic Planning», *Public Administration Review 54*(4): 322 (1994).

no se iniciaría hasta 1995[12] y sobre todo tras el informe de la OC-
DE[13] relativo a la «reforma normativa en Grecia», de 2001[14], que
señaló las más importantes deficiencias de su organización pública[15], sugiriendo también algunas soluciones concretas. Las condiciones eran favorables ya que en este momento, la europeización
del Derecho Público estaba de moda[16], la Comisión Europea se es-

[12] Por lo que hace a los primeros pasos hacia la introducción del sistema
de evaluación de impacto ambiental en Grecia, véase HATZIS/NALPANTIDOU,
«From Nothing to Too Much: Regulatory Reform in Greece», Brussels: European Network for Better Regulation; ENBR Working Paper n° 13/2007,
http://ssrn.com/abstract=1075963. Los autores hacen una especial referencia
al informe del profesor I. Spraos al primer ministro en el año 1998 (conocido
como «informe Spraos»).

[13] En el año 1997, los Ministros de la OCDE aprobaron el informe sobre
reforma regulatoria que claramente recomendaba a los Gobiernos «introducir
la evaluación de impacto regulatorio en el desarrollo, revisióin y reforma de
la regulación». Véase MAHON/MACBRIDE, «Standardizing and Disseminat-
ing Knowledge: The Role of the OECD in Global Governance», *European
Political Science Review* 1(1), 83 (2009) y la OECD: «The OECD Report on
Regulatory Reform: Thematic Studies» (1997), «Regulatory Impact Analysis: Best Practices in OECD Countries» (1997), «Regulatory Policies in
OECD Countries: From Interventionism to Regulatory Governance» (2002),
«OECD Regulatory Policy Committee» (2009), «Indicators of Regulatory
Management Systems» (2009), OECD Publishing, Paris.

[14] OECD, «Regulatory Reform in Greece», OECD Reviews of Regulatory Reform, Paris: OECD, 2001 (OCDE, «Reforma Regulatoria en Grecia»,
OCDE Revisión de la Reforma Regulatoria, París: OCDE, 2001. Texto en
español de la traducción).

[15] Fundamentalmente, el exceso de regulación, la ineficacia, el sobredimen-
sionamiento del sector público, la falta de transparencia, la falta de impar-
cialidad, la corrupción. Véase también «Regulatory Impact Analysis (RIA)
Inventory», publicado por Public Governance Committee of the Public Governance and Territorial Development Directorate of OECD (Paris, april 15,
2004).

[16] Entre otros muchos, véase CASSESE, «The Globalization of Law», *International Law and Politics* 37(2):973 (2005), DELLA CANANEA, «Beyond the State:
the Europeanization and Globalization of Procedural Administrative Law»,
European Public Law 9(4): 563 (2003), HARLOW, «Global Administrative Law:
The Quest for Principles and Values», *European Journal of International* Law
17(1): 187 (2006).

taba centrando en la evaluación de impacto regulatorio[17] y Grecia pretendía alcanzar las exigencias requeridas para entrar en el euro. Además, algunas formas de evaluación de impacto ya se habían comenzado a introducir en el ordenamiento jurídico interno a través de las Directivas europeas en dos ámbitos: primero, en el sector de liberalización de los servicios de interés económico –primariamente, telecomunicaciones y energía–, junto con el modelo de autoridades reguladoras, nunca antes visto en Grecia[18]. Segundo, en relación a la protección del medio ambiente. La evaluación de impacto ambiental, necesaria antes de la obtención de la licencia para el desarrollo de cualquier proyecto que pudiera ocasionar efectos adversos sobre el medio ambiente, sometida a consulta pública, constituye la primera acción real de la Administración pública basada en el conocimiento científico y abierta al público, que ha sido utilizada de forma sistemática y con éxito en Grecia[19].

Después de una serie de ambiciosos, aunque infructuosos, intentos por aprobar el marco jurídico en que se estableciera la obligación de utilizar los diversos instrumentos de buena regulación, la evaluación de impacto regulatorio se aprobó finalmente en Grecia en el año 2006 a través de una circular publicada por la Oficina del Primer Ministro, titulada «Política legislativa y evaluación de la

---

[17] Para un análisis más profundo, véase RADAELLI/DE FRANCESCO, *Regulatory Quality in Europe. Concepts, Measures and Policy Processes*, Manchester: Manchester University Press, 2007; ALLIO, «Better Regulation and Impact Assessment in the European Commission», en Kirkpatrick/Parker (Eds.), *Regulatory Impact Assessment, Towards Better Regulation?* The CRC Series on Competition, Regulation and Development, Edward Elgar Publishing, Cheltenham, UK, 2007, p. 72 y las directrices de la Comisión Europea de 2009 (Commission Guidelines of 2009): http://ec.europa.eu/governance/impact/commission_ guidelines/docs/iag_2009_en.pdf.

[18] Las leyes 3431/2006 y 2773/1999, respectivamente, en los sectores de las telecomunicaciones y la energía, impusieron un procedimiento de consulta previo a la adopción de las más importantes medidas regulatorias.

[19] Introducidos desde la Directiva 85/337/EEC y la Ley 1650/1986, aunque la práctica ganaría en calidad con la supervisión jurisprudencial del Consejo de Estado, desde mediados de los 90. Véase el epígrafe III.1 más abajo.

calidad y eficacia de la legislación y de la regulación»[20]. La opción de la redacción del texto y de la autoridad que obliga a la práctica de la evaluación de impacto regulatorio tienen un «valor simbólico»: como no se establece mediante Ley ni Decreto, sino a través de circular (las circulares no resultan vinculantes según el Derecho Administrativo griego) y dado que este texto no proviene del Ministerio del Interior (que es el competente para la supervisión de la Administración en general), podría pensarse que se trata de una opción meramente indicativa de que la tradicional concepción «excesivamente jurídica» de la acción administrativa, basada en conceptos y supuestos provenientes del Derecho Público y de los tribunales administrativos, se habría visto superada por una nueva visión (¿una concepción de la «ciencia administrativa»?) que enfatiza la moderna gobernanza y la eficacia pública.

La circular se refiere expresamente al acuerdo interinstitucional de la Unión Europea sobre «mejora en la legislación»[21] y a la OCDE, y fue elaborada por la cúpula de las principales ramas de la Administración (Secretaría General del Gobierno, Ministerios, Regiones) y estaba dirigida a la puesta en marcha de la imagen más avanzada de buena Administración. A pesar del cambio político del año 2009, el nuevo Gobierno socialista mantuvo vigente la circular con algunas modificaciones menores relativas al contenido del estudio de evaluación de impacto regulatorio. Asimismo manifestó su compromiso con la promoción de la apertura en la acción del Gobierno a través del restablecimiento de los procedimientos de consulta[22] y mediante la puesta en marcha,

---

[20] Oficina del Primer Ministro, Circular Y190 (18 de julio, 2006). Para mayor detalle en la presentación de la circular y de las cuestiones más relevantes del modelo de evaluación de impacto regulatorio aportadas por la circular, véase HATZIS/NALPANTIDOU, *op. cit.* (2007) y KARKATSOULIS, «Regulatory Impact Assessment in Greece» (2007), www.oecd.org/dataoecd/19/47/39795225.pdf.

[21] OJ 2003/C321/01, 23 de diciembre, 2003.

[22] De acuerdo con la circular de 2009 del primer ministro, el Sr. Papandreou, todos los borradores legislativos deberán exponerse al público para su consulta previa.

de forma más cuidadosa, del modelo de evaluación de impacto regulatorio[23].

3. LAS PRINCIPALES CARACTERÍSTICAS DEL SISTEMA DE EVALUACIÓN DE IMPACTO REGULATORIO GRIEGO

El sistema de evaluación de impacto regulatorio griego, de acuerdo con la circular, es triple. En primer lugar, acoge los principios tradicionales, unánimemente reconocidos en el plano de la política de *regular mejor*, que van mucho más allá de la mera legalidad formal, y del respeto a la norma superior. El sistema, entre otras cosas, hace suyo el principio de proporcionalidad (necesidad, idoneidad y proporcionalidad *stricto sensu*) de las medidas propuestas, y en otras características que no resultaban muy valoradas hasta ese momento, tales como simplicidad, eficiencia y transparencia. En segundo lugar, para asegurar el cumplimiento de esos principios y valores, se establecen normas específicas de procedimiento, relativas, de un lado, a la forma en que se construye el borrador del informe conclusivo de la evaluación de impacto, y, de otro, a las consultas para incorporar al público y a la sociedad en general. Este tipo de procedimiento se sigue para la preparación de los anteproyectos de ley que se votan en el Parlamento y debería ampliarse también a otras normas. En tercer lugar, la circular prevé asimismo mejoras estructurales para adaptar la organización

---

[23] Las nuevas directrices fueron publicadas en el año 2009 (véase más abajo) con referencia a las Directrices de Evaluación de Impacto de la Comisión Europea, el Marco para la Evaluación de Impacto Regulatorio de la OCDE y el Manual Modelo de Coste Estándar Internacional de la red SCM.

de las autoridades públicas competentes a la era del «buen Gobierno». Se crea un órgano de control, dentro de la Secretaría General del Gobierno, para supervisar y coordinar todo el proyecto (Agencia de Apoyo para la Buena Regulación). Además, toda Administración interviniente deberá establecer una Unidad de Evaluación de Calidad Normativa específica (UECN), que se encargará de la preparación del borrador o proyecto de evaluación de impacto, así como de los informes periódicos de la evaluación de impacto sobre la evolución de política de mejora de la regulación. Otra innovación de naturaleza estructural ha consistido en promover la mejora del proceso de codificación a través del Comité Central de Codificación[24], al que se le ha encomendado la responsabilidad de racionalizar la caótica y sobredimensionada legislación interna.

Merece la pena centrarse en las Directrices de 2009[25], relativas a los parámetros examinados en el marco del informe de evaluación de impacto regulatorio. El sistema griego optó, al menos en principio, por una sofisticada metodología de evaluación de impacto integrada, con el objeto de cubrir el examen de todos los potenciales efectos de la regulación en revisión. El informe examina primero la proporcionalidad *lato sensu* de la medida en el sentido de su necesidad e idoneidad. En esta fase, el informe identifica y describe el problema o cuestión a regular junto con los objetivos de la solución propuesta sobre la base de datos y elementos cuan-

---

[24] Establecido desde la Ley 3133/2003.

[25] (En griego): www.ggk.gov.gr/wp-content/uploads/2010/02/ypodeigma_ 2009.doc, the 2009 Guidelines were followed by a Manual on the preparation of the evaluación de impacto regulatorio Report: www.ggk.gov.gr/wp.../ Egheiridio_odigion_symblirosis_ypodeigmatos.pdf.

titativos. La opción de «no hacer nada» ha de examinarse en todo caso y compararse con las medidas en cuestión.

La evaluación de los efectos o impactos de la norma prevista comprende las siguientes dimensiones:

a) Economía: El informe no sólo debe identificar las industrias afectadas, los efectos estructurales en el mercado, los efectos en la competencia, los presupuestos generales del Estado y la economía nacional en su conjunto, sino también dar respuesta a cuestiones específicas tales como las consecuencias sobre el establecimiento de nuevos jugadores económicos o sobre las pequeñas y medianas empresas (PyMES). Según las Directrices de 2009, la evaluación económica incluye la valoración de las cargas administrativas para las empresas (cargas burocráticas o *red tape*) que generaría la nueva regulación, cuantificadas mediante el sistema conocido como «modelo de costes estandarizados» (*standardized cost model*).

b) Efectos sobre la sociedad y sus ciudadanos: El informe identifica los grupos sociales afectados y cuantifica esos efectos con la ayuda de los datos que obran en el Servicio Nacional Estadístico (renta media, condiciones de vida, etc.). Especial énfasis se da también a las consecuencias de la regulación para los ciudadanos, a cuyo efecto se valora si las medidas propuestas mejoran los servicios proporcionados por el Estado y si simplifican los procedimientos administrativos.

c) Entorno natural y cultural: Ha de describirse cualquier efecto que quepa prever sobre el medio ambiente y, en el caso de que se haya realizado una evaluación de impacto ambiental sobre proyectos que guarden relación con la norma en estudio, sus conclusiones se incorporarán de forma sucinta en el informe.

d) Administración y Justicia: Conforme a las mismas directrices, una parte del informe se ocupa de las consecuencias que el proyecto de norma conlleva para la acción pública (en términos de carga de trabajo y eficiencia) y también de la Administración de Justicia (eventuales dilaciones). Por lo que hace a la *legalidad* de la norma objeto de consideración –examinada bajo el prisma del principio de proporcionalidad y de la evaluación de las consecuencias– las directrices hacen especial hincapié en el examen de su conformidad con las provisiones constitucionales y europeas, incluyendo la jurisprudencia del Tribunal de Estrasburgo. Además, ha de acreditarse que el proyecto normativo ha observado las pautas y estándares establecidos para la elaboración de las normas (en relación a la formulación textual más adecuada) y que resulta coherente y conforme con los procedimientos de codificación pendientes. Han de valorarse igualmente los efectos del proyecto sobre el orden de distribución de competencias, de acuerdo con lo dispuesto en el ordenamiento jurídico-administrativo griego. Merece la pena mencionar que, en caso de que una propuesta normativa prevea la creación de una nueva estructura pública, sea en la modalidad de un nuevo comité, servicio, unidad u organismo público, esa propuesta debe ir acompañada adicionalmente de un informe técnico sobre su viabilidad y de una opinión favorable de un comité intergubernamental especial[26].

La última parte del informe hace alusión a la *transparencia*, la *cohesión social* y las *consultas públicas*. Se ocupa de las específicas normas del procedimiento de consulta (plazos de la consulta, medios de publicidad y de comunicación, número y categorías de personas implicadas); de los resultados más importantes de este procedimiento; un resumen de las alegaciones vertidas por los participantes.

---

[26] De acuerdo con otro texto de *soft law*: Decisión del primer ministro Y189/18.7.2006.

II. DE LA ILUSIÓN A LA REALIDAD: UNA EVALUACIÓN NORMATIVA DISTORSIONADA Y MARGINAL

Si se hace un examen *in vitro*, el modelo parece, si no impecable, al menos de alta calidad. No obstante, esa imagen resulta idílica y completamente engañosa. Varios años después de su adopción, muy pocas evaluaciones se han hecho de una forma realista y correcta. Pese al elevado número de leyes aprobadas por el Parlamento desde el año 2006, sólo una pequeña cantidad se ha visto acompañada de un informe de evaluación de impacto regulatorio, y entre esos pocos alguno constituye en realidad una verdadera parodia.

El ejemplo de la nueva legislación de insolvencia de 2007 resulta esclarecedor[27]: el autor del correspondiente informe no cree, sin rubor alguno, que la legislación en cuestión vaya a generar ningún efecto sobre la economía o la sociedad...

Hay algunas excepciones positivas, por supuesto, como el caso de la nueva Ley (llamada «Kallikrates»), que ha reformado radicalmente la organización tanto del régimen local, como de los servicios administrativos descentralizados (2009), y a la que le precedió una rigurosa evaluación de impacto regulatorio[28]. Lo mismo ha ocurrido con otros textos legislativos aprobados después, como, por ejemplo, en materia de «formación permanente»[29] o en relación con un nuevo «sistema electrónico para la prescripción de medicamentos» para luchar contra la corrupción y el gasto público

---

[27] El caso es presentado por HATZIS/LALPANTIDOU, *op. cit.* (2007).

[28] http://www.eetaa.gr/kallikratis/Ekthesi_Sinepeion_Rithmisis.pdf (en griego).

[29] http://www.gsae.edu.gr/attachments/396_ekthesi_aksiologisis_30_08.pdf (en griego).

innecesario[30]. Sin embargo, aun en esos dos últimos casos, la falta de experiencia técnica en la realización del informe de evaluación de impacto regulatorio y en la cuantificación de sus efectos parece clara; las personas que preparan el informe son probablemente funcionarios sin formación específica, que han de presentar la normativa preexistente y explicar las razones del nuevo proyecto, pero sin poder justificarlo con datos y argumentos científicos. En otros casos referidos a importantes proyectos legislativos, el análisis ha sido apresuradamente preparado, sin respetar los principios metodológicos y científicos establecidos en la circular y en las directrices antes mencionadas. Por ejemplo, el proyecto que pretendía introducir un «procedimiento rápido» para autorizar grandes inversiones en Grecia –un esfuerzo para atraer capital extranjero y para enfrentarse a los obstáculos generados por la burocracia– ha sido objeto de un informe de evaluación de impacto regulatorio de cinco páginas[31]; ese documento no contiene ningún elemento específico ni datos que acrediten las negativas consecuencias del exceso de regulación administrativa, ni sobre los beneficios esperados con las modificaciones propuestas, sino que recuerda más a una memoria o «informe explicativo» tradicional, que acompañara al borrador de la legislación propuesta por el Gobierno al Parlamento durante los 150 años de parlamentarismo constitucional en Grecia. En otras palabras, es como «degradar» la evaluación de impacto regulatorio a un sencillo ensayo elaborado por personas sin la formación necesaria para ello[32]. En resumen, el modelo de evaluación

---

[30] http://www.hellenicparliament.gr/UserFiles/c8827c35-4399-4fbb-8ea6-aebdc768f4f7/5_EKTHESH%20AXIO.pdf (en griego).

[31] http://www.investingreece.gov.gr/files/Stratigikes_ependyseis/EKTHE-SI.pdf (en griego).

[32] La misma crítica puede hacerse al informe de evaluación de impacto regulatorio sobre la legislación relativa a la disminución de la Administración a través de la fusión o la eliminación de unidades públicas innecesarias: http://www.hellenicparliament.gr/UserFiles/c8827c35-4399-4fbb-8ea6aebdc768f4f7/5EKTHESIAXIOLOGISIS.pdf (en griego).

de impacto regulatorio griego presenta serias debilidades, que podrían agruparse de la siguiente forma:

1. EL FRACASO EN EL INTENTO DE ADAPTAR LAS HERRAMIENTAS DE LA EVALUACIÓN DE IMPACTO REGULATORIO A LA REALIDAD ADMINISTRATIVA GRIEGA

Es sabido que la evaluación de impacto ha de adaptarse a las circunstancias y que no cabe un formato único para todos los casos[33]. Es necesario adaptarla a las características del entorno normativo en el que vaya a ser utilizado. En ese sentido, las autoridades griegas no han desarrollado ese proceso de «adaptación». El Gobierno parece estar satisfecho con la reproducción del marco jurídico general de evaluación de impacto regulatorio elaborado de conformidad con la Unión Europea y la OCDE sin ajustarlo a las especificidades nacionales, sectoriales o locales. El «fracaso del ajuste» evidencia indiferencia o incluso desgana hacia el correcto uso de estas herramientas.

Por ejemplo, uno de los mayores problemas de la economía griega es la falta de competitividad como consecuencia de la carga generada por la excesiva burocracia, innecesaria y mal diseñada, con claros solapamientos y duplicidades. No es, por tanto, una cuestión menor y el Gobierno debiera enfrentarse a los instrumentos que ayudan a sortear ese problema, como los modelos que sirven para medir los costes de las cargas burocráticas (*Standard Cost*

---

[33] KIRKPATRICK/PARKER (Eds.), *Regulatory Impact Assessment, Towards Better Regulation?* The CRC Series on Competition, Regulation and Development, Edward Elgar Publishing, Cheltenham, UK, 2007.

Model, SCM, por ejemplo)[34]. Aunque en las Directrices de 2009 se hace referencia a estos modelos, nunca se han aplicado de forma sistemática. Como el alcance de la evaluación de impacto regulatorio resulta demasiado amplio y demasiado «ambicioso», tendente a cubrir todos los potenciales efectos de la regulación examinada, algunas de las cuestiones más importantes de la evaluación se pierden durante el proceso. Según se ha indicado acertadamente, un modelo de evaluación de impacto regulatorio «más modesto», en dos fases, «con una evaluación de impacto preliminar sencilla dirigida al análisis de las distintas opciones regulatorias y una evaluación de impacto ampliada de los beneficios y los costes de la opción regulatoria»[35], resultaría más eficaz.

Otra debilidad importante del modelo de evaluación de impacto regulatorio griego es la referida a la casi total ausencia de datos técnicos que puedan resultar útiles para la cuantificación de los efectos normativos y de los objetivos. Por esa razón, el establecimiento, a través de la Ley 3832/2010, de un Sistema Estadístico Nacional supervisado por un Consejo y una Autoridad Independiente (Autoridad Estadística Griega), ambos operando bajo el control del Parlamento nacional, constituye un importante paso adelante. Una mayor cooperación de estas autoridades con las unidades de evaluación de impacto regulatorio pertinentes podría mejorar de forma radical la calidad de la evaluación realizada.

Finalmente, sería más realista no imponer las herramientas de evaluación de impacto regulatorio previas a todas las normas, como ha previsto la Circular 2006[36]. Sería preferible reservar el procedimiento de evaluación de impacto regulatorio únicamente a

---

[34] *Vid.*, por ejemplo: http://ec.europa.eu/dgs/secretariat_general/admin_burden/eu_scm/eu_scm_en.htm.

[35] HATZIS/NALPANTIDOU, *op. cit.* (2007).

[36] Aunque la Circular se refiere a cualquier tipo de acción regulatoria, los IEIN se ha preparado sólo en caso de Leyes aprobadas por el Parlamento y de normas preparadas por reguladores independientes.

las Leyes[37] y a los actos normativos de mayor importancia –como los decretos presidenciales, las decisiones ministeriales o los reglamentos aprobados por las Autoridades Independientes– y solo si se presume que esos textos van a tener un impacto regulatorio significativo, sobre la base de una evaluación preliminar, o allí donde el texto merezca una evaluación de impacto regulatorio[38].

2. LA NECESIDAD DE QUE ADMINISTRADORES Y RESPONSABLES POLÍTICOS SE FAMILIARICEN CON LAS HERRAMIENTAS DE EVALUACIÓN DE IMPACTO REGULATORIO

Además de la imposición, *in abstracto*, del uso de las herramientas de evaluación de impacto regulatorio, resulta también determinante el desarrollo de las habilidades de la evaluación de impacto regulatorio dentro de la maquinaria gubernamental y, más en general, adaptar el factor humano al uso de esas herramientas. Muy poco se ha logrado en esa dirección. El establecimiento de un organismo de control central de la evaluación de impacto regulatorio a nivel gubernamental dentro de la Secretaría General del Gobierno (SGG) fue una buena elección, aunque ha ido perdiendo su ya limitada función. Grecia necesita el equivalente a la antigua *Better Regulation Task Force* inglesa, actual Comisión de Mejora de la Regulación (*Better Regulation Commission*) (2006)[39] con poderes para ejercer una aún más agresiva revisión que la de la Oficina Norteamericana de Asuntos de Información y Regulación (*US Office of*

---

[37] Incluyendo enmiendas legislativas, según lo establecido en las Directrices de 2009.

[38] Esa solución ha sido adoptada también por la Directiva 2001/42/CE, relativa a la evaluación de los efectos de determinados planes y programas en el medio ambiente (evaluación estratégica ambiental).

[39] Jacobs, «The Evolution and Development of Regulatory Impact Assessment in the UK», en Kirkpatrick/Parker, *op. cit.* (2007), p. 106.

Information and Regulatory Affairs, OIRA), y que sea gestionada por personas independientes, capaces de imponerse frente a quienes se resistan a su implantación o no se muestren muy colaboradores. La unidad dentro de la SGG debiera adquirir una posición superior.

Por otra parte, la creación de una unidad de evaluación de impacto regulatorio específica dentro de cada uno de los niveles correspondientes de la Administración (Ministerios, Agencias independientes, Prefecturas, otros organismos públicos) no tuvo éxito en la práctica, respecto de las dos funciones que le fueron atribuidas: primera, la de organizar el proceso de evaluación de impacto regulatorio en el marco de su unidad, y, segunda, ampliar la comprensión de las herramientas de evaluación de impacto regulatorio entre el personal y los directores de cada unidad. Prácticamente no existen esas unidades; el personal se muestra reacio a ocupar esos puestos y, en ningún caso, se encuentra personal cualificado para realizar la tarea. Para alcanzar una correcta práctica de la evaluación de impacto regulatorio –al menos durante un período transitorio de tiempo– parece importante contar con la asistencia técnica de expertos externos que puedan transmitir a las unidades administrativas correspondientes el conocimiento científico necesario para la realización de la tarea. Esos expertos podrían también ayudar a la Administración en la realización de una planificación temprana de la evaluación de impacto regulatorio[40], para lo que no parece haya la disposición adecuada[41].

Otra cuestión relevante, no bien atendida, es la de combinar la evaluación de impacto con una adecuada política codificadora. La Comisión de Codificación Central, reestablecida en 2003, publicó un manual en el 2007 en el que no se tenía en cuenta el esfuerzo

---

[40] Véase Jacobs, «Current Trends in Regulatory Impact Analysis Process and Methods», en Kirkpatrick/Parker, *op. cit.* (2007), p. 23.

[41] Excepto en algunos contextos específicos, unidos a la puesta en marcha de las políticas sectoriales de la Unión Europea a través de agencia administrativas, como en el caso de la energía y las telecomunicaciones. Esas agencias disponen de recursos para desarrollar iniciativas en cooperación directa con los servicios de la Comisión Europea.

realizado sobre mejora en la regulación. En septiembre de 2010 el Parlamento elaboró un nuevo proyecto legislativo sobre «la lucha contra el exceso de regulación, la codificación y la reforma de la legislación», por el que se creaban dos comités, uno para la codificación y otro para la reforma de la legislación; este texto se refiere a los principios de buena regulación, aunque no impone expresamente la evaluación de impacto regulatorio como requisito previo para la codificación y la reforma.

3. LA FALTA DE TRANSPARENCIA Y FRACASO EN LA UNIÓN DE LOS PROCEDIMIENTOS DE CONSULTA Y DE USO DE LAS HERRAMIENTAS ESPECÍFICAS DE EVALUACIÓN DE IMPACTO REGULATORIO

Los procedimientos administrativos de consultas públicas se utilizan en Grecia desde hace más de una década[42] y su uso va en constante aumento. Las consultas públicas constituyen una pieza clave del procedimiento, en la acción del Gobierno. Sin embargo, resulta dudoso que dicho procedimiento haya mejorado el contenido de las medidas adoptadas. El problema reside en que, en la mayoría de los casos, la consulta no se ve acompañada de una evaluación de impacto regulatorio; su objetivo es fortalecer la apertura y la transparencia de la acción pública desde una perspectiva política en lugar de mejorar el resultado de la acción regulatoria. Para lograr esto último, dos condiciones son necesarias:

---

[42] Dellis, «Soft Law and Consultation. Two Instruments for the Improvement of Administrative Regulatory Action», *European Public Law Series*, vol. XCVIII, Esperia Publications Ltd., London, 2010, p. 39.

Primero, resulta esencial para las personas que participan en la consulta el acceso no sólo a las medidas previstas en el proyecto, sino también al «estudio técnico» que le sirve de base, realizado por personal con conocimientos científicos en materia de evaluación de impacto regulatorio, y en el que se incluya un análisis provisional de los pros y los contras de la adopción de las medidas en cuestión. Sin esa ayuda técnica –como en el marco de la adopción de decisiones medioambientales, en el que la consulta sigue a la realización de un estudio científico de impacto ambiental–, la apertura del debate mediante las consultas y participación no contribuye por sí misma a la mejora de la regulación en sí misma, sino, en su caso, a la imagen del Gobierno.

Segundo, resulta importante asegurar que las aportaciones y alegaciones presentadas durante el proceso de consulta sean tenidas en cuenta en el momento de la adopción de la decisión final. El sistema vigente satisface esos requisitos exigiendo al autor del informe de evaluación de impacto regulatorio de una breve presentación de los distintos puntos de vista que han hecho valer durante la consulta. La solución ideal consistiría en facilitar durante las consultas un análisis de impacto abierto a las consultas y tras su finalización, integrar dichas consultas en el informe final.

El principal problema, con todo, radica en que la publicación de los informes de evaluación de impacto regulatorio no es obligatoria, según la Circular de 2006 y las Directrices de 2009. Sin embargo, sería más coherente con los principios de buena regulación establecer como regla general un procedimiento de evaluación de impacto regulatorio en dos fases, someter a consulta el borrador inicial, y publicar después. La transparencia y la publicidad han ganado terreno en los últimos años, mediante la publicación en Internet de los informes de evaluación de impacto regulatorio y de todas las medidas regulatorias y administrativas.

4. EL DÍA DESPUÉS DE LA REGULACIÓN: AUSENCIA DE LA CULTURA DE «SEGUIMIENTO», DE LA EVALUACIÓN DE IMPACTO REGULATORIO *EX POST* Y DE LOS PROCEDIMIENTOS PARA EXIGIR EL CUMPLIMIENTO DE LA EVALUACIÓN DE IMPACTO REGULATORIO

Hay dos factores relevantes: la evaluación *ex post* y el control.

La evaluación *ex post* –la supervisión de los efectos imprevistos o indeseados derivados de la norma aprobada– constituye una asignatura pendiente en muchos países, aun con una larga implantación de la evaluación de impacto.

Un segundo factor que incide en la pobreza en la evaluación es la falta de una instancia de control centralizada.

La supervisión o seguimiento y la evaluación *ex post* podrían en parte asegurarse mediante procedimientos tendentes al cumplimiento obligatorio y de carácter sancionador. Ahora bien, si el sistema se basa en el Derecho blando o en la no obligatoriedad, no cabe imponer medidas compulsivas.

III. ¿PODRÍA LA JUSTICIA SER LA «DEUS EX MACHINA»? ¿SERÍA POSIBLE CONVERTIR EL SISTEMA DE MEJORA REGULATORIA EN CONCEPTOS DE DERECHO PÚBLICO, JUDICIALMENTE REVISABLES?

Para un país al borde de la insolvencia, con una débil y mal regulada economía, así como una Administración sobredimensionada e intervencionista, lo dicho más arriba, importantes niveles de incompetencia en la implementación de un modelo efectivo de evaluación de impacto regulatorio, no constituye un problema normal, sino una verdadera tragedia –en el sentido del mundo de la antigua Grecia– sin una catarsis aparente (depuración/final feliz). Por lo tanto, resulta imperativo buscar el necesario sentido para reconducir la situación.

La solución puede encontrarse en dos enfoques diferentes, de un lado, desde las ciencias políticas y de la Administración; y de otro, desde la perspectiva del Derecho Público.

De acuerdo con la primera de las perspectivas, el tratamiento o respuesta ante los problemas del modelo administrativo griego pasa por examinar cuestiones extrajurídicas, tales como la ausencia de personal cualificado o la falta de una cultura de la evaluación de impacto regulatorio. Dicha aproximación requiere de un cambio amplio en las formas y en la cultura de la Administración nacional y es como intentar enseñar nuevos trucos a un viejo perro. Dicho cambio es en todo caso deseable, pero (a) es difícil de lograr, (b) necesita tiempo y (c) está basado en un consenso que puede ser revocado en cualquier momento. Sin ignorar el valor de la aproximación, genera el riesgo de caer en la misma trampa que inicialmente impidió la correcta puesta en marcha del modelo de evaluación de impacto regulatorio en Grecia: ser demasiado ambicioso, demasiado bueno para ser cierto.

Ésta es la razón por la que –al menos desde la óptica de un sistema jurídico de tradición continental, como el griego– parece incluso más importante poner el acento e incentivar también la visión del Derecho Público, en cuya virtud las prácticas de buena regulación y el análisis de impacto regulatorio se integrarían en el ordenamiento a través de variadas reglas, conceptos e instituciones del Derecho Administrativo. En ese sentido, puede decirse que en cierta medida el fracaso de la evaluación de impacto en Grecia obedece a las raíces del sistema, por contraste con la familia anglo-americana[43]. Los sistemas continentales resultan más rígidos, formalizados y sujetos a la tradicional concepción «kelseniana» del Estado de Derecho[44]. Las formas y los procedimientos que surgen del «Derecho blando» (*soft law*) –una noción que no tiene fácil traducción fuera del inglés– no son vinculantes, por lo que en ocasiones se infravaloran, si no se ignoran, en los sistemas en los que predomina una comprensión del Derecho como algo coercitivo y obligatorio a partir de normas jurídicas vinculantes. Así las cosas, parece más práctico, en lugar de pretender cambiar los fundamentos culturales del sistema jurídico y su entorno, recurrir a los instrumentos propios y característicos continentales, de modo que la evaluación se convierta en un típico requisito legal y obligatorio, susceptible de control judicial. Si no se convierte en vinculante y presupuesto previo a la aprobación de las normas, no logrará hacerse realidad, por más que se trate de una técnica alabada por la OCDE, la UE y tantos otros países.

---

[43] Resulta interesante comparar la recepción de la perspectiva de mejora de la regulación en Grecia y en Chipre, dos países con muchos puntos comunes, históricos y culturales. No obstante, la ocupación británica de Chipre acercó el sistema interno administrativo y legal a los conceptos anglosajones. El Plan Nacional de Acción de Chipre para la mejora de la regulación, iniciado en 2007 y puesto al día en 2010, parece ser más eficiente que el griego: www.mof. gov.cy/mof/mof.nsf/.../NationalActionPlanFINAL1112010.pdf y www.mof. gov.cy/.../DMLplaisio.../DMLplaisio_gr (en griego).

[44] Para un análisis reciente sobre la puesta en marcha de las herramientas de la evaluación de impacto regulatorio en los sistemas anglosajón y continental, véase DE FRANCESCO, *A Comparative Analysis of Administrative Innovations*, EPCR conferences, 2010 (www.stockholm.sgir.eu/.../De%20Francesco_ SIGR_ Stockholm_2010.pdf) y STEWART, «U.S. Administrative Law: A Model for Global Administrative Law?», *Law and Contemporary Problems 68* 1, 63 (2005).

1. EL PARADIGMA DE LA EVALUACIÓN AMBIENTAL

Convertir la evaluación de impacto regulatorio en una técnica de carácter obligatorio para la totalidad de las acciones regulatorias conlleva una serie de barreras teóricas y jurídicas para los sistemas continentales. En efecto, en la medida en que en la familia europeo-continental la regulación se traduce esencialmente en el establecimiento de normas generales y vinculantes, parece que la imposición de una evaluación previa y obligatoria se interpretaría fácilmente como la exigencia de una motivación «tecnocrática» de las normas que hayan de dictarse. Ello choca con un principio tradicional del Derecho griego, de acuerdo con el cual los actos normativos no se enjuician desde la perspectiva de su idoneidad o conveniencia, teniendo en cuenta además que los jueces se abstendrán en principio y en la práctica de entrar a esa dimensión, que afecta al fondo de las medidas que se pretendan adoptar. Y ello resulta aún más estricto cuando se trata de las leyes. En este contexto, parece que imponerle al Parlamento a modo de condición que apruebe las leyes sobre la base de un previo análisis técnico de impacto constituye un atentado contra la legitimidad democrática y el papel que a éste se la ha atribuido en la Europa continental desde la Revolución Francesa. Ello significa que dicha obligación podría resultar inconstitucional y, en todo caso, si se aprobara mediante ley una exigencia tal, podría ser derogada fácilmente mediante otra posterior. Más aún, la jurisdicción, en principio, no revisa ni controla si el Parlamento observa las normas del procedimiento legislativo (*interna corporis exemption*).

A pesar de estos impedimentos, no es inconcebible que se asocien efectos legales si no se lleva a cabo una correcta evaluación de impacto regulatorio antes de la adopción de decisiones normativas. Resulta interesante, en este punto, traer el ejemplo de la evaluación de impacto ambiental, por cuanto ha constituido una experiencia positiva en Grecia. De conformidad con la específica obligación establecida por la Directiva de evaluación de impacto ambiental, el legislador nacional ha dispuesto un procedimiento para la evaluación de los riesgos medioambientales derivados de cualquier actividad, pública o privada. El procedimiento en cuestión consiste en la elaboración de un borrador de informe de impacto ambiental, abierto a consulta pública antes del otorgamiento de la licencia administrativa, necesaria para el ejercicio de la acción proyectada y objeto de evaluación. La evaluación de impacto ambiental es un documento científico que describe el estatus actual del medio ambiente en una determinada región, que se puede ver afectada por la actividad sometida a licencia; los efectos de tal actividad sobre el medio ambiente; y las opciones alternativas. Dicho procedimiento se repite de forma periódica antes de la renovación de la licencia ambiental. Después de una década de dudas y ambigüedades y bajo la presión del Tribunal Supremo Administrativo (el Consejo de Estado griego), la Administración ha terminado por adaptar su procedimiento al de la evaluación de impacto ambiental, desconocido entonces en el Derecho Administrativo griego. Para llegar a ello, la jurisprudencia ha elevado la evaluación de impacto ambiental al rango de requisito legal obligatorio, sometiendo su cumplimiento a control judicial. Si se incumplen esas reglas de procedimiento, la licencia administrativa será anulada por infracción del principio de procedimiento debido[45]. Además, el Consejo de Estado, aun cuando no sea competente para entrar a valorar cuestiones técnicas y científicas, se sirve del contenido de la evaluación de impacto ambiental para revisar la motivación de los actos impugnados y aplicar un test «marginal» coste-beneficio sobre el fondo del asunto[46]. Según una jurisprudencia consolidada, el borrador de informe de evaluación de impacto ambiental y la consulta al «público interesado» constituyen la principal garantía institucional de una adecuada protección al medio ambiente, que representa una responsabilidad constitucional para todas las autoridades públicas, y una herramienta apropiada para que el juez revise si los beneficios económicos y sociales derivados de la actividad autorizada se hallan en equilibrio con el riesgo ambiental provocado por esa misma actividad. El Tribunal extendió esta doctrina a las decisiones medioambientales cuya aprobación compete al Parlamento, de modo que indirectamente se le exige que las justifique científicamente[47].

---

[45] DELLIS, «Antennes de téléphonie mobile. Conseil d´État hellénique. Arrêt nº 1264/2005, séance plénière», *Annuaire International des Droits de l'Homme*, vol. II, Ant Sakkoulas/Bruylant (Ed.), Athens/Brussels, 2007, 601.

[46] Consejo de Estado (Sesión Plenaria) 613/2002: el Tribunal aplicó el análisis coste-beneficio, ya utilizado por el Consejo de Estado francés bajo el nombre de «bilan coût-avantages», para valorar si los beneficios para la economía nacional del funcionamiento de una mina de oro en el norte de Grecia tenían más peso que el coste ambiental derivado del proyecto. El Tribunal concluyó que la Administración fracasó en la correcta puesta en marcha del balance coste-beneficio.

[47] Cfr. Consejo de Estado (Sesión Plenaria) 1847/2008.

2. HACIENDO QUE LA EVALUACIÓN DE IMPACTO RE-GULATORIO FORME PARTE DEL DERECHO PÚBLICO GRIEGO: PERSPECTIVAS Y OBSTÁCULOS

La jurisprudencia relativa a la evaluación de impacto ambiental sirve de ejemplo para nuestro caso. Si se impone legalmente, se hará realidad. Ya el reglamento interno del Parlamento griego estableció para la práctica mayoría de las leyes el requisito de la previa evaluación de impacto regulatorio[48].

Con todo, la evaluación de impacto regulatorio exigida con carácter general es algo mucho más exigente que la de impacto ambiental, por tres razones: en primer lugar, porque, en el estado actual de cosas, el Derecho derivado de la UE no ha dispuesto como deber general de la realización de una evaluación de impacto regulatorio con las características básicas que hubiera de tener, como hacen las Directivas en materia medioambiental (Directiva 85/337/EIA). En segundo término, porque la evaluación de impacto regulatorio se refiere también –si no principalmente– a la normativa pública y no a los actos individuales, como en el caso de las licencias ambientales; como se ha notado, el Derecho continental, sobre la base de tal motivación y, *a fortiori*, se muestra contrario a limitar los poderes de decisión del Parlamento. Por último, y a diferencia de la evaluación medioambiental, en cuya virtud el informe y estudio corresponde llevarlo a cabo a expertos externos a la Administración y es financiado por la entidad privada, la evaluación de impacto regulatorio constituye, en casi todos los casos, un procedimiento administrativo interno; en principio, incumbe realizar los informes al administrativo, y si se asignan a expertos privados, los costes recaen sobre la autoridad pública y los procedimientos de adjudicación resultan muy largos y complejos.

Sin embargo, esas dificultades podrían superarse al menos significativamente. En relación a los actos normativos que no adoptan

---

[48] Art. 85.3 del Reglamento Interno del Parlamento griego (OJ 139A/10.8.2010).

la forma de ley parlamentaria, y cuya aprobación corresponde al Ejecutivo (Gobierno, Administración Central, autoridad independiente), no hay óbice constitucional alguno para que una ley establezca un procedimiento específico y obligatorio para llevar a cabo la evaluación de impacto regulatorio previo. Dicho procedimiento, como sucede con la evaluación de impacto regulatorio, en un primer momento, tiene por objeto la confección de un borrador de impacto regulatorio[49] que pueda examinar los principales efectos potenciales de la medida objeto de revisión para la sociedad, la economía y la operatividad de las autoridades públicas, junto con las soluciones alternativas posibles. Dicho estudio o informe habría de elaborarse ante cualquier medida regulatoria de cualquier naturaleza que pudiera producir efectos «significativos», y debe ser pública y abierta a consulta. La decisión final habrá de tener en cuenta los resultados de las consultas públicas. Todos estos requisitos y elementos del procedimiento son susceptibles de revisión judicial, que se extiende no sólo a si es o no exigible tal evaluación en el caso de que se trate, sino también a todos los elementos procedimentales y restantes requisitos de carácter «externo» (participación del personal establecido; realización o no de los estudios previstos; valoración de las alternativas posibles; etc.). Además de controlar el «procedimiento debido en materia de evaluación de impacto», el juez podría también enjuiciar si la normativa aprobada resulta coherente con los resultados fundamentales de la evaluación, de la mano de un test de razonabilidad y de coste-beneficio.

Dicha forma de control judicial –debería indicarse que los actos normativos (excepto las leyes) son directamente revisables ante la jurisdicción contencioso-administrativa en Grecia, como en casi todos los sistemas jurídicos continentales– se espera que genere efectos positivos: en primer lugar, logrará la práctica de una evaluación de impacto regulatorio realista, cuyo incumplimiento tendría como consecuencia la anulación de las medidas que no hayan sido

---

[49] En principio, por una unidad administrativa especializada o un «consejero externo» experto.

evaluadas correctamente. Además, mejorará la transparencia de la acción normativa y de la participación de las personas sometidas a la norma; estos últimos tendrán interés en participar en el procedimiento de consulta y podrán involucrarse de forma más activa en una eventual impugnación judicial de la normativa, que no responda a las expectativas y exigencias. Finalmente, la conversión de la evaluación de impacto regulatorio en una serie de obligaciones legales podrá producir la mejora y clarificación del papel del juez: por un lado, el juez podrá ampliar el objeto de su control para controlar también los actos normativos; por el otro, dicho control no corre el riesgo de resultar abusivo, de violar la separación de poderes o de causar inseguridad jurídica, desde el momento en que el juez no podrá anular el contenido de la medida normativa con base en su propia experiencia o ideas, sino en resultados «objetivos» del estudio de impacto, si dichas medidas, obviamente, contradicen dichos resultados.

Respecto de las leyes el control resulta más difícil, ya que en Grecia no existe un Tribunal Constitucional que pueda conocer de una impugnación directa, ni cabe pensar que el legislador se sienta obligado a respetar las exigencias derivables de un proceso debido a la hora de elaborar las leyes. Con todo, ha de notarse que el Consejo de Estado griego, probablemente influenciado por su propia jurisprudencia sobre evaluación ambiental, ha reconsiderado su tradicional posición negativa en lo que hace al juicio de oportunidad de las medidas legislativas. Habida cuenta de que los tribunales administrativos son competentes para revisar incidentalmente la constitucionalidad de las Leyes sobre las que se fundamente un acto administrativo impugnado, y dicho test de constitucionalidad incluye una evaluación de proporcionalidad de las opciones legislativas limitadoras de derechos y libertades, si el juez requiere del legislador una mejora en la motivación de su acción, dicha obligación llevará, inevitablemente, a una más consistente puesta en marcha de los principios y técnicas de buena regulación, así como a un control judicial indirecto del informe de evaluación de impacto regulatorio. Por ejemplo, la Sesión Plenaria del Consejo de Estado ha revisado la constitucionalidad de una ley que prohíbe a las gasolineras funcionar durante la noche por propia decisión[50]. Aunque la mayoría defendió finalmente la constitucionalidad de la restricción, invocando el enfoque tradicional que dice que el «legislador sabe mejor cómo definir los intereses públicos», una fuerte oposición (15 de 33 jueces) consideraron la ley inconstitucional debido al fracaso del legislador para justificar su acción con motivos específicos. Si este enfoque se convierte en predominante, el instrumento de la evaluación de impacto regulatorio permitirá al juez ejercer un control más profundo sobre la racionalidad y la proporcionalidad de las opciones legislativas y la ausencia de una correcta evaluación de impacto regulatorio hará que la ley tenga menos defensa. En un contexto más amplio, la evaluación de impacto regulatorio se convertirá en el punto de encuentro de la economía y el Derecho Administrativo[51], un *rendez-vous* que aún no se ha dado en Grecia.

Los requisitos de la evaluación de impacto regulatorio podrían también imponerse al legislador a través de normas dotadas de preferencia o supremacía. En ese contexto, por ejemplo, la adopción por la Unión Europea de normas de Derecho derivado reguladoras de la evaluación de impacto *ex ante*, incluyendo las leyes parlamentarias, que pudiera tener efectos significativos en el ámbito del ordenamiento jurídico de la Unión Europea, podría llenar ese espacio. Otra solución para Grecia podría ser una enmienda a la Constitución, para incorporar los principios de buena regulación e integrar la evaluación de impacto regulatorio en el proceso de elaboración de las leyes parlamentarias. Hasta que se produzcan esos cambios, una interpretación actualizada de las provisiones constitucionales actuales «a la luz» de los estándares de la buena regulación sería ya un avance positivo.

Una de las lecciones que deben tenerse en cuenta es que las herramientas de la evaluación de impacto regulatorio resultan indis-

---

[50] Consejo de Estado (Sesión Plenaria) 1585/2010.

[51] Rose-Ackerman (Ed.), *Economics of Administrative Law*, Cheltenham: Edward Elgar, 2007.

pensables no sólo para curar la excesiva regulación, sino también, lo que es aún más importante, las incapacidades funcionales y estructurales de la acción pública. La evaluación introduce racionalidad en la gestión pública[52]. La evaluación de impacto regulatorio puede significar, por otro lado, la re-regulación, y no necesariamente la des-regulación. Para conseguirlo, parece importante convertir los principios de buena regulación en provisiones legales de naturaleza obligatoria y crear un «proceso normativo» controlado judicialmente. Esta aproximación desde el Derecho Público a la evaluación de impacto regulatorio es crucial aunque no resuelva todos los problemas.

---

[52] Véase el razonamiento de TORRITI, «Impact Assessment in the EU: a Tool for Better Regulation, Less Regulation or Less Bad Regulation?», *Journal of Risk Research*, 10 (2), p. 239 (2007).

CAPÍTULO OCTAVO

EL RÉGIMEN JURÍDICO DE LA EVALUACIÓN DE IMPACTO ANTE LOS TRIBUNALES EUROPEOS

PUNTO DE ENCUENTRO ENTRE LA EVALUACIÓN *EX ANTE* Y EL CONTROL JUDICIAL *EX POST*

ALBERTO ALEMANNO*

* Profesor *Jean Monnet* de Derecho de la Unión Europea y de Regulación del Riesgo, HEC Paris. Este capítulo está basado en la publicación «A Meeting of Minds on Impact Assessment When *Ex Ante* Evaluation Meets *Ex Post* Judicial Control», *European Public Law*, 2011, vol. 17, n° 3.

ÍNDICE

Traducción de Teresa Parejo Navas.

RESUMEN

E N este capítulo se abordan las interacciones que se producen entre las técnicas de evaluación de impacto *ex ante* que se realizan sobre los proyectos legislativos, que cada vez se utilizan más en el ámbito de la Unión Europea, de un lado, y el control judicial ulterior de la legislación finalmente adoptada, de otro. En concreto, se examina qué función, en su caso, podría desempeñar la evaluación de impacto en la revisión judicial de los actos normativos europeos. La evaluación de impacto constituye una herramienta privilegiada de control *ex ante* adoptada por la Comisión de la Unión Europea a fin de identificar los efectos esperados de la nueva legislación. Sin embargo, y a consecuencia de la falta de una base normativa suficiente, la evaluación de impacto no forma parte del proceso decisorio ordinario de la Unión Europea, sino tan sólo de la fase prelegislativa, que presenta un carácter sumamente informal. Con todo, si se abre esta fase a todas las partes interesadas, la evaluación de impacto regulatorio pondrá a la Comisión Europea bajo un escrutinio o control extras, precisamente en la fase procedimental que tradicionalmente ha sido más informal y confidencial. Señaladamente, si se lleva a cabo un control de legalidad de cada propuesta de la Comisión mucho antes de su adopción, tanto el proceso como el resultado final de la evaluación de impacto podrán tener su relevancia de cara a la ulterior y eventual revisión jurisdiccional de las mismas. Ello no significa que deba «juridificarse» el entero procedimiento de evaluación de impacto. Se trata más bien de algo más sutil, propio de un proceso de fertilización y de interconexión entre la evaluación de impacto *ex ante* y el control posterior. El presente trabajo pretende sistematizar algunos de los escenarios y puntos de convergencia entre ambos controles, y avanza, con la ayuda de algunos ejemplos, la dirección y tendencias que parecen darse en la materia.

I. INTRODUCCIÓN: INTERCAMBIANDO APERTURA Y TRANSPARENCIA POR LEGITIMIDAD

En la primera década de 2000 se dieron importantes pasos para mejorar la calidad y la razón de ser de la regulación en el seno de la Unión Europea. Aunque estos esfuerzos se presentaron con el nombre de «Regular Mejor» –más tarde rebautizados como «Regulación Inteligente»[1]– y nacieran formalmente unidos a los objetivos de la Agenda de Lisboa[2], la verdadera razón que subyace a la creciente preocupación

---

[1] Comisión (EU), «Normativa inteligente en la Unión Europea», COM Commission (EU), Smart Regulation in COM (2010) 543 final, 8 de octubre de 2010: http://ec.europa.eu/governance/better_regulation/documents/com_2010_0543_en.pdf (acceso el 21 de febrero de 2011). El documento en versión bilingüe se puede ver en http://eur-lex.europa.eu/Notice.do?mode=dbl&lang=en&ihmlang=en&lng1=en,es&lng2=bg,cs,da,de,el,en,es,et,fi,fr,hu,it,lt,lv,mt,nl,pl,pt,ro,sk,sl,sv,&val=600796:cs&page (acceso el 18 de septiembre de 2012) [Referencia al texto en español añadida por el traductor].

[2] En la Agenda de Lisboa hay ya una serie de críticas sobre la calidad de la legislación vigente y sobre la insatisfacción sobre los anteriores esfuerzos de mejora en el sistema normativo comunitario. En este sentido, véase el Informe del Grupo de Trabajo sobre Mejora Normativa (Grupo 2c), de mayo de 2001 (p. 21 en la versión en inglés). Para ver documentación sobre este tema en versión española, véase http://www.seap.minhap.gob.es/es/areas/funcion_publica/iniciativas/mejora_reg_eu.html (acceso el 19 de septiembre de 2012) [Referencia al texto en español añadida por el traductor].

por una mejor regulación se halla en la expansión del «Estado regulador» en la Unión Europea[3].

Aun cuando el dato estadístico exacto pueda ser discutido, no hay duda de que más de la mitad de la legislación nacional de los Estados miembros actualmente en vigor no se decide en sus respectivas capitales, sino que es el resultado del complejo proceso decisorio que deriva de, y tiene su base en, Bruselas. En consecuencia, ese mayor número de normas de origen europeo y su propia autoridad se enfrentan no sólo a problemas de eficacia, sino también de legitimidad. Desde esta perspectiva, se entiende que el proyecto emprendido por la Unión Europea en favor de una mejor regulación busque cargarse de razón, de racionalidad, y de democratización del proceso normativo. Y elemento estratégico de ese proyecto de reforma regulatoria es precisamente la evaluación de impacto, un análisis *ex ante* que la Comisión aplica de forma sistemática a toda iniciativa normativa de cierta relevancia desde 2002[4].

En términos muy simples, la evaluación de impacto pretende garantizar que los servicios de la Comisión puedan identificar las ventajas y desventajas de las opciones existentes para la realización de las políticas europeas, incluyendo la opción de no adoptar norma alguna, y ello mediante la valoración de sus potenciales impactos, a fin de aprobar la

---

[3] G. Majone, «The Rise of the Regulatory State in Europe» (1994), 17 *West European Politcs* 77; G. Majone, *Regulating Europe* (Routlege, London, 1996); Karen Yeung, «The Regulatory State», en R. Baldwin, M. Cave y M. Lodge (Eds.), *The Oxford Handbook of Regulation* (OUP, London, 2010).

[4] Para un original y revelador análisis de la evaluación de impacto en la Unión Europea, véase A. C. M. Meuwese, *Impact Assessment in EU Lawmaking* (Kluwer Law International, Alphen aan den Rijn, 2008).

normativa finalmente propuesta únicamente si ésta resulta «necesaria»[5].

Para llevar a cabo correctamente una evaluación de impacto, la Dirección General de la Comisión Europea competente en la materia tiene que obtener la información adecuada[6], consultar a las partes interesadas[7] y, sólo después, aplicar uno de los siguientes tres métodos: análisis coste-beneficio, análisis coste-efectividad, o un análisis multicriterio. De conformidad con el Acuerdo interinstitucional de 2003, que lleva por título «Legislar Mejor»[8], el Parlamento Europeo y el Consejo también se comprometen a realizar sus propias evaluaciones de impacto de las propias «enmiendas sustantivas» con el fin de garantizar una efectiva evaluación de impacto a lo largo de todo el ciclo regulatorio[9].

---

[5] Directrices de evaluación de impacto 2009, p. 4 (versión en inglés).

[6] Comunicación de la Comisión de 11 de diciembre de 2002, COM (2002) 713 final. Número publicado en el Diario Oficial. («Communication from the Commission of 11 December 2002 on the collection and use of expertise by the Commission: principles and guidelines – Improving the knowledge base for better policies»). Versión en español: COM (2002) 713 final, «Obtención y utilización de asesoramiento por la Comisión: principios y directrices – Fortalecimiento de la base de conocimientos para mejorar las políticas» [Referencia al texto en español añadida por el traductor].

[7] En esta comunicación, véase Daniela OBRADOVIC y José Alonso VIZCAÍNO, «Good Governance Requirements Concerning the Participation of Interest Groups in EU Consultation», 2006, *Common Market Law Review* 43, 1049-1085.

[8] Acuerdo interinstitucional «Legislar Mejor» (Inter-Institutional Agreement (IIA) on Better Lawmaking between the European Parliament, the Council and the Commission (2003) (*OJ EU* 2003, C 321)). Versión española en: http://eur-lex.europa.eu/LexUriServ/LexUriServ.do?uri=CELEX:32003 Q1231%2801%29:ES:NOT (acceso el 19 de septiembre de 2012) [Referencia al texto en español añadida por el traductor].

[9] Sobre cómo este acuerdo se pone en práctica, véase el Acuerdo interinstitucional sobre «Aproximación Común a la Evaluación de Impacto» (Noviembre de 2005). La definición de los que constituye una «enmienda sustantiva» se determinará por cada Institución. Véase http://ec.europa.eu/governance/

Dada su alta naturaleza participativa, la evaluación de impacto constituye una herramienta ideal para determinar las consecuencias o efectos de la regulación proyectada, a través de la combinación de las preferencias u opciones que se hayan hecho valer, de un lado, con la racionalidad del proceso decisorio, de otro. En efecto, la Comisión define la evaluación de impacto como un instrumento esencial para la elaboración de propuestas políticas de alta calidad y credibilidad, al tiempo que permiten incrementar la legitimación democrática de la acción de la Unión Europea desde la perspectiva de los interesados y de todos los ciudadanos[10]. De alguna forma, con la adopción de la evaluación de impacto parece sugerirse que la Comisión está preparada para promover a través de esta técnica una suerte de omnisciencia cívica con el fin de lograr el consenso público en torno a sus políticas normativas. No obstante, y como ocurre en la mayoría de los casos en los que las herramientas jurídicas inyectan mayor transparencia en los Gobiernos, existe un lado oculto en la institucionalización de la evaluación de impacto[11]. La apuesta por una mayor transparencia para obtener una mayor legitimidad puede generar algunos problemas. Y es que al exponer al control previo del público y de las partes interesadas la preparación de la producción normativa, la evaluación de impacto inevitablemente añade un control extra en una fase que tradicionalmente ha sido más informal,

---

better_regulation/documents/ii_common_approach_to_ia_en.pdf (acceso a la versión en inglés el 21 de febrero de 2010).

[10] Evaluación de impacto 2009, p. 18.

[11] Lawrence LESSIG, «Against Transparency – The Perils of Openness in Government», *The New Republic* (October 21, 2009), 37.

«confidencial», y de negociación, y en donde el personal al servicio de la Comisión podía mediar y ponderar los intereses en conflicto[12].

Ello sucede fundamentalmente porque mediante el control *ex ante*, tanto desde una perspectiva sustantiva (test de subsidiariedad y proporcionalidad de la norma, con carácter preliminar), como desde la óptica de su de naturaleza procedimental (consultas públicas), la evaluación de impacto ofrece «un control de legalidad» de cada iniciativa de la Comisión en una fase muy anterior a la de su efectiva adopción. Ello significa que, al hacerse posible ese seguimiento del proceso de gestación por parte de los grupos de representación de intereses desde una etapa temprana, la evaluación de impacto opera como si fuere una «alarma de incendio» en favor de esos grupos[13].

Por otra parte, es cierto que un procedimiento de elaboración de disposiciones generales más informado e integrador permite la participación no sólo de los sujetos privados, sino también las demás instituciones de la Unión Europea y de los Parlamentos nacionales, de modo que todos puedan conocer mejor la gestación de la norma, sus orígenes, los motivos o fundamentos que la sustentan, así como los datos o análisis que se han utilizado. Ello tiene además su relevancia habida cuenta de que, tras la entrada en vigor del Tratado de Lisboa, los Parlamentos nacionales pueden, a través de

---

[12] R. BRICKMAN, S. JASANOFF y T. ILGEN, *Controlling Chemicals: The Politics of Regulation in Europe and the United States* (Cornell University Press, Itaha, New York), 305.

[13] Claudio RADAELLI, «The Political Consequences of Regulatory Impact Assessment», artículo presentado en la conferencia *Governing the Regulatory State? Comparing Strategies and Instruments*, British Academy (Londres, 15 de enero de 2009).

sus respectivos Gobiernos, impugnar los actos de la Unión Europea que incumplan el principio de subsidiariedad[14].

Sobre este trasfondo, el presente capítulo se ocupa de la relación existente entre la evaluación *ex ante* que se realiza sobre los proyectos normativos y la revisión jurisdiccional *ex post* que se produce una vez adoptada la norma de que se trate. En particular, explora cuál es el papel, en su caso, que deba jugar el análisis de evaluación de impacto en la revisión judicial de los actos de la Unión Europea que llevan a cabo los Tribunales europeos. El trabajo se estructura de la siguiente forma: el apartado II presenta una breve génesis, evolución y funcionamiento del sistema de evaluación de impacto en la Unión Europea; el III ofrece una posible taxonomía o clasificación de las soluciones a los posibles problemas surgidos entre la evaluación *ex ante* y el control judicial *ex post*; el apartado IV se centra en la naturaleza jurídica del sistema de evaluación de impacto de la Unión Europea; y los apartados V y VI analizan las posibles interacciones entre la evaluación de impacto de las propuestas normativas y la revisión judicial de la legislación adoptada por referencia a los casos más recientes e importantes. Finalmente, el último apartado, VII, después de sistematizar los diferentes problemas que puedan surgir entre la evaluación de impacto y la revisión judicial, anticipa, apoyándose en algunos ejemplos, la dirección seguida por los modelos de interacción de la evaluación *ex ante* y el control judicial *ex post*.

---

[14] Artículo 5.3 TUE, Artículo 12 (b) y Artículo 8 del Protocolo 2 sobre la aplicación de los principios de subsidiariedad y proporcionalidad. Para una vision general sobre el sistema de la política de supervisión del principio de subsidiariedad, véase J. P. JACQUÉ, *Droit Institutionnel de l'Union européenne* (Dalloz, Paris, 2010) 167-170. Más aún, bajo el nuevo Acuerdo Marco entre el Parlamento Europeo y la Comisión Europea, la Comisión reconoció el principio de tratamiento igualitario del Parlamento frente al Consejo de Ministros y está preparado para dar acceso a los borradores de los documentos y a las sesiones preparatorias a los expertos del Parlamento.

II. EL SISTEMA DE EVALUACIÓN DE IMPACTO DE LA COMISIÓN EUROPEA (2002-2010)

1. EL ORIGEN

Como ya se ha notado, la evaluación de impacto se llevó a cabo en respuesta al crecimiento y emergencia del Estado regulador de la Unión Europea, y su uso no se consolidó formalmente hasta después del año 2000. Según el Libro Blanco de la Gobernanza[15] (que resaltó la necesidad de acabar con el aumento de la dispersión legislativa relativa a la evaluación de impacto en la Unión Europea) y el informe del Grupo *Mandelkern* sobre Mejora de la Normativa de 2001[16] (que recomendaba el desarrollo de una herramienta más ajustada a las necesidades de valoración de los impactos sociales, económicos y medioambientales de las propuestas normativas), la Comisión anunció, en junio de 2002, el Plan de Acción de Mejora de la Normativa[17]. Ello propició la elaboración de las primeras directrices sobre evaluación de impacto con el fin de integrar, reforzar, canalizar y reemplazar todos los mecanismos aislados de evaluación de impacto que entonces se aplicaban a las propuestas de la Comisión[18]. Estas directrices, que se modificaron más tarde,

---

[15] Libro Blanco de la Gobernanza Europea, COM (2001) 428 final.

[16] El informe final Mandelkern sobre «Mejor Regulación» fue terminado en febrero de 2001 y publicado el 13 de noviembre de 2001.

[17] Commission Communication, Action plan «Simplifying and Improving the Regulatory Environment», COM (2002) 278 final. La versión en español puede verse en http://eur-lex.europa.eu/smartapi/cgi/sga_doc?smartapi!cele xplus!prod!DocNumber&lg=es&type_doc=COMfinal&an_doc=2002&nu_ doc=278 (acceso el 20 de septiembre de 2012).

[18] Communication from the Commission on Impact Assessment, COM (2002) 276 final (hereinafter «IA 2002»), 3. La versión en español puede verse en http://eur-lex.europa.eu/LexUriServ/LexUriServ. do?uri=COM:2002:0276:FIN:ES:PDF (acceso el 20 de septiembre de 2012) [Nota del traductor]. La Comisión dictó las Directrices de Evaluación de Impacto en el año 2003, las revisó en el 2005, y las puso al día en el 2006, antes de ser reemplazadas por las del año 2009.

conforman un documento que autoriza a la Comisión para que utilice la evaluación de impacto regulatorio[19].

La evaluación de impacto se ha definido como «el procedimiento de análisis sistemático de las probables consecuencias de la intervención de las autoridades públicas»[20] y «conlleva la realización y el desarrollo de prácticas que acompañan el proceso de desarrollo de las políticas a través de la profundización en el análisis y la formalización del resultado en un informe independiente»[21]. El objetivo principal de la evaluación de impacto consiste en mejorar la calidad y la coherencia de las políticas, asegurando que todas las iniciativas de la Comisión se basan en un sólido análisis apoyado en la mejor información disponible[22].

2. LA EVOLUCIÓN DEL SISTEMA DE EVALUACIÓN DE IMPACTO

Aunque el sistema de evaluación de impacto de la Unión Europea se ha desarrollado a partir de las experiencias de

---

[19] Comisión Europea, Directrices de Evaluación del Impacto, SEC (2009) 92). Las nuevas Directrices contienen una interesante Parte III: Anexos a las Directrices de Evaluación de Impacto, que finalmente ofrecen una más detallada guía metodológica a los servicios de la Comisión que las anteriores.

[20] *Ibíd.*

[21] Comunicación de la Comisión al Consejo y al Parlamento Europeo «Legislar mejor para potenciar el crecimiento y el empleo en la Unión Europea COM (2005) 97, 4 (sic.) (en adelante «evaluación de impacto 2005»).

[22] Evaluación de impacto 2009, p. 6.

los Estados miembros y de otros países de la OCDE[23], presenta sus propias especificidades en relación a su ámbito de aplicación y perspectiva. Por ello, por ejemplo, mientras que la mayoría de los países aplican la evaluación de impacto únicamente a actos de naturaleza legislativa, el sistema de la Comisión presume de una mayor cobertura, extendiéndola también a proyectos normativos de carácter no legislativo (legislación secundaria) como a las comunicaciones, a los programas de gasto y a las directrices para acuerdos internacionales. En efecto, mientras la mayoría de los países da primacía en su análisis al componente económico de la evaluación de impacto a través de un análisis centrado en los costes de la nueva regulación, el sistema de la Comisión favorece un enfoque más equilibrado, integrando los elementos de la evaluación de impacto regulatorio, de la evaluación de impacto sostenible, y de otros tipos de evaluaciones *ex ante* de políticas, como las de análisis coste-beneficio, análisis coste-eficacia, y análisis multicriterio[24]. En particular, la Comisión Europea se apoya, desde el año 2002, en un modelo de evaluación de impacto integrado como herramienta para mejorar la calidad y la coherencia de los procesos de desarrollo de las políticas[25]. Una de las pocas peculiaridades

---

[23] Commission report on Impact Assessment: *Next steps - In support of competitiveness and sustainable development* SEC (2004) 1377 (no existe versión en español) [Nota del traductor].

[24] Jonathan WIENER & Alberto ALEMANNO, «Comparing Regulatory Oversight Bodies across the Atlantic: US OMB/OIRA and the EU IAB», en Susan ROSE-ACKERMAN y Peter L. LINDSETH (Eds.), *Comparative Administrative Law* (Yale University Press, 2010).

[25] Evaluación de impacto 2002. Para una evaluación general de la iniciativa «Legislar Mejor», desde la perspectiva de EE. UU., véase Jonathan WIENER, «Better Regulation in Europe» (2006) 56 *Current Legal Problems* 447-518.

de este modelo se refiere a la insistencia de la Comisión en la aplicación de un enfoque que incluya las dimensiones económica, social y medioambiental de forma integrada[26].

Al contrario de lo que pudiera parecer, la evaluación de impacto «es una ayuda para el proceso decisorio, no un sustituto de las decisiones judiciales»[27] y funciona de forma paralela al tiempo que enriquece el desarrollo de la propuesta de la Comisión. En particular, la Comisión potencia la evaluación de impacto no sólo como instrumento para obtener información que mejore la racionalidad regulatoria, sino también como vía para difundir información, para potenciar la legitimidad y aceptación de las medidas y, en el fondo también, para proporcionar una base de control sobre las sanciones disciplinarias que se imponen a los agentes[28].

3. LAS DIRECTRICES DE EVALUACIÓN DE IMPACTO Y SU ALCANCE

Como «no es posible, o no resulta necesario, elaborar un informe de evaluación de impacto para todos los casos», hoy en día la realización de una evaluación de impacto formal sólo se exige para materias relacionadas con el Programa de

---

[26] Éste es el caso desde la expedición de la evaluación de impacto 2002, p. 2.

[27] *Ibíd.*, 3. Véanse también las directrices de evaluación de impacto 2009, p. 4.

[28] Para un análisis del sistema actual de evaluación de impacto de la Unión Europea bajo la perspectiva de la teoría del principal agente, véase G. CROWE, «Tools for the Control of Political and Administrative Agents: Impact Assessment and Administrative Governance in the European Union», en H. C. H. Hoffman y A. H. Turk (Eds.), *EU Administrative Governance* (Edward Elgar Publishing, London, 2005).

Trabajo Legislativo de la Comisión Europea[29]. No obstante, la Comisión puede, caso por caso, decidir que se realice una evaluación de impacto de una propuesta que no esté incluida en el Programa de Trabajo Legislativo[30]. De conformidad con las directrices de la Comisión (dirigidas al personal de la Comisión encargado de preparar las propuestas de las políticas), las evaluaciones de impacto las llevan a cabo las Direcciones Generales competentes, las cuales, al amparo de las directrices vigentes, dependen de unidades especializadas («unidades de apoyo a la evaluación de impacto»).

Bajo los auspicios de las directrices vigentes, la evaluación de impacto se estructura en los siguientes seis fases básicas: identificación del problema; determinación de los objetivos; selección de las políticas posibles; identificación de los posibles impactos económicos, sociales y medioambientales; comparación de las diferentes opciones en relación a los respectivos impactos que éstas generan; y la futura supervisión y evaluación[31].

De esta lista se deduce claramente que el modelo europeo de evaluación de impacto presenta un ejercicio complejo, dirigido hacia la predicción de todas las posibles consecuencias que pudieran derivarse de la puesta en marcha de toda nueva regulación «cuya complejidad probablemente va más

---

[29] Bajo las reglas de procedimiento de la Comisión (Art. 2), la Comisión define las prioridades anuales y adopta un programa de trabajo para cada año. Este programa establece las prioridades políticas más importantes e identifica las iniciativas legislativas, ejecutivas y otros actos que la Comisión pretenda adoptar para la realización de dichas prioridades. El Presidente presenta el programa de trabajo de la Comisión al Parlamento Europeo y al Consejo. Véase IA 2009, pp. 7-8 [No hay versión en español: nota del traductor].

[30] Evaluación de impacto 2009, p. 6.

[31] Evaluación de impacto 2009, pp. 4-5.

allá de la de cualquier otro modelo de evaluación de impacto llevado a cabo en el mundo»[32].

Las conclusiones que arroje la evaluación de impacto se presentan en formato de informe. Este informe debe especificar el método de análisis utilizado para determinar y comparar los impactos (por ejemplo, análisis coste-beneficio, análisis multicriterio, o cualquier otro). El borrador del informe de evaluación de impacto ha de remitirse al Comité de Evaluación de Impacto[33] al menos ocho semanas antes del inicio de las consultas entre los Servicios de la Comisión para poder discutir sobre la propuesta con los miembros del Comité, y poder tener en cuenta su opinión. Si el Comisario responsable considera necesaria algún tipo de acción[34], a partir del informe de evaluación de impacto, se acordará una propuesta y se someterá a las consultas intersectoriales junto con el informe de evaluación de impacto y la posición del Comité de Evaluación de Impacto antes de que finalmente se envíe al órgano colegiado que reúne a los Comisarios para su adopción final. Una vez adoptada la propuesta ésta se envía, junto con el informe de evaluación de impacto, a otras instituciones y se publica en la página web de la

---

[32] A. RENDA, *Impact Assessment in the EU: The State of the Art and the Art of the State* (CEPS Paperbacks, 2006), 55.

[33] El papel principal del Comité de Evaluación de Impacto es controlar la calidad de las evaluaciones de impacto realizadas por las Direcciones Generales cuando se proponen nuevas políticas. El Comité está compuesto por cinco miembros, representantes de las Direcciones Generales de empresa e industria, de medio ambiente, de empleo, asuntos sociales e igualdad de oportunidades, de asuntos económicos y financieros, y presidido por el vicesecretario general. Para un análisis inicial del Comité, véase A. ALEMANNO, «*Quis Custodet Custodes* dans le cadre de l'initiative Mieux Légiférer? Une analyse des mécanismes de surveillance règlementaire au sein de la Commission et la création du Comité d'évaluation des études d'impact» (2008) *Revue du Droit de l'Union Européenne* 1, 43-86.

[34] Un informe de evaluación de impacto debería realizarse incluso cuando la Comisión no realice una propuesta.

Unión Europea. Hasta el año 2011, los Servicios de la Comisión han llevado a cabo más de quinientas evaluaciones de impacto[35].

4. EL SISTEMA DE CONTROL DE CALIDAD: LA ACTUAL REVISIÓN ADMINISTRATIVA

Desde que se instauró el procedimiento de evaluación de impacto en el año 2002, se ha llevado a cabo un refinado sistema de revisión de la normativa dentro de la Comisión, con el fin de supervisar la calidad de las evaluaciones de impacto practicadas por los servicios de la Comisión. Se trata de una organización interna que se divide en cuatro niveles. El primer nivel se compone de una unidad central de evaluación de impacto en el seno de cada Dirección General de la Comisión, que controla las unidades operativas en la preparación de los borradores de evaluación de impacto. El segundo nivel de control lo proporciona la Comisión de la Secretaría General («control de calidad hacia arriba»), que ofrece orientación y control de calidad de los borradores de evaluación de impacto preparados por las Direcciones Generales correspondientes[36]. En el tercer nivel interviene el Comité de Evaluación de Impacto, que da su opinión sobre la calidad del borrador de informe a la luz de las directrices de evaluación de impacto antes de que comiencen las consultas intersectoriales. Finalmente, todas las Direcciones Generales junto con la Secretaría General («control hacia abajo»)[37],

---

[35] Para un listado de evaluaciones de impacto completas y planeadas, véase http://ec.europa.eu/governance/impact/practice_en.htm. Muchos académicos han realizado un esfuerzo de evaluación de las primeras evaluaciones de impacto llevadas a cabo por la Comisión, véase, *inter alia*, C. Cecot, R. Hahn y A. Renda, *A Statistical Analysis of the Quality of Impact Assessment in the European Union* (AEI-Brookings Joint Center, May 2007).

[36] En relación al papel del Secretario General de la Comisión, véase D. Curtin, *Executive Power of the European Union* (OUP, Oxford 2009), 114-16.

[37] Véase Evaluación de impacto 2009, pp. 7-8.

controlan los informes de evaluación de impacto a través del Grupo de Dirección de Evaluación de Impacto[38] que acompaña la elaboración de la mayoría de las evaluaciones de impacto, así como a través de las consultas intersectoriales, antes de que las iniciativas alcancen el nivel político.

Tras superar esas etapas de control, el informe final de evaluación de impacto, que tiene la consideración de Documento de Trabajo de la Comisión, se remite, junto con el borrador final, al Colegio de Comisarios. No obstante, si el informe no resulta satisfactorio, la Secretaría General o cualquier Dirección General, puede dar una opinión condicionada o desfavorable sobre el mismo en la etapa de las consultas intersectoriales[39]. En última instancia, sólo si la opinión de los servicios de la Comisión que participan en las consultas es favorable, se pasará el informe a los Comisarios para que adopten una decisión final[40]. En esta última etapa, sin embargo, los políticos, reunidos en el órgano colegiado que forman los Comisarios, todavía pueden ajustar la propuesta definitiva. Una vez haya sido adoptada la propuesta, la «etapa inicial» se considera completa y ambos, el informe de evaluación de impacto y la opinión del Comité de Evaluación de Impacto, se publican.

Ello pone de manifiesto que en el ejercicio de supervisión normativa intervienen diversos actores institucionales, y, de acuerdo con las directrices de la Comisión Europea, en ambos sentidos o direcciones del procedimiento de confección de los borradores de informe de evaluación de impacto,

---

[38] Desde las Directrices de 2005, un grupo de dirección de evaluación de impacto es obligatorio para todas las propuestas de naturaleza transversal, que aporta datos especializados y da una perspectiva más amplia al proceso de evaluación de impacto. Requiere de la participación del secretario general, especialmente de la unidad de Planeamiento Estratégico y Programación y excluye cualquier dato proveniente de fuera de los servicios de la Comisión. Véase Directrices de evaluación de impacto 2009, p. 8.

[39] *Ibíd.*

[40] *Ibíd.*

esto es, hacia arriba y hacia abajo. La creación del Comité de Evaluación de Impacto no ha puesto fin a este mecanismo de supervisión heterogéneo.

A diferencia de su homólogo en los Estados Unidos, la Oficina de Asuntos Informativos y Normativos (*Office of Information and Regulatory Affairs*, OIRA), que puede dirigir «cartas de devolución» (*return letters*) a las agencias federales[41], el Comité de Evaluación de Impacto no tiene poder de veto sobre las evaluaciones de impacto llevadas a cabo por los departamentos de la Comisión[42]. Esta opción ha sido percibida como una debilidad para la efectividad del sistema que corresponde garantizar al Comité de Evaluación de Impacto, que en consecuencia no puede ser considerada como el «guardián» normativo último de la Comisión. Por otra parte, una potestad tal de devolución en mano del Comité chocaría contra el principio de colegialidad, que gobierna el funcionamiento y la operatividad de la Comisión[43]. En efecto, este principio requiere «la participación igualitaria de los Comisarios en la adopción de las decisiones», pero también implica que «esas decisiones deben someterse a deliberación

[41] Decreto 12866 del presidente Clinton, del 30 de septiembre de 1993.

[42] Wiener y Alemanno, *supra* nota 24.

[43] Aunque este principio originalmente se basaba en el primer párrafo del artículo 163 del TCE (después de su modificación, el segundo párrafo del artículo 219 TCE y, finalmente, artículo 250 TFUE) y es visto en el artículo 1 de las Reglas de Procedimiento de la Comisión (DOUE 1993 L230, p. 15), ha sido ampliamente desarrollado por la jurisprudencia del TJUE. Véase el Caso C-191/95 *Comisión contra Alemania* (1998) ECR I-5449, pp. 48 a 50. Para una visión general del principio de colegiación, véase C. Mistò, «La collégialité de la Commission européenne» (2003) *Revue du Droit de l'Union Européenne* 189 ss.

colectiva»[44]. El fundamento que subyace a este principio se refiere a que los miembros del Colegio de Comisarios deben asumir en última instancia y colectivamente la responsabilidad política derivada de las decisiones de la Comisión[45].

A pesar de esas limitaciones, las opiniones del Comité de Evaluación de Impacto pueden producir efectos importantes, aunque indirectos, sobre los resultados del proceso de control de calidad. Por ejemplo, la Secretaría General, al adoptar una posición dentro del contexto formal de las consultas intersectoriales, puede llegar a bloquear una iniciativa, si la opinión del Comité de Evaluación de Impacto no se ha tenido en cuenta por la Dirección General que haya realizado la evaluación de impacto. Esto puede ocurrir en el caso en que la Secretaría General (a diferencia del Comité de Evaluación de Impacto) ejerza su poder de veto[46]. De hecho, el ejercicio del control de calidad que realiza el Comité de Evaluación de Impacto resulta cada vez más exigente (42% de los borradores de informe de evaluación de impacto presentados para revisión en el año 2010 recibieron un dictamen desfavorable)[47], lo que ha llevado al Presidente de la Comisión a establecer que «en principio se requiere un dictamen favorable del Comité de Evaluación de Impacto para que una propuesta sea valorada por la Comisión»[48].

---

[44] Caso C-198/97 *Comisión contra la República Federal de Alemania* (1999) ECR 3257, pár. 19.

[45] *Ibíd.*

[46] Si el informe de evaluación de impacto sujeto a revisión no alcanzara un nivel satisfactorio de calidad, el secretario General puede emitir una opinión de aplazamiento o desfavorable. Véase evaluación de impacto 2006, p. 15. Véase en este punto ALEMANNO, *Quis custodet custodies?, supra* nota 33.

[47] Informe del Comité de Evaluación de Impacto de 2010, SEC (2011) 126 final, 4.

[48] C(2010) 1100 «The Working Methods of the Commission 2010-2014», http://ec.europa.eu/commission_2010-2014/president/news/documents/pdf/c2010_1100_en.pdf (acceso el 21 de febrero de 2001).

A la luz de lo anterior, resulta pertinente ya el análisis de las posibles interacciones entre la evaluación de impacto de las iniciativas normativas y la revisión judicial de la normativa ya adoptada.

III. CUANDO LA EVALUACIÓN *EX ANTE* SE ENCUENTRA CON EL CONTROL *EX POST*

Al preguntar qué papel, en su caso, debería tener la evaluación de impacto cuando se produce el control judicial de la legalidad de los actos europeos, debe considerarse *in abstracto* de qué manera pueden estos dos momentos del proceso normativo entrar en contacto. Un encuentro así no resulta completamente impensable, si se considera que los informes de evaluación de impacto, además de suministrar información al legislador, también ofrecen pruebas y datos al poder judicial a la hora de examinar la legalidad de las normas. Teniendo en cuenta lo anterior, los encuentros entre los resultados de una evaluación de impacto y de una revisión *ex post* pueden darse en los siguientes escenarios:

1) Una primera situación puede producirse cuando un informe de evaluación de impacto resulta cuestionado ante los Tribunales por infracción de las directrices y los procedimientos vigentes (denominada choque directo).

2) Una segunda situación puede darse si se utiliza un informe de evaluación de impacto para cuestionar la validez de un acto normativo definitivo de la Unión Europea, en el contexto de los procedimientos de los arts. 263 y 267 TFUE (se trataría de un encuentro indirecto).

Antes de analizar con mayor detalle estos supuestos, parece importante determinar la naturaleza jurídica de la evaluación de impacto en el ordenamiento jurídico de la Unión Europea. Para que gane en relevancia para el poder judicial, el ordenamiento jurídico ha de establecer de modo vinculante el sistema de la evaluación, para que produzca efectos jurídicos. Tal parece ser un requisito previo para que la evaluación de impacto pueda tener relevancia en un ulterior control jurisdiccional[49]. Por tanto, el siguiente apartado intentará responder a la siguiente pregunta: ¿está la Comisión (y las demás instituciones) obligada a realizar una evaluación de impacto respecto su propuesta normativa? ¿Debería la Comisión garantizar que sus propuestas normativas se basan en una evaluación de impacto? En caso afirmativo, ¿sería suficiente que la propuesta legislativa se ajustara a lo señalado por la evaluación de impacto? ¿Cuáles serían, en su caso, las consecuencias jurídicas derivadas de una divergencia?

IV. LA NATURALEZA JURÍDICA DEL SISTEMA DE EVALUACIÓN DE IMPACTO DENTRO DEL ORDENAMIENTO JURÍDICO DE LA UNIÓN EUROPEA

Para determinar la naturaleza jurídica del sistema de evaluación de impacto se necesita primero verificar la naturaleza jurídica de los actos que lo introducen en el ordenamiento jurídico de la Unión Europea. Hasta ahora, tanto su introducción como su desarrollo dentro del proceso decisorio de la Unión Europea se basan en «actos atípicos» (fuentes legales distintas de las previstas en los tratados), tales como comunicaciones, directrices, acuerdos inte-

---

[49] P. POPELIER, «The Legal Implications of Better Regulation Instruments: an Overview», manuscript presented at the Antwerp Workshop on Legal Implications of Better Regulation, 26 February 2010.

rinstitucionales, que –al menos en principio– no producen efectos jurídicamente vinculantes. En todo caso, se trata de mecanismos de *soft law* (o Derecho blando), que han sido definidos como «reglas de conducta que, en principio, no son jurídicamente vinculantes, aunque sí producen efectos jurídicos en la práctica»[50]. Si bien los tratados no contemplan estos instrumentos en su articulado, se utilizan con profusión desde hace tiempo en el seno del ordenamiento jurídico de la Unión Europea[51]. Se definen por contrate con los instrumentos *hard law* (Derecho duro), o actos jurídicos formalmente vinculantes.

Conscientes de su naturaleza blanda o *soft*, las directrices de evaluación de impacto se resisten a reconocer derechos procedimentales, cuyo respeto pueda someterse al control judicial. Así, por ejemplo, la Comisión, después de resaltar que la evaluación de impacto es un elemento clave para el desarrollo de las propuestas de la Comisión, y que la Comisión tendrá en cuenta el informe de evaluación de impacto en sus decisiones finales, niega que la evaluación de impacto pueda «reemplazar al sistema de decisión» –la adopción de una propuesta de política es siempre una decisión política que sólo se puede tomar en el seno de la misma Comisión–[52]. En consecuencia, una persona o una institución de la Unión Europea que no esté satisfecha con la forma en la que la evaluación de impacto se haya llevado a cabo por los servicios de la Comisión, no tendría derecho a solicitar la revisión judicial con el objeto de que se ejerza un control sobre la correspondiente decisión final de la Unión Europea.

---

[50] F. Snyder, *New Directions in European Community Law* (Weidenfeld and Nicolson, London, 1990).

[51] Para una visión general del *soft law*, véase el trabajo de F. Snyder, «Soft Law and the Institutional Practice in the European Community», en S. Martin (Ed.), *The Construction of Europe, Essays in Honour of Emile Noël* (1994), 197-225, y S. Lefevre, «Interpretative Communications and the Implementation of Community Law at National Level» (2004) *European Law Review*, 29, 808-822.

[52] Directrices de evaluación de impacto 2009, p. 4.

Aunque sorprendente *prima facie*, la introducción de las directrices de evaluación de impacto a través de directrices administrativas en lugar de actos normativos vinculantes no es infrecuente cuando se compara con otras experiencias de reformas normativas[53]. En efecto, en la mayoría de los países de la OCDE, la evaluación de impacto y las obligaciones de consulta, aunque originadas en un nivel alto de decisión, han surgido mediante la adopción de documentos de Derecho blando o *soft law*.

1. EL SISTEMA DE EVALUACIÓN DE IMPACTO: ¿CARENCIA DE VINCULATORIEDAD JURÍDICA CON PRODUCCIÓN DE EFECTOS JURÍDICOS?

En todo caso, el hecho de que los procedimientos de evaluación de impacto se hayan insertado en el ordenamiento jurídico a través de directrices y comunicaciones, instrumentos atípicos que no se encuentran entre los del art. 288 TFUE, no significa necesariamente que no puedan producir efectos jurídicos. En efecto, la jurisprudencia de los Tribunales de la Unión Europea muestra que no sólo las recomendaciones[54] sino también otros instrumentos de *soft law* pueden producir efectos jurídicos. De ahí que quepa plantearse hasta qué punto las directrices de evaluación de impacto pueden producir efectos jurídicos que sean directamente exigibles ante los Tribunales de la Unión Europea.

---

[53] Crowe, *supra* nota 28, p. 475; F. de Francesco, «Combining Innovation and Administrative Attributes: The Typologies of Rulemaking» (artículo inédito, cortesía del autor), pp. 12-14.

[54] Caso C-322/88 *Grimaldi* (1989) ECR 4407.

La jurisprudencia pone de manifiesto que la cuestión acerca de la aplicación y cumplimiento de reglas autoimpuestas surgió en un primer momento en materia de función pública, en relación con las normas establecidas por las instituciones. Es en estos asuntos en los que se reconocen efectos jurídicos vinculantes de las normas autoimpuestas, sobre la base no sólo de los principios de igualdad de tratamiento y seguridad jurídica, sino también de otros principios jurídicos, como la regla *patere legem quam ipse fecisti*, confianza legítima y la observancia de los elementos esenciales del procedimiento. En relación con este último principio, existen dos casos que reconocen que las normas autoimpuestas con carácter de Derecho blando pueden producir efectos vinculantes según la Comisión[55]. Este principio parece haberse extendido, más allá de los casos relativos a la función pública, a otras materias. En particular, el principio de igualdad de trato se utiliza cada vez más para fallar a favor de los efectos vinculantes. Uno de los primeros ejemplos de esta tendencia es el caso *Thyssen contra la Comisión*, en el ámbito de la CECA, en el que el Tribunal reconoció implícitamente que la Administración está obligada por la doctrina de sus propios actos sobre la base del principio de igualdad (aunque en este caso el Tribunal llegó a la conclusión de que las situaciones anteriores no eran comparables)[56]. Un caso más ilustrativo de extensión a otras áreas del Derecho es el caso *Hüls contra Comisión*, en el que el Tribunal de Primera Instancia (hoy, Tribunal General) concluyó que cuando la Comisión se impone a sí misma reglas de procedimiento –en este caso, en un procedimiento para facilitar el acceso a los archivos de asuntos relacionados con las normas sobre competencia del Décimo Primer Informe sobre política de competencia– «no puede apartarse de las normas que se haya autoimpuesto»[57]. El Tribunal en este caso parece haber llegado a esta conclusión basándose en el

---

[55] Caso 282/81 *Ragusa contra Comisión* (1983) ECR 1245 y caso 263/83 *Turner contra Comisión* (1985) ECR 893.

[56] Caso 188/82 *Thyssen contra Comisión* (1983) ECR 3721.

[57] Caso T-9/89 *Hüls contra Comisión* (1992) ECR II-499.

principio de igualdad de trato, más que en la vulneración de requisitos esenciales de procedimiento.

Ha de destacarse también que el reconocimiento de estos efectos autovinculantes depende de la naturaleza de las propias normas de que se trate: cuanto más incondicional y clara sea su formulación, mayor probabilidad de que esas reglas tengan efectos autovinculantes[58]. En este sentido, el Tribunal ha sostenido que: «Ciertamente, es jurisprudencia reiterada que las instituciones comunitarias pueden imponerse orientaciones para el ejercicio de sus poderes discrecionales mediante actos no previstos en el artículo 249 CE, por ejemplo mediante comunicaciones, en la medida en que dichos actos contengan normas indicativas sobre la orientación que deben seguir las instituciones comunitarias y no sean contrarios a las normas del Tratado. En tales circunstancias, el órgano jurisdiccional comunitario comprueba, aplicando del principio de igualdad de trato, si el acto impugnado respeta las orientaciones que las instituciones se han autoimpuesto, mediante la adopción y publicación de las comunicaciones»[59].

2. CONCLUSIONES

Para terminar, los Tribunales de la Unión Europea parecen estar dispuestos, cada vez más, a considerar que las instituciones europeas deben actuar de una forma coherente y no arbitraria, lo que implica la obligación de aplicar las

---

[58] Caso C-156/98 *Germany contra Commission* (2000) ECR I-6857.

[59] Véase en caso T-13/99 *Pfizer Animal Health v. Council* (2002) ECR II-3305, para 119, así como también y en este sentido, las sentencias del Tribunal de Primera Instancia de 17 de diciembre de 1991, *Hercules Chemicals/Comisión*, T-7/89, Rec. p. II-1711, apartado 53; de 5 de noviembre de 1997, *Ducros/Comisión*, T-149/95, Rec. p. II-2031, apartado 61, y de 30 de abril de 1998, *Vlaams Gewest/Comisión*, T-214/95, Rec. p. II-717, apartados 79 y 89.

normas que ellas mismas se hayan impuesto. No obstante, como se ha visto en este análisis, si bien es cierto que los efectos vinculantes de las normas autoimpuestas parecen haber encontrado su lugar en el ordenamiento jurídico de la Unión Europea, aún no está claro hasta qué punto y sobre qué base esta jurisprudencia puede extenderse a los instrumentos de *soft law* de evaluación de impacto. En este punto, puede observarse que, por contraste con la mayoría de las normas autoimpuestas que se han valorado en las anteriores sentencias (un memorándum del Director General, una guía interna, etc.), las directrices de evaluación de impacto parecen encontrar mayor peso institucional y político. En particular, las directrices de evaluación de impacto encuentran sus orígenes en las resoluciones y declaraciones políticas del Consejo Europeo y contribuyen a la puesta en marcha de las políticas de la Comisión[60]. Además, tal y como se ha observado, la implementación del sistema de evaluación de impacto en el seno de los servicios de la Comisión se puede imponer en términos administrativos merced a la estructura jerárquica de la Comisión, mediante los mecanismos de control de calidad.

---

[60] Véanse, por ejemplo, la Resolución de los Consejos Europeos de Göteborg y de Laeken; el Plan de Acción para Legislar Mejor COM (2002) 278 y el Plan de Acción de la Comisión para mejorar la comunicación sobre Europa, SEC (2005) 985.

V. LOS CONFLICTOS DIRECTOS: LA REVISIÓN JUDICIAL DE LA EVALUACIÓN DE IMPACTO

1. LA EVALUACIÓN DE IMPACTO Y LA REVISIÓN JUDICIAL *EX POST*

El conflicto más evidente y quizá más dramático entre el análisis *ex ante* y la revisión judicial se produce cuando la legalidad del primero se cuestiona en sede judicial. En tal caso, puede concebirse que el informe de evaluación de impacto sea directamente impugnado ante los Tribunales, por violación de las directrices aplicables o del procedimiento. En este escenario, el demandante puede alegar que la evaluación de impacto no se ha realizado o que el análisis llevado a cabo se encuentra viciado por el incumplimiento de las directrices o del procedimiento aplicable. Incluso se podría alegar que la evaluación de impacto no tuvo en cuenta el informe del Comité de Evaluación de Impacto[61]. No obstante, esta confrontación directa no suele darse. Tratándose de un simple «acto preliminar» (un documento de trabajo), un informe de evaluación de impacto, aunque derivado de una institución europea consagrada en el artículo 263 TFUE, no puede producir efectos jurídicos y, en consecuencia, los Tribunales lo considerarían como un acto no revisable (*acte ne faisant pas*

---

[61] Esta situación no parece muy probable en el sentido de que los informes de evaluación de impacto, al igual que las propuestas de la Comisión, no se publican antes del informe del Comité de Evaluación de Impacto. Esto podría efectivamente dificultar el desafío sobre la divergencia entre la propuesta original de la Comisión y el informe de evaluación de impacto (que nunca será publicado) y el informe del Comité de Evaluación de Impacto.

grief)[62]. Es más, independientemente de su naturaleza, los Tribunales tendrían dificultades para revisar la corrección del análisis que se hubiera realizado mediante la metodología de evaluación de impacto, ya que ésta aún está lejos de constituir un referente común[63]. Por tanto, los Tribunales podrían declarar inadmisible cualquier acción directa contra una evaluación de impacto. No obstante, en la medida en que el incumplimiento de las directrices de evaluación de impacto por parte de la Comisión puede considerarse como un caso de mala administración, cualquier desviación de las directrices de evaluación de impacto puede llevarse ante el Defensor del Pueblo Europeo[64]. Y ello, en principio, podría hacerse valer ante cualquier infracción, sea de la evaluación de impacto, o del acuerdo interinstitucional «Legislar Mejor», y podría servir de fundamento respecto de las restantes instituciones, como por ejemplo el Consejo y el Parlamento,

---

[62] En relación con esta categoría de actos, véase H. G. SCHERMERS y D. F. WAELBROECK, *Judicial Protection in the European Union* (Kluwer, 2003), 348-355.

[63] Debido ampliamente a la ambigüedad de su metodología, las herramientas y el procedimiento de evaluación de impacto (según se indica en sus directrices) no parecen claros para verificar si los servicios de la Comisión los han aplicado correctamente. Así, por ejemplo, ¿cómo podrían saber los Tribunales si la evaluación de impacto se ha realizado cumpliendo con el «análisis de proporcionalidad»? Este principio fue introducido en las Directrices de evaluación de impacto 2005 y no debe confundirse con el principio general de proporcionalidad. Su aplicación requiere que algunos aspectos del análisis estén más o menos desarrollados, dependiendo del significado de la acción de la Unión Europea. Dicho de otra manera, cuanto más importante parezca la acción, mayor será el esfuerzo de cuantificación y de monetización que deberá realizarse.

[64] El Defensor del Pueblo Europeo, Decisión 948/2004/OV de 4 de mayo de 2005.

para, en su caso, considerarlas también instancias de mala administración.

2. LA EVALUACIÓN DE IMPACTO Y LA REVISIÓN ADMINISTRATIVA *EX POST*

Una confrontación menos violenta entre la evaluación de impacto y el control *ex post* podría tener lugar ante el Defensor del Pueblo Europeo. En virtud del artículo 229 TFUE, el Defensor del Pueblo puede investigar las quejas de los ciudadanos de la Unión Europea en casos de mala administración, «con la excepción del Tribunal de Justicia de la Unión Europea cuando actúe en el ejercicio de sus funciones jurisdiccionales». Según el abogado general Geelhoed, «[E]l propósito principal del procedimiento ante el Defensor del Pueblo Europeo es dar a los ciudadanos la posibilidad de buscar satisfacción en casos en los que los procedimientos judiciales no son una opción o no producen los resultados pertinentes»[65]. Es más, el estatus del Defensor del Pueblo le otorga la capacidad para «combinar los instrumentos del examen parlamentario y del control judicial de una forma original»[66].

Por lo tanto, como se ha mencionado anteriormente, si el incumplimiento por parte de la Comisión de las directrices sobre evaluación de impacto se considera un caso de mala administración, cualquier quebrantamiento de estos requisitos procedimentales podría ser llevado ante el Defensor del Pueblo. Así, por ejemplo, a raíz de una denuncia presentada por el Servicio de Acción Ciudadana Europeo relativa a la supuesta omisión de la Comisión del deber de informar y consultar a las organizaciones no gubernamentales

---

[65] Conclusiones del AG Geelhoed de 3 de julio de 2003, caso C-234/02 P *European Ombudsman contra Frank Lamberts*, pár. 65.

[66] P. MAGNETTE, «Between Parliamentary Control and the Rule of Law: the Political Role of the Ombudsman in the European Union», *Journal of European Public Policy*, 10/05, 677-94, 690.

sobre el futuro de los Fondos Estructurales, el Defensor del Pueblo sostuvo que «la falta de cumplimiento de los procedimientos y principios establecidos en la Comunicación sobre las normas mínimas para la consulta tendrían la consideración de mala gestión»[67]. Por lo tanto, aunque el Defensor del Pueblo no encontró ninguna prueba de mala administración en ese caso concreto[68], la Defensoría del Pueblo inequívocamente afirmó su competencia con respecto a cualquier caso de desviación de las normas mínimas para la consulta[69]. Además, dado que el demandante también cuestionó la claridad de estas normas, el Defensor del Pueblo señaló que, independientemente de que éstas pudieran haber sido expresadas de una forma más clara, la revisión que llevó a cabo demostraba que éstas se podrían haber aplicado sin dificultad para verificar si la Comisión las había cumplido[70].

Aunque no existen casos, al menos conocidos, en los que se haya alegado el incumplimiento de las directrices de evaluación de impacto ante el Defensor del Pueblo Europeo, se considera que esta alegación, por analogía, difícilmente podría sustraerse de la competencia de dicha institución.

La existencia de una revisión administrativa *ex post* es relevante y puede producir efectos prácticos. En efecto, una resolución del Defensor del Pueblo que calificara de mala administración un caso

---

[67] Decisión del Defensor del Pueblo 948/2004/OV de 4 de mayo de 2005, pár. 3.8.

[68] Afirmó que «sobre la base de la información disponible [...], la Comisión parece haber organizado un proceso de consulta genuina con respecto a su política de cohesión». Véase la decisión del Defensor del Pueblo 948/2004/OV de 4 de mayo de 2005, pár. 3.9.

[69] Comunicación de la Comisión «General principles and Minimum Standards for Consultation of Interested Parties by the Commission» COM (2002) 704. Sobre esta iniciativa, y más en general, sobre la formalización de la participación de grupo civil en la concepción política de la UE, véase Obradovic y Alonso Vizcaíno, «Good Governance Requirements Concerning the Participation of Interest Groups in EU Consultation», (2006) *Common Market Law Review* 43, 1049-1085 (2006).

[70] Decisión del Defensor del Pueblo, *supra*, pár. 3.16-17.

por incumplimiento de las directrices sobre evaluación de impacto puede facilitar la pretensión del demandante de obtener daños y perjuicios ante los Tribunales Europeos[71].

Hasta el momento, las únicas quejas fundadas en presuntas violaciones de las directrices sobre evaluación de impacto se han llevado ante la Secretaría General de la Comisión y no han desembocado en ninguna decisión oficial[72].

VI. LOS CONFLICTOS INDIRECTOS: LA IMPUGNACIÓN DE UN ACTO ILEGAL DE LA UNIÓN EUROPEA A TRAVÉS DE LA EVALUACIÓN DE IMPACTO

Un conflicto menos directo, aunque más probable, entre la evaluación de impacto y el control judicial puede surgir cuando se invoque el informe de evaluación de impacto ante los Tribunales para impugnar la validez de una norma de la Unión Europea. Esta situación puede darse al amparo de los procedimientos previstos en los artículos 263 TFUE ó 267 TFUE. En particular, un Estado miembro, una institución o incluso una persona privada (siempre que esa persona goce de legitimación procesal activa en el caso de una acción directa)[73] podrían cuestionar la legalidad de un acto de

---

[71] Artículo 340 del TFUE. Véase el asunto T-209/00, *Frank Lamberts contra European Ombudsman* (2002), pár. 58-59.

[72] Entrevista telefónica con un funcionario que trabaja en la Secretaría General.

[73] El Tratado de Lisboa no sólo extiende la regla de procedimiento a la validez (e interpretación) de los actos provenientes de todos los «cuerpos, oficinas o agencias» de la Unión Europea, sino que también facilita las condiciones de admisibilidad de las acciones alegadas por los ciudadanos contra los actos de la Unión Europea. Al amparo del artículo 263 (4) (antiguo artículo 230.4), «Toda persona física o jurídica podrá (…) interponer recursos contra los actos de los que sea destinataria o que la afecten directa o individualmente y contra los actos reglamentarios que la afecten directamente y que no incluyan medidas

la Unión Europea alegando el incumplimiento del procedimiento de evaluación de impacto. Este incumplimiento puede ser procedimental o sustantivo. Para tener éxito en el primer caso, el demandante debería probar, por ejemplo, que la evaluación de impacto constituye «un requisito esencial de procedimiento», en el contexto del artículo 263.2 TFUE, y que la Comisión, al realizar (o no) una evaluación de impacto, ha infringido dicho requisito.

En el segundo caso, sin embargo, el demandante puede cuestionar la legalidad de una norma de la Unión Europea alegando que entra en conflicto con el análisis de la evaluación de impacto realizado en relación con los principios de competencias de atribución, proporcionalidad y subsidiariedad. Así, por ejemplo, si la opción de una específica alternativa política sometida a una evaluación de impacto no hubiere superado ninguno de los tests, y, sin embargo, se asumiera en la norma finalmente aprobada, ¿es ese acto conforme a la legalidad? ¿Puede (o debe) la evaluación de impacto ofrecer un criterio de referencia válido para el examen de la legalidad de las normas definitivas realizado por los Tribunales?

1. EL CONTROL PROCEDIMENTAL

Es claro que para tener éxito en un proceso en el que se plantee la infracción procedimental de la evaluación, el demandante tendrá que probar que la evaluación de impacto constituye una fase

---

de ejecución». Por tanto, mediante el requisito de «afectación directa» para interponer recursos contra los actos reglamentarios, el test *Plaumann* sólo será posible en relación a los «actos no regulatorios». En el momento en el que este artículo salía a la imprenta, aún quedaba por ver cómo el Tribunal General y el TJUE interpretan esta noción (¿todos los actos no legislativos o también algunos legislativos?). A pesar de la interpretación que finalmente se le dé por el poder judicial de la Unión Europea, el artículo 263.4 TFUE parece otorgar a los ciudadanos el acceso a la justicia en la Unión Europea. Véase también la contribución de VOERMANS y SCHUURMANS en esta materia y, por ejemplo, MANCINUS, «Cuando la Catedral judicial de la Unión Europea pierde sus pilares y abre las puertas» (www.adjudicatingeurope.eu»).

obligatoria dentro del proceso decisorio de la Unión Europea, cuya omisión o indebida aplicación podría afectar a la legalidad de la norma en sí. Como ya se ha observado, la aprobación del sistema de evaluación de impacto en el seno del ordenamiento jurídico de la Unión Europea a través de mecanismos de *soft law* deja sin resolver este particular y complicado interrogante. No obstante, dado que la jurisprudencia reconoce efectos jurídicos a las normas que la Comisión se impone a sí misma, no cabe excluir que los Tribunales pudieran sostener que se trata de un «requisito esencial del procedimiento» que la Comisión debe cumplir durante el procedimiento de elaboración de las disposiciones. Si el Tribunal asumiera esta doctrina, los demandantes podrían fácilmente probar que la Comisión no siempre respeta las directrices de evaluación de impacto[74].

2. EL CONTROL DE CARÁCTER SUSTANTIVO

Al realizar una evaluación de impacto se espera de la Comisión, *inter alia*, que verifique *ex ante* si la propuesta de la política de que se trate cumple con los principios de competencias de atribución, proporcionalidad y subsidiariedad. Por tanto, ¿hasta dónde los Tribunales de la Unión Europea en el ejercicio de su actividad de control de validez de los actos definitivos, deben o no tener en cuenta el análisis previo de la Comisión para determinar si el acto cumple con los principios antes indicados? Así, por ejemplo, ¿cuál es la relación

---

[74] Como parece deducirse del último informe anual del CEI, uno de los problemas más comunes en la realización del informe de evaluación de impacto por los servicios de la Comisión es la falta de identificación de las distintas opciones políticas. Véanse los informes anuales del CEI de 2009 y 2010. Véase también el informe del Tribunal de Cuentas de la Unión Europea sobre el impacto del sistema de evaluación en la Comisión: *Impact Assessment in the EU Institutions: Do they Support Decision-Making?*, Special Report nº 3/2010, septiembre 2010.

entre el control de proporcionalidad *ex ante* de una iniciativa normativa realizado por la Comisión mediante la evaluación de impacto y el control de proporcionalidad *ex post* realizado por los Tribunales sobre la norma ya adoptada?, ¿Cómo deberían estos dos controles de legalidad, *ex ante* y *ex post*, interactuar? La misma cuestión puede suscitarse en relación con el principio de subsidiariedad, en especial porque «muchas veces resulta imposible ofrecer unos indicadores cuantitativos coherentes sobre si es mejor realizar una acción determinada a nivel comunitario o a nivel estatal»[75].

Aunque los Tribunales han sido capaces de enjuiciar –al menos hasta el momento– la observancia de estos principios sin necesidad de examinar el análisis de evaluación de impacto del borrador, la práctica actual de esta técnica en relación con las iniciativas de mayor calado, podría determinar que los Tribunales tengan en cuenta esas evaluaciones previas antes de fijar sus conclusiones. Ello puede ocurrir como consecuencia de la actuación de los Tribunales *sua sponte* o por requerimiento de las partes. Por ejemplo, al valorar si la adopción de una determinada medida es competencia de la Unión Europea, los Tribunales considerarán en qué forma esta cuestión ha sido anteriormente valorada por los servicios de la Comisión en el momento de elaboración del borrador. Es más, las directrices de evaluación de impacto claramente señalan que «una vez hayan sido identificados el problema y sus causas [el funcionario de la Comisión] aún debe verificar si la Unión Europea tiene la competencia para intervenir (principio de competencia de atribución), y si dicha intervención logra mejor los objetivos propuestos que si se realizara

---

[75] P. CRAIG, *EU Administrative Law* (OUP: Oxford, 2006), 423.

a nivel estatal (principio de subsidiariedad)»[76]. Asimismo, como las directrices de evaluación de impacto requieren que la Comisión indique «aquellas opciones políticas y mecanismos de desarrollo más adecuados para alcanzar» los objetivos de la iniciativa normativa, el Tribunal puede tomar en consideración esta evaluación previa para determinar si la medida final satisface el principio de proporcionalidad[77]. Se argumenta que una mayor información sobre la fase prelegislativa puede dinamizar el examen judicial. a

a) ¿LA EVALUACIÓN DE IMPACTO COMO «AYUDA PARA LAS PARTES»?

La proporcionalidad constituye un principio general del Derecho de la Unión Europea y puede constituir un motivo de impugnación de una acción de la Unión Europea. Sin definición clara en los tratados[78], el significado del principio de proporcionalidad se ha concretado en detalle mediante la jurisprudencia de los Tribunales de la Unión Europea. Según la jurisprudencia, un acto de la Unión Europea cumple con el principio de proporcionalidad cuando es idóneo o adecuado (primera condición) y necesario (segunda condición) para lograr el objetivo pretendido[79]. Sin embargo, algunas veces en las que el Tribunal determina que la medida es adecuada y necesaria para lograr el objetivo, el demandante puede alegar que la carga que la medida le ha generado resulta des-

[76] Evaluación de impacto 2009, p. 21.

[77] Evaluación de impacto 2009, p. 28.

[78] El artículo 5.1 TFUE reconoce el principio de atribución así como el de proporcionalidad y el de subsidiariedad.

[79] Caso 11/70, *Internationale Handeslgesellschaft mbH contra Einfhur- un Vorratsstelle für Getreide und Futtermittel* (1970) ECR 1125.

proporcionada en sentido estricto con respecto a los beneficios que genera[80]. No obstante, según la jurisprudencia, está claro que el Tribunal lleva a cabo ese examen adicional (de coste-beneficio, o proporcionalidad *stricto sensu*) sólo cuando los demandantes presentan alegaciones específicamente en esa dirección[81]. El *onus* o carga se encuentra, por tanto, en el demandante que deberá hacer alegaciones en tal sentido ante los Tribunales, lo que no es, por razones obvias, una tarea fácil de cumplir. Pero cabe afirmar que, dado el incremento de los informes de evaluación de impacto en los que se incluye la valoración tanto de los costes como de los beneficios de la propuesta legislativa (o la distribución de esos costes en la sociedad)[82], será mucho más fácil para el demandante reunir esta información y utilizarla en el proceso. En consecuencia, esta tendencia llevará a los Tribunales a enjuiciar con mayor frecuencia el tercer test o condición del principio de proporcionalidad, lo cual supondría un giro en la forma de examinar la observancia del principio de proporcionalidad. En suma, pues, aun cuando los Tribunales puedan concluir que se respetan los dos primeros tests (idoneidad y necesi-

---

[80] La existencia de esta tercera condición de control del cumplimiento de los principios de proporcionalidad de los actos de la Unión Europea fue claramente reconocida en el asunto *Pfizer* en el cual el Tribunal señaló que: «un análisis coste-benefcio es una expresión del principio de proporcionalidad». Véase T-13/99 *Pfizer Animal Health contra Council* (2002) ECR II-3305, pár. 410. También véase el Caso C-343/09 *Afton Chemical Limited contra Secretary of State for Transport* ECR, nyr, pár. 56. Sobre esta temática, en español, véase el número monográfico de la revista *Cuadernos de Derecho Público*, nº 5 (1998).

[81] P. Craig, *EU Administrative Law* (OUP: Oxford, 2006), 656.

[82] Según se indicó más arriba, tanto el informe de evaluación de impacto como la opinión (final) del CEI son publicados después de que la Comisión haya adoptado la correspondiente propuesta y se encuentre disponible en la página web de la Comisión.

dad), podrían concluir, sin embargo, que no supera el test de la proporcionalidad en sentido estricto, desde la perspectiva del análisis coste-beneficio, si se acredita que los perjuicios superan a los beneficios.

Es éste un ejemplo de efectos colaterales del análisis de impacto regulatorio, y en el que se pone de relieve que la interacción entre la evaluación *ex ante* y el control judicial *ex post* puede dar lugar a efectos no buscados ni previsibles. Aunque superando cualquier proceso de «juridificación», la evaluación de impacto puede llegar al extremo de moldear los principios de la Unión Europea que establecen y limitan la acción reguladora de la Unión Europea.

Un patrón similar puede darse no sólo en relación con el principio de proporcionalidad, sino también respecto de los principios de subsidiariedad y de competencias de atribución. En particular, el control del cumplimiento del principio de subsidiariedad en la evaluación de impacto, a la vista de su creciente fortalecimiento[83], podrá aumentar no sólo el hasta ahora bajo índice de procesos judiciales en torno al principio de subsidiariedad, sino también la intensidad de dicho control[84]. Si los Tribunales se basaran en datos cualitativos y cuantitativos, como los que se recogen en una evaluación de impacto, para determinar si una materia se halla mejor regulada a nivel europeo que nacional, se reducirían sus actuales dificultades para resolver los litigios relacionados con el principio de subsidiariedad. Ello podría, a su vez, hacer

---

[83] Artículo 5.3 TUE, artículo 12 (b) y artículo 8 del Protocolo núm. 2 sobre la aplicación de los principios de subsidiariedad y de proporcionalidad.

[84] Sobre la dificultad para la procedencia (procedimental y sustantiva) de la aplicación del principio de subsidiariedad, véase P. Craig, *EU Administrative Law* (OUP: Oxford, 2006), 425-7.

que los Tribunales redefinan y desarrollen más aún la jurisprudencia relativa al artículo 5 TUE.

b) ¿LA EVALUACIÓN DE IMPACTO COMO «AYUDA PARA EL TRIBUNAL»?

En el caso de que los Tribunales se inclinen por valorar la evaluación de impacto cuando se impugne un acto jurídico por infracción de los principios de subsidiariedad, competencias de atribución o proporcionalidad, habría que preguntarse por el papel que deberían tener estas evaluaciones previas en una decisión judicial final. ¿Podría la evaluación de impacto constituir un criterio útil para el control jurisdiccional? ¿Qué pasaría si la Comisión no ha realizado estos análisis preliminares? ¿Podría el Tribunal considerar que sin este tipo de valoración preliminar no es posible determinar si la regulación cuestionada cumple con los principios antes mencionados? ¿Sería el Tribunal competente para verificar si existe o no una relación racional entre la decisión final sobre un acto y su examen previo, como el que se realiza en una evaluación de impacto? ¿O tiene la obligación de hacerlo?

Algunas de estas cuestiones se han suscitado por primera vez en el asunto *España contra el Consejo*, en el que el TJUE, después de resaltar la ausencia de evaluación de impacto en el legislador de la Unión Europea, encontró un incumplimiento del principio general de proporcionalidad y anuló la regulación impugnada por España[85].

---

[85] Caso C-310/04 *Spain contra El Consejo* (2006) ECR I-7285. Para una revisión de este fallo, X. GROUSSOT, Sentencia C-310/04 (2007), *Common Market Law Review*, 761-785.

Mediante una acción al amparo del artículo 230 TUE [hoy artículo 263 TFUE], España puso en cuestión el nuevo sistema de ayudas al algodón de la Unión Europea consagrado en el Reglamento del Consejo nº 864/2003, alegando que este nuevo sistema, contrariamente a su propósito inicial, iba a animar a los agricultores a abandonar la producción de algodón favoreciendo cultivos competidores, con serias consecuencias para las regiones agrícolas dependientes de dicha producción. En concreto, España sostuvo, *inter alia*, que fijando la cantidad dirigida en concreto a la ayuda al algodón al 35% del total de la ayuda existente en el sistema anterior no sería suficiente para lograr el objetivo, es decir, para asegurar la rentabilidad y, por tanto, la continuación de dicha producción. ¿Cómo y sobre qué base los servicios de la Comisión llegaron a la conclusión de que fijar la cantidad al 35% del total de la ayuda existente sobre la base del anterior esquema de ayudas sí resultaría suficiente para lograr el objetivo? Según el Gobierno de España, el estudio comparado (comparación del cultivo de algodón con otros cultivos) del beneficio previsto del cultivo de algodón, que fue preparado por la Comisión y utilizado por el Consejo para determinar la cantidad específica de ayuda para el algodón, era incorrecto, puesto que sus datos no incluían los costes laborales. La inclusión de los costes laborales habría implicado un incremento de los costes de producción del algodón tal que habría imposibilitado asegurar la rentabilidad de los cultivos, por lo que, bajo este nuevo esquema de ayudas y contrariamente a lo pretendido por el objetivo de la regulación, éstos habrían sido probablemente abandonados.

Ante esta demanda, el Tribunal sostuvo la siguiente argumentación. Basándose en la opinión del abogado general Sharpston[86],

---

[86] Conclusiones del Abogado General Sharpston, de 16 de marzo de 2006, en el Caso C-310/04 *España contra el Consejo de la Unión Europea*, especialmente parágrafo 82-96 («The failure to carry out an impact study leads to a number of obvious questions...The absence of a specific impact study...does not of course mean that the Commission (and through it the Council) were necesarily insufficiently informed about the likely impact of the proposed changes to be able to put in place a new scheme that satisfied the proportionality test

el TJUE recordó el alcance de la revisión judicial del principio de proporcionalidad en el contexto de la Política Agrícola Común. En este sentido, resaltó que, ya que el legislador de la Unión Europea disfruta de una amplia facultad de apreciación en este tema, el poder de revisión del Tribunal debe limitarse a verificar si la medida cuestionada no está viciada por un error manifiesto o por abuso de poder, y que la autoridad competente no se ha extralimitado de forma manifiesta de las competencias atribuidas. Con referencia al asunto *Jippes*[87], el Tribunal destacó que «la legalidad de una medida adoptada en ese ámbito de actividad puede verse afectada sólo si resulta manifiestamente inadecuada para lograr los objetivos que la institución pretende conseguir»[88]. Por tanto, no se trata de determinar si la medida adoptada «era la única o la mejor posible, sino si era manifiestamente inadecuada»[89]. Hasta aquí el razonamiento del TJUE parece estar en línea con su reiterada jurisprudencia. Pero entonces el Tribunal añade:

«No obstante, dicho control judicial, a pesar de su alcance limitado, requiere que las instituciones comunitarias de las que emane el acto controvertido demuestren ante el Tribunal de Justicia que el acto fue adoptado mediante un ejercicio efectivo de su facultad de apreciación, el cual supone la toma en consideración de todos los factores y circunstancias pertinentes de la situación que se haya pretendido regular mediante el acto en cuestión» (párr. 122).

«De lo anterior resulta que las instituciones comunitarias deben de estar en condiciones, cuando menos, de aportar y exponer

---

....In the course of these proceedings, those institutions have not been able to justify (their choices) convincingly»). (La versión bilingüe inglés-español puede encontrarse en: http://eur-lex.europa.eu/Notice.do?mode=dbl&lang=en&ihmlang=en&lng1=en,es&lng2=cs,da,de,el,en,es,et,fi,fr,hu,it,lt,lv,mt,nl,pl,pt,sk,sl,sv,&val=432616:cs&page=#I1 (búsqueda realizada el 3 de octubre de 2012) [Nota del traductor].

[87] Caso C-189/01, *Jippes y Otros* (2001) ECR I-5689, pár. 89 y la jurisprudencia citada.

[88] *Spain contra El Consejo*, pár. 98.

[89] *Ibíd.*, par. 99.

de manera clara e inequívoca los hechos fundamentales que debieron tenerse en cuenta como base de las medidas del referido acto objeto de impugnación y de los que dependía el ejercicio de su facultad de apreciación» (párr. 123).

Se ha afirmado que esta doctrina es nueva en la jurisprudencia del TJUE[90]. Y ello parece ser cierto al menos por dos razones. En primer lugar, esta afirmación muestra de forma novedosa un evidente giro hacia un mayor control judicial de los hechos fundamentales que subyacen a los actos jurídicos por parte de los Tribunales de la Unión Europea. Aun cuando se trate de una tendencia conocida en sectores especiales como el control de fusiones[91] y la regulación de riesgos[92], ahora se hace extensiva el ámbito de la Política Agrícola Común. Habida cuenta de la dificultad técnica que presentan estos sectores, resulta tentador desde luego vincular ese mayor control judicial al procedimiento de elaboración de la política de que se trate, y más en concreto, a la verificación de que ésta se ha basado en la información relevante.

En segundo lugar, si bien es cierto que podría resultar poco razonable entender que esta doctrina jurisprudencial pretende imponer la obligación general de realizar la previa evaluación de impacto en legislación de la Unión Europea, no lo es menos, sin embargo, que el Tribunal, quiere subrayar que, cuando se examinan (de modo más intenso) los hechos fundamentales que subyacen

---

[90] Groussot, nota 85, p. 778.

[91] Véase, por ejemplo, T-342/99 *Airtours contra Comisión* (2002) ECR II-2585, Caso T-5/02 *Tetra Laval contra Comisión* (2002) ECR II-4381, y Caso C-12/03 P *Commission contra Tetra Laval* (2005) ECR I-113. Véase A. Sibony y E. Barbier de la Serre, «Charge de la preuve et théorie du contrôle en droit communautaire de la concurrence: pour un changement de perspective» (2007) 43 *RTD Eur.*, 205.

[92] Véase, por ejemplo, T-13/99 *Pfizer Animal Health contra El Consejo* (2002) ECR II-3305; C-326/05 P *Industrias Quimicas del Vallés contra Commission* (2007) ECR I-6557, pár. 67. Para un análisis del nivel del control judicial aplicado a los actos de regulación del riesgo de la Unión Europea, véase A. Alemanno, *Trade in Food – Regulatory and Judicial Approaches in the EC and the WTO* (Cameron May, London, 2007), 319-330.

a la norma cuestionada, para enjuiciar la observancia del principio de proporcionalidad, puede resultar útil tener a su disposición una evaluación de impacto. En efecto, ¿qué pasaría si los servicios de la Comisión hubieran realizado una evaluación de impacto en ese caso? Según una interpretación *a contrario* de esta doctrina, parece que habría permitido al Tribunal valorar si las instituciones de la Unión Europea «habían excedido los límites de lo que se considera adecuado y necesario para lograr los objetivos legítimos pretendidos por la legislación cuestionada»[93]. En otras palabras, una evaluación de impacto habría facilitado la tarea del Tribunal para determinar si la medida cuestionada «era manifiestamente inapropiada»[94]. ¿Qué mejor forma para que el legislador de la Unión Europea demuestre ante el TJUE que «se han tenido en cuenta todos los factores fundamentales y circunstancias de la situación que el acto pretendía regular» que mediante la elaboración de una evaluación de impacto?

El Tribunal General en el asunto *Sungro SA et al.* confirmó el sentido de esta doctrina[95]. En este caso, varias empresas españolas reclamaron una compensación económica por las pérdidas supuestamente sufridas como resultado de la adopción y aplicación de la regulación anulada en el caso *España contra el Consejo de la Unión Europea*. Aunque desestimó el recurso (ante la falta de nexo de causalidad entre las pérdidas sufridas y la infracción del principio de proporcionalidad por parte de la norma impugnada)[96], el Tribunal General señaló que no fueron las disposiciones impugnadas en sí mismas, sino la falta de ponderación de los factores y circunstan-

---

[93] *España contra El Consejo*, pár. 97 y la jurisprudencia citada.

[94] *Ibíd.*, pár. 99.

[95] T-252/07, T-271/07 and T-272/07 *Sungro, SA, Eurosemillas, SA, Surcotton, SA* (2010) ECR II-55.

[96] Los demandantes no han podido establecer que las pérdidas sufridas tenían relación con el incumplimiento del principio de proporcionalidad que vició la regulación impugnada. Sólo pudieron probar la conexión existente entre sus pérdidas y la entrada en vigor del acto legislativo ilícito por el Consejo (véase pár. 56).

cias relevantes, en particular mediante la realización de un estudio de impacto de la reforma antes de su adopción, lo que fue objeto de crítica desde la perspectiva del incumplimiento del principio de proporcionalidad[97].

También se refirió a la evaluación de impacto el abogado general Maduro en el asunto *Vodaphone*[98], una referencia preliminar relativa a la validez de la regulación europea sobre el *roaming* o itinerancia de datos[99]. Aquí, sin embargo, el abogado general confió en el informe de evaluación de impacto para confirmar el cumplimiento de la proporcionalidad de la regulación del *roaming* y no precisamente para probar lo contrario[100]. Más importante aún, en el asunto *Vodaphone*, es que el Tribunal, animado por las referencias realizadas por las partes al documento, aceptó expresamente, y por primera vez, fundamentar el análisis del principio de proporcionalidad de la regulación impugnada, en el informe de evaluación de impacto[101]. En concreto, el Tribunal no sólo equiparó la existencia de un informe de evaluación de impacto con la garantía de que «la Comisión examinó varias opciones», sino que además se basó en

[97] Pár. 60.

[98] Conclusiones del abogado general Maduro del 1 de octubre de 2009, Caso C-58/08 *La Reina, sobre la aplicación de Vodafone Ltd y Otros contra el Ministro de Negocios, Empresa y Reforma Regulatoria*, aún no presentadas, pár. 39.

[99] Reglamento 717/2007 sobre *roaming* en las redes públicas de telefonía móvil dentro de la Comunidad y por el que se modifica la Directiva 2002/21 (2007) DOUE L 171/32.

[100] Caso C-58/08 *La Reina, sobre la aplicación de Vodafone Ltd y Otros contra el Ministro de Negocios, Empresa y Reforma Regulatoria* (2010) ECR, aún no presentadas.

[101] Contrariamente a lo argumentado, el TJUE nunca es «forzado» por los argumentos de las partes incluidos en un procedimiento preliminar. Véase David KEYAERTS, «*Ex Ante* Evaluation of EU Legislation Intertwined with Judicial Review? Comment on Vodaphone Ltd v Secretary of State for Business, Entreprise and Regulatory Reform (C-58/08)» (2010) *European Law Review* 35(6). Esto explica por qué los anteriores esfuerzos de las partes de basar sus alegaciones en el procedimiento preliminar y en los informes de evaluación de impacto no han tenido éxito en el pasado.

sus conclusiones («una reducción en las tarifas al por mayor no se vería reflejadas en las tarifas al por menor») para justificar la proporcionalidad de la opción normativa elegida (por ejemplo, regular también las tarifas al por menor)[102].

3. CUANDO LA EVALUACIÓN DE IMPACTO REGULATORIO Y EL CONTROL JUDICIAL *EX POST* SE ENCUENTRAN

El caso *Vodaphone* confirma que, tal y como se había predicho *in tempore non suspecto*, el papel que progresivamente viene asumiendo la evaluación de impacto dentro del proceso judicial no supone sólo «una ayuda al legislador» sino también «una ayuda al Tribunal»[103].

Tal y como se ha señalado antes, parece que la evaluación de impacto facilita de hecho «un apoyo analítico» en el contexto del proceso jurisdiccional en el que se enjuician los principios generales del Derecho de la Unión Europea, tales como el de subsidiariedad, competencias de atribución y proporcionalidad. En efecto, en la medida en que las evaluaciones de impacto contienen un control de legalidad previo de las iniciativas normativas con respecto a dichos principios, es probable que los Tribunales de la Unión Europea, cuando se les requiera para revisar la legalidad de la legislación adoptada, hagan referencia a los análisis de las evaluaciones de impacto.

Los Tribunales de la Unión Europea harán lo mismo *sua sponte*, o a instancia de las partes interesadas. En cualquier caso, según se ha visto en el caso *Vodaphone*, es claro que la disponibilidad gene-

---

[102] Pár. 55 y 65.

[103] Alberto ALEMANNO, «The Better Regulation Initiative at the Judicial Gate: A Trojan Horse within the Commission's Walls or the Way Forward?» (2009) 15 *European Law Journal* (3), 382-401.

ral y la creciente difusión de los informes de evaluación de impacto facilitarán su confrontación con las revisiones judiciales *ex post*.

Sin embargo, aunque sea tentador para el Tribunal apoyarse cada vez más en las evaluaciones previas para fundamentar sus conclusiones judiciales y la legalidad de la norma final, la evaluación de impacto, tal y como se realiza por los servicios de la Comisión, puede no siempre resultar adecuada para esta tarea. Ello es así porque la evaluación de impacto se realiza actualmente sobre el borrador presentado por la Comisión y, a pesar del acuerdo interinstitucional «Legislar Mejor» del año 2003, no siempre se sigue a las enmiendas que proponen a continuación el Consejo y el Parlamento en el proceso decisorio posterior[104].

El abogado general Kokott examinó esta cuestión en profundidad en el caso *Afton*[105]. Este caso se desencadenó por una cuestión preliminar sobre la validez de una directiva de la Unión Europea que limitaba, por un lado, el uso de un aditivo metálico en el carburante de los vehículos a motor y que requería, por otro, el etiquetado de los carburantes que contuvieran dicho aditivo. Con el fin de cuestionar la proporcionalidad de los límites impuestos en el uso de estas sustancias, *Afton* no dudó en denunciar la contradicción existente entre el resultado de la evaluación de impacto (por ejemplo, medidas voluntarias de prevención del riesgo tan efectivas como las medidas obligatorias) y la directiva adoptada (que introduce límites obligatorios). El informe de evaluación de impacto parecía ofrecer «una ayuda a las partes». Sin embargo, el abogado general Kokott rechazó tajantemente este intento, estableciendo que: «Desde ese punto de vista, *Afton* está asumiendo claramente que la evaluación sigue de forma inevitable la información científica de la Comisión

---

[104] Esta conclusión fue confirmada más tarde por el informe realizado por el Tribunal de Cuentas sobre el sistema de evaluación de impacto de la Comisión: *Impact Assessment in the EU Institutions: Do they Support Decision-Making?* Special Report nº 3/2010, septiembre 2010, 34-41.

[105] C-343/09 *Afton Chemical Limited contra el Ministro de Transporte* (2010) ECR, nyr.

y es, por tanto, vinculante también para las demás instituciones participantes en el proceso legislativo»[106].

Ése no era el caso, en opinión del citado abogado general, en tanto que el análisis de la Comisión, realizado discrecionalmente, «no previene a las demás instituciones participantes en el proceso legislativo de extraer conclusiones divergentes a partir de la información disponible»[107]. En su opinión, si el Tribunal hace una crítica a la divergencia de opinión entre, por un lado, la Comisión, y por otro, el Consejo y el Parlamento, «el equilibrio institucional... podría ser puesto en cuestión»[108]. El Tribunal siguió la opinión del abogado general declarando que la evaluación de impacto de la Comisión no es vinculante ni para el Consejo ni para el Parlamento, instituciones éstas implicadas en el procedimiento de codecisión, facultadas para plantear enmiendas a la propuesta de la Comisión[109]. No obstante, tanto el abogado general como el Tribunal, erraron al considerar que esas dos instituciones, en el ejercicio de sus potestades discrecionales, están sometidas a la obligación, surgida del acuerdo interinstitucional «Legislar Mejor» del 2003, de llevar a cabo su propia evaluación de impacto de las propuestas de enmienda al proyecto de la Comisión. Queda por resolver la ponderación entre el argumento del equilibrio institucional con la previsión de la evaluación de impacto en el proceso decisorio de la Unión Europea.

---

[106] Conclusiones en el Caso C-343/09 *Afton Chemical Limited contra el Ministro de Transporte* (2010) ECR, nyr, pár. 83.

[107] Pár. 85.

[108] Pár. 86.

[109] C-343/09 *Afton Chemical Limited contra el Ministro de Transporte* (2010) ECR, nyr, pár. 30.

VII. EL ACUERDO SOBRE LA CUESTIÓN DE LA EVALUACIÓN DE IMPACTO

Después de introducir al lector en el sistema de la evaluación de impacto, en este capítulo se ha intentado hacer un examen de las posibles interacciones entre la evaluación *ex ante* de las iniciativas de la Comisión y los controles judiciales *ex post* de la norma ya aprobada. En particular, se ha especulado sobre qué papel, si es que tiene alguno, ha de jugar la evaluación de impacto en el examen judicial de la legalidad de las normas europeas. Está claro, especialmente a la luz de la jurisprudencia más reciente, que la posibilidad de que la actividad previa a la elaboración de normas, realizada de conformidad con una evaluación de impacto regulatorio, sea relevante en la etapa de control judicial *ex post*, es algo que debe analizarse a fondo.

La evaluación de impacto, al no formar parte del procedimiento legislativo, no es obligatoria para ninguna institución europea y, por tanto, la Comisión, como cualquier otra institución, no tiene ni que realizarla ni que sujetarse a los resultados de una evaluación de impacto durante el proceso decisorio. No obstante, la existencia de controles previos de legalidad concretos, contenidos en los informes de evaluación de impacto, puede ofrecer a las partes interesadas un antecedente sólido sobre el que basarse cuando se esté cuestionando la legalidad de una norma de la Unión Europea. La evaluación de impacto no surge únicamente para «ayudar a las partes» en conflicto, sino también como una potencial «ayuda para el Tribunal». En efecto, tal y como se explicó en el caso *Vodaphone*, un «control de legalidad» *ex ante* de los principios generales del Derecho de la Unión Europea, como el de proporcionalidad, recogido en un informe de evaluación de impacto, puede ofrecer un «apoyo analítico» en su control judicial *ex post*.

No existe, en efecto, ninguna razón, con independencia del estatus y naturaleza jurídica que posea la evaluación de impacto, por la que los Tribunales de la Unión Europea, al revisar la legalidad de una norma de la Unión Europea, no puedan echar una ojeada a su informe de evaluación de impacto y utilizarlo como referencia útil. Esto –según se ha visto en el caso *Afton*– no significa que los Tribunales consideren necesariamente ilegales las normas de la Unión Europea que se desvían de los resultados de la evaluación de impacto –especialmente por el margen de maniobra reconocido tanto al Consejo como al Parlamento en el proceso legislativo–, sino que los Tribunales pueden, de oficio o a instancia de parte, basarse en los resultados de la evaluación de impacto durante su revisión de la norma. El informe de evaluación de impacto, como parte de los trabajos preparatorios de prácticamente todos los actos legislativos de la Unión Europea desde el año 2002, puede efectivamente proporcionar información útil para el control previo de legalidad, así como las intenciones de la institución de la que partiera la iniciativa legislativa ahora en revisión.

En definitiva, una mayor disponibilidad de información desde el momento inicial de la propuesta legislativa supone una mayor accesibilidad a los datos y elementos de juicio en el momento del control de su legalidad. Ello no sólo facilita la tarea de control del Tribunal, sino que también conduce, según se ha visto en el ejemplo relativo al principio de proporcionalidad anterior, a la definición de la naturaleza del principio en cuestión y, por tanto, a un mayor rigor de su control de legalidad. Se ha demostrado que, como resultado de los casos anteriormente citados, puede haber una dinámica circular interesante entre el análisis *ex ante* de la iniciativa legislativa y su control judicial *ex post*. El riesgo de supresión de dichas normas o simplemente de su uso como simple referencia, por los Tribunales de la Unión Europea cuando se requiere que revisen su legalidad, puede ofrecer un incentivo a la Comisión y a los co-legisladores de la Unión Europea para someter la propuesta original, de forma cuidadosa, así como sus enmiendas, a una rigurosa evaluación de impacto.

BIBLIOGRAFÍA

ALEMANNO, A. (2008), «'Quis Custodet Custodes' dentro de la iniciativa Mieux Légiférer? Une analyse des mécanismes de surveillance règlementaire au sein de la Commission et la création du Comité d'évaluation des études d'impact», *Revue du Droit de l'Union Européenne* 1, 43-86.

ALEMANNO, A. (2009), «The Better Regulation Initiative at the Judicial Gate – A Trojan Horse within the Commission's walls or the way forwards?», 15 *European Law J.* (3), 382-401.

ALLIO, L. (2007), «Better Regulation in the European Commission», en Kirkpatrick C. y Parker D. (Eds.), *Regulatory Impact Assessment: Towards Better Regulation?*, Edward Elgar Publishing.

BRICKMAN, R.; JASANOFF, S. e ILGEN, T. (1985), *Controlling Chemicals: The Politics of Regulation in Europe and the United States*, Itaha, New York, Cornell University Press, p. 305.

CECOT, C.; HAHN, R. y RENDA, A. (2007), «A Statistical Analysis of the Quality of Impact Assessment in the European Union», *AEI-Brookings Joint Center* WP 07-09, Mayo 2007.

CROWE, G. (2005), «Tools for the Control of Political and Administrative Agents: Impact Assessment and Administrative Governance in the European Union», en H. C. H. Hoffman y A. H. Turk., *EU Administrative Governance*, Edward Elgar Publishing.

ELLIOTT, E. D. (1994), «TQM[5]-ing OMB: or why Regulatory Review under Executive Order 12,291 Works Poorly and what President Clinton Should do About», 57 *L. & Contemp. Probs.* 167.

GELLHORN AND BYSE'S ADMINISTRATIVE LAW, Cases and Comments, 10ª edición revisada de Strauss, Rakoff y Farina (University Casebook Series).

GILARDI, F. (2002), «Policy Credibility and Delegation to Independent Regulatory Agencies: a Comparative Empirical Analysis», 9:9 *Journal of European Public Policy* 873.

GRAHAM, J. D. (2007), «The Evolving Role of the U.S. Office of Management and Budget in Regulatory Policy», *AEI-Brookings Joint Centre for Regulatory Studies*, Working Paper 07-04, Febrero 2007.

GROUSSOT, X. (2007), «Judgment C-314/04», *Common Market Law Review*, pp. 761-785.

HAHN, R. W. y LITAN, R. E. (2005), «Counting Regulatory Benefits and Costs: Lessons for the U.S. and Europe», *Journal of International Economic Law*, vol. 8, n° 2, 2005, pp. 473-508.

KONVITZ, J. (2004), «The Institutional Context for Better Regulation», artículo presentado en *Conference on Simple is Better: Effective Regulation for a More Competitive Europe*, Amsterdam, 2004, p. 8.

LEE, N. y KIRKPATRICK, C. (2004), «A Pilot Study of the Quality of European Commission Extended Impact Assessments», *IARC Working Paper Series* n° 8, Universidad de Manchester.

LEFEVRE, S., «Interpretative Communications and the Implementation of Community Law at National Level», *European Law Review*, 29 (2004), 808-822.

MATHER, G. y VIBERT, F. (2006), «Evaluating Better Regulation: Building the System», City Research Series, *European Policy Forum*, Londres, 2006.

MEUWESE, A. C. M., *Impact Assessment in EU Lawmaking*, La Haya: Kluwer Law International, 2008.

MISTÒ, M. (2003), «La collégialité de la Commission européenne», *Revue du Droit de l'Union Européenne*, pp. 189 y ss.

OBRADOVIC, Daniela y ALONSO VIZCAÍNO, José (2006), «Good Governance Requirements concerning the Participation of Interest Groups in EU Consultation», 43 *Common Market Law Review* 1049-1085.

RADAELLI, C. (2009), «The Political Consequences of Regulatory Impact Assessment», artículo presentado en la conferencia *Governing the Regulatory State? Comparing Strategies and Instruments*, British Academy, Londres, 15 de enero de 2009.

RADAELLI, C. (2004), «The Diffusion of Regulatory Impact Analysis in OECD Countries: Best Practices or Lesson-Drawing?», *European Journal of Political Research*, 43(5), pp. 723-747.

RADAELLI, C. y DE FRANCESCO, F. (2007), *Regulatory Quality in Europe: Concepts, Measures, and Policy Processes*, Manchester University Press, Manchester.

RENDA, A. (2006), *Impact Assessment in the EU: The State of the Art and the Art of the State*, CEPS Paperbacks.

REVESZ & LIVERMORE, *Retaking Rationality – How Cost-Benefit Analysis Can Better Protect the Environment and our Health*, Oxford, 2009.

TIMMERMANS, C. W. A. (1998), «How to Improve the Quality of Community Legislation: The Viewpoint of the European Commission», en Alfred E. Kellermann, Giuseppe Ciavarini Azzi, Rex Deighton-Smith, Scott H. Jacobs y T. Koopmans, *Improving the Quality of Legislation in Europe*, MNP.

VIBERT, F. (2004), «The EU's New System of Regulatory Impact Assessment – A Scorecard», *European Policy Forum*, Londres, 2004.

VOLKERY, A. y JACOB, K. (2004), «The Environmental Dimension of Impact Assessment», documentación para un seminario organizado con la colaboración del *Federal Ministry for the Environment Nature Conservation and Nuclear Safety*, 17-18 de junio de 2004.

WIENER, J. B. (2006), *Better Regulation in Europe*, Current Legal Problems, vol. 56.

WIENER, J. y ALEMANNO, A. (2010), «Comparing Regulatory Oversight Bodies across the Atlantic: US OMB/OIRA and the EU IAB», en Susan Rose-Ackerman y Peter L. Lindseth (Eds.), *Comparative Administrative Law*, Yale University Press.

ESTE LIBRO, SEXTO DE LA
COLECCIÓN *CUADERNOS UNI-
VERSITARIOS DE DERECHO AD-
MINISTRATIVO*, SE ACABÓ DE
IMPRIMIR EL 30 DE OCTUBRE DE
2   O   I   3